孙银峰 李建华 龚 涛◎主编

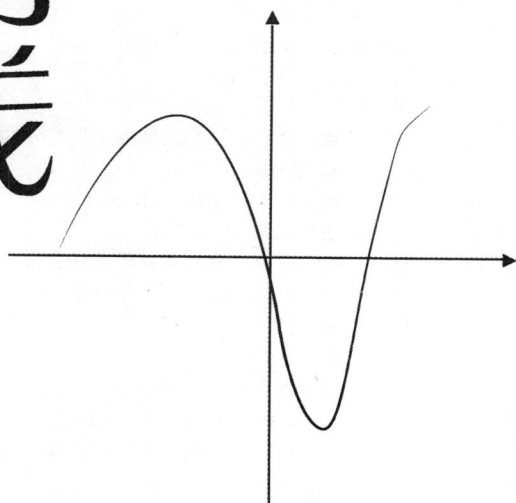

成长的抛物线

艾瑞德国际学校教师论文集

中国大百科全书出版社　　知识出版社

图书在版编目（CIP）数据

成长的抛物线：艾瑞德国际学校教师论文集 / 孙银峰，李建华，龚涛主编 . -- 北京：知识出版社，2021.9
ISBN 978-7-5215-0417-0

Ⅰ.①成… Ⅱ.①孙… ②李… ③龚… Ⅲ.①教育工作—文集 Ⅳ.① G4-53

中国版本图书馆 CIP 数据核字（2021）第 170741 号

成长的抛物线：艾瑞德国际学校教师论文集

孙银峰　李建华　龚　涛　主编

出 版 人	姜钦云
图书统筹	王云霞
责任编辑	王云霞
责任印制	吴永星
版式设计	博越创想
出版发行	知识出版社
地　　址	北京市西城区阜成门北大街 17 号
邮　　编	100037
网　　址	http://www.ecph.com.cn
电　　话	010-88390659
印　　刷	北京一鑫印务有限责任公司
开　　本	710mm×1000mm　1/16
印　　张	19.25
字　　数	267 千字
版　　次	2021 年 9 月第 1 版
印　　次	2023 年 3 月第 2 次印刷
书　　号	ISBN 978-7-5215-0417-0
定　　价	50.00 元

善者因之：艾瑞德的教育哲学

郑州高新区艾瑞德国际学校，注定是个故事。她是春天的故事，带着温度，沐浴在春天灿烂的阳光里。

她诞生在 2011 年的春天里。那年，中原大地春意盎然，洋溢着无限的希望。

十年了，一个又一个好故事发生在校园，满满的，可校园里已装不下了。这本书将带着这些故事，再次在校园里传播，然后飞向中原大地，飞在祖国的四面八方。

故事意味着时间。时间具有一种伟力，去伪存真、抑恶扬善，在时间的怀抱里，新生幼态潜力无限，逐渐成长壮大。如今，艾瑞德长大了，健壮了，潜力更加无限。

故事意味着回忆。在一次闲聊中，海明威的妻子对海明威说："回忆也是一种饥饿。"是的，十年的淘洗，那些故事开始澄明、沉淀。每当回忆涌起，过往的一切都让我们急切地想去拥抱和分享，这是情感饥饿似的需求。这样的回忆形成可贵的集体性记忆，这是文化的记忆。

故事意味着想象。想象是创造的先导，只有想象尚未抵达的地方，没有想象不可抵达的地方。十年的办学，十年的创造，十年的想象……正是在想象中，艾瑞德更加宏大、辽阔，也正是在创造中，艾瑞德更加明亮、美好。

我去过艾瑞德好多次，有参观，有研讨，有学期结束会、新年会……总觉得艾瑞德是个大家庭，是个处处有故事的地方。学校提出的教育理念——"走自然生长教育之路，办有温度有故事学校"，已成为生动的事实。但是，我又总是觉得，对艾瑞德的认识只到此为止又是很不够的。温度来自哪里？故事为何诞生？大家庭究竟怎么形成？这些问号深处藏着什么样的答案？我总在思索和找寻着。

其实，答案早就摆在那里："太史公曰：故善者因之，其次利道之，其次教诲之，其次整齐之，最下者与之争。"这是中国哲学的一种表达，表达的是价值链条上的排序，排在最前列、最重要的是"善者因之"。学校创始人孙银峰先生，校长李建华先生对此都有准确的解读："每一个人成为善者、向好之人，以达无须提醒的自觉、不言而喻的遵守。""善者，是温度的凝聚，是故事的升华"，"向善、求善、为善，是我们共同的教育愿景，引领着艾瑞德的每一位老师。"这就是艾瑞德的教育哲学。"善者因之"这一哲理深植于中华优秀文化土壤中，映射出中华文化的本色与亮色：追求伦理道德，塑造中华民族之德和以仁爱为核心的文化心理结构。作为一所国际学校，能立足中原大地，能扎根中国文化，体现了他们的文化自信与文化自觉。正是这样的教育哲学，铸造了艾瑞德的中国根、民族魂和文化脊梁。他们从文化的视角诠释了何为"国际学校"以及办好"国际学校"的真正密码是什么。

从"善者因之"出发，不难理解，艾瑞德学校正在探索落实"立德树人"这一根本任务的途径和方式。在艾瑞德，"立德树人"有个重要的文化出发点，它也是校本化的哲学基础，即善者因之。在艾瑞德，"立德树人"

有自己的切入口和突破口，而这切入口、突破口正是文化的生长点、教师教育哲学的关怀点与提升点，是艾瑞德十年办学经验的凝练，也是艾瑞德的文化制高点。艾瑞德的故事总名称就是"善者因之"。

"善者因之"，对校长而言，意味着什么？抑或说对校长有什么要求？可以从"善者因之"开拓出去，用歌德的话来阐释："给我狭窄的心，一个大的宇宙。"心是狭小的、狭窄的，但心胸是广大的、宏大的，好似"一个大的宇宙"。李建华校长正朝着这一方向不断努力。他将艾瑞德装在心里，将每一位教师、每一个孩子都装在心里，把全身心都献给了艾瑞德。那"校长60秒"的每一秒，那家校合作的"相约8：30"中校长表扬电话的每一分，都是一次善的唤醒与激发。校长是有温度故事的设计者、组织者和创造者。

"善者因之"，对教师而言，意味着什么？抑或说对教师有什么要求？同样，可以从"善者因之"开拓出去，用雪莱的话来阐释："道德的最大秘密就是爱。"《哈利·波特》的作者 J. K. 罗琳说："爱是一种最古老的魔法。"确实，中华文化中的伦理道德是以仁爱为核心的。艾瑞德的几乎每一个教师都是爱的守护神，不，他们就是爱的天使，把真诚、无私的爱洒向每一个孩子，无论是幼儿园的，还是小学部的；无论是学习成绩好的，还是学习暂时有困难的；无论是家庭背景好的，还是家庭背景特殊的……爱是平等的、公平的、不求回报的。爱又的确像魔法，使孩子变得文明起来、聪明起来、勤劳起来、善良起来、健康起来。艾瑞德的故事的确是爱的故事，而爱的温度可以传递，让整个艾瑞德都变得温暖、光明、美丽。总有一天，艾瑞德的孩童将带着"爱的魔法"走向人生，走向社会，走向世界，为人类做出爱的奉献。

"善者因之"，对学生而言，意味着什么？抑或对学生有什么要求？同样，可以用马克思的话来阐释："只有在共同体中才有可能有个人自由。"艾瑞德是个共同体，是冬天的火炉，是幸福的港湾，是精神的家园。共同体有共同的理想，艾瑞德孩子们的共同理想就是爱国、强国、报国，为成为可以担当民族复兴大任的时代新人打好基础。共同体有共同的规则，大家都遵守规则，大家也就都自由了。自由是创造的保姆，艾瑞德成了儿童创造的王国，创新精神、实践能力在校园里已长成了小树，将会长成一大片森林。

当然，还可以追问家长："善者因之"对你们而言究竟意味着什么？对新时代的家长提出了什么新的要求？艾瑞德的家长已交出了精彩的答卷，他们会讲出有温度的"春天的故事"。

为郑州艾瑞德国际学校建校十周年，我写了以上的话。不是谦虚，这篇文章没有书中的文章写得好，但我坚信"善者因之"。我也会变得更好。

谢谢艾瑞德创办人孙银峰先生，谢谢李建华校长，谢谢所有的教师和孩子。祝福你们，祝福艾瑞德的下一个十年！

成尚荣

（国家督学，教育部基础教育课程改革专家委员会专家，中小学教材审查专家，中国教育学会学术委员会顾问）

目录

◆ 文化味 ◆

◆ 管理"行" ◆

◆ 课程"标" ◆

◆ 教学"力" ◆

◆ 德育"光" ◆

◆ 家校"桥" ◆

文化味

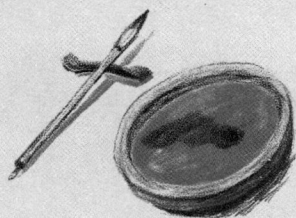

学校文化是学校发展的核心力量，它凝聚了全校师生共同的价值观、美好的愿景、前行的方向。它反映了学校的办学思想、教育理念、价值观念、思维方式。学校文化显现在学校的一切教育行为、各种物质载体和全部的符号体系之中，可以说，学校文化就是一个学校的灵魂与根基。

"走自然生长教育之路，办有温度有故事学校"，艾瑞德国际学校这一教育哲学成了全校师生共同践行的共识。"干净、有序、读书"的校风，"每一个学生都是美丽的不同、每一位教师都是珍贵的存在、每一位家长都是重要的链接"，四有老师，四有学生，四有家长的文化理念扎扎实实落地，一起营造"温度"与"故事"的教育磁场，共同躬耕自然生长教育的诗和远方，让学校真正成为儿童自然生长的栖息地。

教育的味道

李建华

"太阳当空照，花儿对我笑，小鸟说，'早早早，你为什么背上小书包'……"

"沿着校园熟悉的小路，清晨来到树下读书，初升的太阳照在脸上，也照着身旁这棵小树……亲爱的伙伴，亲爱的小树，和我共享阳光雨露，请我们记住这美好时光，直到长成参天大树……"

每每听到这样的歌谣，我的心中就有一种莫名的亲切和温暖，这种情感抑或是对教育曾经的回味，抑或是对教育当下的期待，抑或是对教育未来的执念。正如歌中所唱的那样，上学路上的蹦蹦跳跳，小书包在屁股后的拍拍打打，小伙伴一路上的说说笑笑，树下早读声的抑扬顿挫，一切都是那样愉悦而自然。上学俨然成了一种期待，学校成了我们最向往的地方。虽然那时的物质条件极度贫乏，但我们的校园生活是那样饱满和明亮，生命在这里拔节，我们能听到花开的声音，能嗅到教育的味道。教育的味道，一定是生命成长的味道。

如今的教育呢？校园里依然热闹，学生习得的内容更加丰富，可总觉得少了点什么。上学、放学两点一线，车接车送，没了呼朋引伴，少了鸟语花香，甚至连背书包都由长辈代劳了。学生最重要或者唯一的任务就是学知识，甚至只学那些与考试相关度高而与生活没有鲜活联系的"套装知识"，"两耳不闻窗外事，一心只读考试书"。学校里，生命鲜活生长的味道淡了，远了；考试分数的味道浓了，重了。"学霸""学渣"等词语充满歧视和偏见，"多考一分，干掉千人"等"激励"标语让校园多了些戾气。有人感慨，现在的孩子是"怕苦怕累不怕死"的"草莓娃娃"，长了一颗"玻璃心"。现在，"学生"一词越来越抽象了，抽象到离"人"越来越远，也越来越具体，具体到有些孩子成为学习的机器。连我们教育行业内都有人奉行这样一句话："没有分数，看不到今天；只有分数，看不到明天。"分数依然是评价的"游标卡尺"。如果教育成了标准流水线，学校成了知识加工厂，教师成了考试的熟练工，那人呢？生命呢？古人云："风声雨声读书声，声声入耳；家事国事天下事，事事关心。"教育不能只有"读书声"，生命的成长也要有"风声""雨声"，有"风声""雨声""读书声"的教育才有立体感和生命感。

作为教育人，我们呼唤教育的原汁原味，我们期待教育被慈善以怀，孩子被温柔以待。教育的味道不是单一的，而是复合的。学校在社会中，学习在生活中，孩子在自然中，教育应该有春夏秋冬的大轮回，也应该有喜怒哀乐的小情绪；教育应该有泥土的味道、青草的味道、花香的味道。所以，我不太赞成只把学校做成"书香"的味道，我喜欢看到樱桃树下孩子竞相跳跃摘樱桃的模样，我喜欢看到孩子在自己班级菜地里见到嫩芽生长的惊喜表情，我喜欢看到课堂上孩子们辩论时眼中闪烁的光亮，我喜欢看到午后三两同学在花间闲谈漫步的身影，我喜欢看到孩子在学校 300 亩农场挥汗如雨的模样，我喜欢看到孩子在司马光砸缸的地方学习《司马光砸缸》时两眼发亮的样子。我特别喜欢朱自清在《春》里的一句话，"花下有成千成百的蜜蜂嗡嗡地闹着"。我的头脑中不自觉地会想到，花下有成千成百的孩子在嗡嗡地闹着。这才是学校的生机，这才是教育的味道。

教育的味道是在"做"中散发出来的。为了生命活泼泼地生长，我们都可有所为。为了这味道，我们才会把图书馆建成孩子爱去的读书广场；我们才会坚持每周开设一次旅行课；我们才会有雷打不动的学生午休权；我们才会偏执地连写四封信给家长，只为解决孩子自己的书包自己背的问题；我们才会把孩子从补课的周六中"抢"出来参加学校组织的游泳、登山等"快乐星期六"活动；我们本着"学生点菜，教师下厨"的原则开设了近百门拓展课；我们才会初心不改地去做田园课程、主题课程、拓展课程、故事课程、戏剧课程、周六孝心课程；我们才会推行"有一千个孩子就有一千把尺子"的学分制……

怀特海认为，学生是有血有肉的人，教育的目的是激励和引导他们的自我发展之路。教育不是为了完成知识的传达，而是为了实现人的抵达。教育的味道应该是让每一个孩子"看得见分数，想得起童年，记得起恩师，忆得起母校"，在校时留下的是热爱，离校后留下的是眷恋。

（本文发表于《中国教师报》2018 年 5 月 30 日）

抗挫，给学生一双担当的肩膀

李建华

如何让孩子的抗挫能力成为其成长中带得走的能力？无论顺境还是逆境，如何让孩子的成长都被看得见、托得住？

有时，我在媒体上看到一些中小学生因遇到不顺心的事而不顾惜生命的惨案，既令我痛心，又引发了我的思考：现在的孩子到底怎么了？孩子的抗挫能力为何薄如蝉翼？在管理学校的日常生活中，我也会经常遇到长着一颗"玻璃心"的孩子，他们害怕失败甚至拒绝成长，如何是好？

究其原因，我认为可能是因为孩子智力发育与情感发育的不匹配导致了他们心理承受能力的下降，其主要表现为：一是过高的成长期待，同伴的攀比、家长的期待、社会的竞争或多或少附加在孩子身上，让孩子的成长背负了过于沉重的外在包袱。二是过度的成长保护，因为家长的人为保护，所以除了学习外，孩子的动手机会少了，社会实践机会少了，与人沟通的机会少了，一切都在"顺"境中。孩子如同生长在温室里的豆芽一般，没有了抵抗风霜雪雨的能力。三是过重的学业负担，孩子被繁重的学习任务限制了手脚，束缚了心灵。

如何让孩子的抗挫能力成为其成长中带得走的能力？如何让孩子拥有一双能担当的肩膀？我认为，孩子的抗挫能力就是要从"苦"和"累"中来。想想我们孩提时代，正是那样的苦、累、饥磨炼了我们的意志，让我们懂得了生命的不易。人的成长是需要有"苦其心志，劳其筋骨，饿其体肤，空乏其身"的经历和体验的，这样才能"所以动心忍性，曾益其所不能"。王阳明主张在事上磨炼人的心性，知行合一。日本实业家稻盛和夫认为，真正塑造人格的并非天资和学历，而是所经历的挫折和苦难。"不经一番寒彻骨，怎得梅花扑鼻香"，这些都表明人是需要经历磨炼的。

　　每一个孩子都是珍贵的存在，每一个生命都是美丽的不同，孩子无好坏之分，只有不同之别，我们要接受孩子的平凡，把孩子的优秀当作意外。在办学过程中，我们要通过劳动教育、研学旅行、多元评价等丰富孩子的成长经历和体验，增强他们的见识与胆识，甚至放手让他们去直面困难，经历挫折，让孩子在挫折中学会抗击，在磨难中经历磨炼。

　　河南省郑州市高新区艾瑞德国际学校自建校以来，一直强化劳动教育，让孩子在劳动中经历，在辛苦中体验。从幼儿园开始，狠抓"自己书包自己背"，在我眼里，这就是最基本的劳动。我们还告诉孩子，人比动物多一双肩膀，肩膀就是用来担当的，今日背不起自己的书包，将来何谈背得起祖国的未来与天下？在学校，教学楼、教室的保洁任务都由学生自己负责，要保证内外整洁；门窗也由学生亲自检查是否关好。学校还有 300 亩农场，每个班级都有自己的"一亩田"，一年四季都由学生打理。

　　在学校，农场就是课堂，种地也是作业，孩子在劳动中滴下了汗水，付出了辛苦，懂得了责任，明白了担当。记得有一次，突如其来的一场暴风雨之后，四年级"向日葵班"的孩子一夜未眠，他们牵挂地里的向日葵，第二天一大早就赶往自己班的一亩地，带着竹竿和绳子，将几百株被风雨刮倒的向日葵一株一株扶起，并用竹竿支撑好。"一粥一饭，当思来处不易；半丝半缕，恒念物力维艰。"当孩子懂得了"不容易"，就有了责任感，就不怕挫折，就学会了面对困难。

　　行万里路，读万卷书。学校尽可能多地开展一些常态化研学，学生在行走中体察"在家千日好，出门一时难"的不易。诸多的意外让学生经历了磨难，让他们自己学会了面对。记得 2018 年 5 月 15 日的首届露营节，当时二年级学生遇到了强对流天气，风雨交加，雷鸣电闪，但孩子们相互鼓励，最终在晚间 11 点顺利完成了安全转移。

风和日丽、狂风暴雨，都应该是孩子成长的原生态场景，尤其是一些逆境，更让孩子懂得了珍惜，学会了生存。积累挫折，才能让意志更加坚强。我记得孩子们在日记中这样写道："昨天晚上所有的帐篷都在跳舞。"

我相信，心中有丘壑的孩子经历这场风雨的洗礼后，就不会再惧怕路上的沟沟坎坎了。

（本文发表于《中国教师报》2019 年 4 月 3 日）

我用"60秒"记住了这个春天

李建华

这个春天,与往常大不一样。

往常,阳光正好,我在路上。早上7:00,我会背着双肩包,步行去学校,看见校门口背着书包的小朋友,我们会互相问好。往前走,我会见到一楼"芝麻街"上的卡通人物瑞瑞、德德在迎接师生到来。我会看见值日生正拿着抹布、拖把和扫帚在走廊和教室打扫卫生。我会看见从操场晨操归来的孩子们,迈着大大的步子,抹抹额头汗珠,向我行鞠躬礼问好。我还会冷不防被背后的小朋友拥抱,耳边响起辨识度很高的童音:"李校长,猜猜我是谁?"我八成会叫出他的名字,并听他讲昨天的小故事。我会把教学南北楼转一遍,醉心于琅琅书声中。我从四楼转下来,到达办公室,放下书包,练习板书,去听课。我还会在午餐时间和孩子们一起吃饭,端着自己的餐盘走班吃饭,让我认识了许多小朋友,让我记住了许多忍俊不禁的故事。我会在下午4:30准时送校车,和孩子们比心挥别,和奔来的孩子拥抱,分享他拓展课的"战利品",我还会给今天生日的小朋友签字送书,与他们拍照留念……

现在,阳光在窗外,春天显得特别寂寞。我足不能出户,人不能下楼,不禁想起那一座校园、那一群孩子。缺少孩子奔跑的春天是如此单调,远离校园喧闹的日子是这样无味。春天，你在哪里？既然你不能如约而至，那我们就去做不速之客，去敲开你家大门，唤醒沉睡的你。当自然的春天与我们隔离，我们就在云中的春天相互拥抱。唯有努力，才有春天。

我和全校 2000 名师生一样，以家为校，停课不停学，用足不出户来贡献微不足道的力量，用彼此的努力来铭记这个漫长的春天。全校老师积极行动，一系列线上课程联动了师生，以项目学习为载体的学习走上了云端。站在国家立场、儿童立场和未来趋势的经纬上，陪着孩子一起度过这一段"荒芜"的时光，让"延学"意外的课时成为学生惊喜的学时，让停课带来的教育难点成为未来教育变革的拐点。当然，荒芜不是荒废，荒芜是对生命的自我完成的自我循环，是不能被打扰的安静，是无须慌忙的等待，是顺其自然的留白。

那么，我该做些什么呢？我用什么来记得这个春天，我能用什么方式来实现和孩子们的云端拥抱呢？我如何能把平时对每一个跑来的孩子的悄悄话，变成我在云中唠唠叨叨的表达呢？

碰撞、交流，分散的返思最终在"60 秒"处聚焦。对，就这么做！2月 10 日，云开学当天，"校长 60 秒"诞生了。那我的 60 秒是对谁说的呢？学生！一定是学生。所以，我的每一句话，一定要让孩子们听得懂，愿意听，哪怕是幼儿园的小朋友。我期待，60 秒，在这个春天，借助春风与白云，捎去我的耳语，捎去我的挂念，让孩子们过了这个春天，在飞扬的夏季，还记得这个春天的故事。我要用"60 秒"的时间胶囊，与学生一起记下在当下的时空，记住这个春天，与他们、与生活、与我建立起超链接，这也是基于我的校长观：校长是学校温暖的符号，校长是师生成长的道具。

那该说些什么呢？我想到了，"干净、有序、读书"的校风能否被孩子们带到家中？父母多数复工，孩子们能否用实际行动表达对家庭的贡献、父母的理解呢？能否趁机与孩子们聊聊"谢谢""对不起"等礼貌用语呢？能否让艾瑞德的孩子们更加关注自己身心健康，成为一个会生活、懂生活的人呢？于是，有了第 1 期《同学们，开学啦》号召孩子们记得把校风变成家风；第 2 期《给自己定个闹钟》让孩子们开始有序的假期生活，交一个闹钟朋友；第 3 期《请记下你的体重》提醒孩子们注意锻炼身体；第 4 期《10.92%》提醒孩子们注意保护眼睛健康……直到最近陆续推出的《谢谢》《对不起》《没关系》《早上好》等。

有人说，一个人的领导力就是能够在广大的世界中切出一个小片段，然后让身边的人只看到这个小的局。"校长 60 秒"，就是这样一个小片段，只有 60 秒。学生说，"新的一天，从聆听'校长 60 秒'开始"，"每天听着'校长 60 秒'的故事起床"。家长说，"每天非常受益，孩子们很喜欢"。一位家长在《请记下你的体重》后跟帖："还是校长魅力大，寒假我们让孩子少吃点都不行，现在他自己叫着要减肥了。"我用 60 秒，打开了一个小小的窗口，让孩子们觉得校长就在身边，温暖并未远离，故事还在继续。我想让这 60 秒以爱的名义，从云中落下，轻轻抵达孩子们的心里。

屏幕前一分钟，屏幕后百分功。每天的 60 秒，其实背后所增加的是 60 分，甚至更长时间。话题的准备，素材的整理，文字的凝练，甚至连录音都常常需要录 10 遍以上才会感到满意。一些看起来很容易的事，等到做起来时，确实有许多鲜为人知的不易，这恰恰就是做一件事的意义和价值吧。我暗自告诉自己，孩子们一天不返校，我的"60 秒"就一天不停止。这是我在当下与每一个孩子的云中击掌、握手、拥抱。

这是一个不同寻常的春天，新冠病毒让这个春天举步维艰，可是我们每一个人都在努力让这个春天多点美好。我们该用什么样的方式来标注这个春天呢？我在想，等祖国无恙、大地皆春、彼此安好时，我轻轻回头，发现我用"60 秒"记住了这个春天。

（本文发表于《中国教师报》2020 年 3 月 11 日）

在不同中看见

——英国教育考察行记

刘浩然　李建华

【摘要】　艾瑞德国际学校是一所国际化、高品质的现代化学校，立足中国教育，放眼世界格局。为体察中西方教育的异同，考察团对英国韦斯特伯恩小学（Westbourne Primary School）、米尔希尔学校（Mill Hill School）、圣玛丽莫德林学校（St. Mary Magdalene Academy）、哈罗公学（Harrow School）、牛津大学（University of Oxford）进行交流访问。这些学校的体育气质、学生立场、个别化教育、文化的传承都体现了英国教育的特点。由此，在不同中思考英国教育带来的启示，看见中国教育的自信与方向。

【关键词】　英国教育、体育气质、学生立场、个别化教育

2018 年 2 月 5 日—11 日，艾瑞德国际学校一行 6 人应英国友好学校——韦斯特伯恩小学——的邀请，对英国进行了为期一周的教育友好访问。其间，我们访问了韦斯特伯恩小学（Westbourne Primary School）、米尔

希尔学校（Mill Hill School）、圣玛丽莫德林学校（St. Mary Magdalene Academy）、哈罗公学（Harrow School）、牛津大学（University of Oxford）。此次访问的对象涵盖了从学前教育至高中的 K12 教育及大学，虽是浮光掠影、走马观花，但多少也对英国教育留下一些认知与回味。

漫步在伦敦街头，不需要刻意寻找风景，你一抬手，就能触摸到百年的繁华、千年的余温。国际大都市像个古老的小镇，没有川流不息的车辆，没有摩肩接踵的人群，古老而现代，古朴而大方，便捷而和谐，安静而优雅。慢和静，是伦敦这座城市的符号。

几天来我们一直住在同一家酒店，酒店的大堂不是很大，门厅迎宾是一位头发泛白、身材高大的先生，他身着风衣，头戴红色礼帽。一句简单的"你好"，礼貌自信又笑容可掬，眼神里的尊重与举手投足的优雅散发着独特的气质。

英伦风格的建筑给人一种庄重、神秘、严肃的气质，厚重的年代感与现代设计的完美契合让建筑有了生命的延续。英国的建筑，基本不会出现大拆大建的情况，而是在原有的基础上修缮与扩建。

坐在酒店的餐厅里就餐，莫扎特《C 大调奏鸣曲》悠扬雅致，舒适而宁静，就餐是一种休闲，看书、看报，与美食共享时光。

一、体育是一所学校的气质

英国的 2 月与中国无异，羽绒服加身的时节并未因不同的国度而增温。在韦斯特伯恩小学的门口，我们看到，一早入学，男生上穿棉服，下配短裤、短袜加皮鞋，女生则是裙子、中筒袜与皮鞋。进入室内，脱掉棉服，短袖、短裤成为活动时的着装常态。上、下午的课间都必须参加户外运动，户外运动没有老师组织，学生根据自己的爱好进行选择。学生参加体育活动是不必征求任何人意见的，就如吃饭、睡觉一样自然而然。没有人会因为户外的温度而担心学生穿得少，更不会因为害怕擦伤碰伤而停止活动。

英国学校设计区域的划分以学生的实际需求为准则。就如校园与操场没有明显界限一样，校园就是操场，操场就是校园。学生运动时，除了操场以外，还有数十种场馆可选择，如游泳馆、篮球馆、曲棍球馆、羽毛球馆、足球场等，一切服务于学生，最大化地利用。创办于 1807 年的米尔希尔学校，拥有 720 亩的校园，体育设施应有尽有，甚至还有小型高尔夫球场。哈罗公学拥有 24 个乒乓球场地，运动场、高尔夫球场、网球场、林地、花园等占地 2400 亩。体育和体育精神成了哈罗公学、伊顿公学等英国名校的支柱之一，也成了这些学校的气质。体育是名校的招牌与品牌，在哈罗的墙壁上悬挂最多的是与体育运动相关的照片，学校甚至创造了"哈罗足球"项目。英国学生的体育好比文化课成绩好更值得骄傲，他们崇拜"体霸"，而不是宣扬"学霸"。

二、学生是学校重要的存在

从英国学校设施服务上可看出一切为学生服务的文化。这些学校的教室布置得像家，除了上课所需的一应物品，还会有水池、衣帽间、休闲区、读书区、操作台等，有点麻雀虽小、五脏俱全的味道。教室的物品摆放乍看上去杂乱无章，细细看来，分门别类，极为精细。教室的四周张贴着学生近段时间的学习作品，看张贴的位置与布局，应该是学生自己动手完成。桌椅摆放以小组为单位，每个教室大概 20 多套桌椅，老师的办公桌也在教室的一角。总体虽谈不上窗明几净，却也实用温馨。相对而言，教师办公区，乃至校长办公室就局促得多，甚至没有一个像样的会议室来接待我们。

在韦斯特伯恩小学参访时，正好赶上了他们的迎新年活动，一年级的小朋友展示了一段时间以来关于中国新年主题的学习。一个简单的入场仪式，孩子用不同的方式出场，没有庄重的仪式感，每个孩子都是主角。观众则是其他年级的大孩子和一年级孩子的家长，他们盘腿坐在一个小小的活动室里，安静而有序。展示的环节大概有40分钟，活动室里始终静静的，这种静不是没有人讲话，而是听不到有人说话，扭头看去的时候也会发现观众的交头接耳。掌声也比想象中少了许多，爸爸妈妈们始终用会心的微笑与鼓励的眼神看着孩子，静静地欣赏。这样的情感没有波澜，没有惊涛，缓缓地流淌。30个五六岁的孩子展示，没有一位老师站着指挥，只有一位老师坐在前面，拿拿话筒，发发道具，始终没有站起来。学生的自主性与不同性在此体现得淋漓尽致。

学生的重要性还体现在学校对不同个性学生的宽容。据说丘吉尔在哈罗公学交过白卷，却是击剑冠军。当年拜伦喜欢山野的风，不喜欢考试，一挥手就是美丽的诗句，被校长认为"交给我的是一匹在山里野惯了的小马驹。不过从他的眼睛里，我看到他是有思想的"。

在几所学校的参访过程中，学校甚至专门安排学生陪同，还让他们当解说，锻炼学生的能力。

三、个别化教育很有特点

韦斯特伯恩小学教室门口的圆桌吸引了我们。桌子的摆放位置虽不同，场景却出奇的相似，都是为一位老师与一个学生专门配备的。教室里课堂正常，教室外在单独辅导，每一间教室都不例外。据介绍，每一所学校都会有一些志愿者，这些志愿者来自不同的行业，都会在固定的时间辅导学生功课。他们认为，教育是一个国家的事情，职责并非仅在学校，各行各业都应该有所贡献。这样的事情是常态，被辅导的学生也无不适感。每个孩子的学情不同、思维不同、认知不同，整齐划一地教学，解决不了所有孩子的问题。而个别辅导，看似解决的是一个孩子的问题，经年累月，解决的却是所有孩子的问题。

个别化教育还体现在丰富的课程中。哈罗公学的课程非常丰富，第一年，通常是英语、法语、数学、生物学、化学、物理、历史、地理、拉丁文、宗教学、艺术、音乐、设计技术和信息技术等课程。第二年和第三年，主要是证书考试，可选择课程有古代历史、艺术、生物学、商业研究、化学、批判性思维、设计技术、戏剧研究、经济学、英国文学、法语、高等数学、地理、德语、政府与政治、希腊语、历史、艺术史、意大利语、拉丁语、数学、音乐、音乐技术、摄影、体育、物理、宗教研究、西班牙语、统计。米尔希尔学校也有 70 多门个性化课程供学生选择。其实，多一门不同的课程，就会多一批不同的孩子。

甚至连家校沟通也体现了个别化。周五中午，哈罗公学学生放学的时间，家长来校接孩子，老师在学校餐厅一对一地接待，老师反馈学生的常规情况，家长也可咨询问题，学生在旁听。首先，餐厅的环境氛围较为轻松，老师、学生与家长在这样的氛围中交谈，也会多一丝亲切感。其次，一对一地沟通，非常具有针对性，各方都会觉得备受尊重。最后，学生旁听，信息互通，少了中转环节，这在某种意义上对学生也是一种真实反馈。

四、传统与文化得到了应有的尊重

哈罗公学创办于 1572 年，学校一直没有奢华的大门和门牌，我们是不知不觉走进校园的。在有着 300 多年历史的演讲厅，没有见到崭新与恢宏的模样，我们见到了沿用至今的一千多把不同年份的椅子，甚至有一把 1859 年的椅子依然立在那里，报告厅用的还是带钥匙的铜锁。这个报告厅有一个传统，每周一上午校长都会在这里给学生开会，评价学生，总结上周工作，发布下周大事，有点像我们的升旗仪式。演讲厅墙壁四周悬挂的是世界各地毕业于哈罗公学的有地位、有贡献、有名的毕业生，学校因学生而更有价值。创办时的教学楼、桌椅依旧在，连教鞭都在，橡木墙壁上密密麻麻地刻满了历届学生的名字，著名诗人拜伦的名字也被我们找到了。学校创办时的学生的蓝色礼服与草帽成了一种传承的象征，现在哈罗公学的学生依然保留这样的装束。校长的期末点名仪式，每周固定时间的祈祷等，也没有因时间流逝和校长的更迭而改变。

牛津大学是英国最古老的大学，有 800 多年的历史，具体在哪一天创建，也无准确说法，感觉已是超出"历史"范畴了。如果 1284 年算英国建国之年，1167 年算牛津建校之年的话，牛津历史与英国历史的长短或许都要认真考证一下了。牛津有它独特的院、系平级的扁平化管理结构，至今还在发挥重要作用，剑桥也是如此管理模式。历史记载，剑桥大学是牛津的"孩子"，有准确的出生年份，"生"于 1209 年。

米尔希尔学校成立于 1807 年，走在教学楼内，历史感扑面而来，走廊两侧陈列着各个时期的名人和重大事件资料，墙壁上系挂着不同年代的学生作品，参与接待的中国留学生对学校文化的讲解自然而流畅。

五、中国自信在这里被看见

我们的教育考察没有多少刻意的安排，但是我们竟然发现了惊人的巧合。在考察的五所学校中有两所学校在过中国文化节。

访问第一站韦斯特伯恩小学，就赶上他们的中国文化节，这是这所学校近几年的传统节日，其目的是让学生了解中国。参加表演的一年级小学生对中国的了解真不少。他们表演了中国的舞狮，讲述了十二生肖的故事、春节的传统，这是他们一直开设的主题课程。我们的到来让他们感到更加兴奋——过中国文化节遇到了中国客人。

在圣玛丽莫德林学校参访时，看到他们的女教师身着中国风旗袍，每个教职工身上都有红色元素，学生能用中文说："你好，恭喜发财。"

原来他们正在举办"中国的农历新年"活动。迎接我们的校长助理巴斯特（Busty）老师讲一口流利的汉语，手里拎着一个云锦小包，包里装满了红包。路过她身边的每一个学生只要能用汉语说"新年快乐，恭喜发财"，就可以得到她的红包。巴斯特老师是马来西亚人，母亲是广东人，她说自己是半个中国人，十分喜爱中国文化。非常巧合的是，我们此行的每个人都戴了一条红色围巾，我们告诉他们这是中国红。这所学校专门开设了中文课程，设立孔子学校，并与北京、重庆的小学长期交流学习汉语，互派教师。参观过程中，不少学生能用"你好"和我们打招呼，他们的眼中流淌出明显的善意。随处可见的春联和灯笼等，让我们的自豪感也油然而生。等到参观结束，巴斯特老师的红包已经发完，她告诉我们事前准备了 300 个红包。后来在座谈中，我非常好奇他们为何如此重视汉语和中国文化。巴斯特老师十分动情地告诉我们，因为她个人对中文有一种特殊的情感，她看到了中国的强大。

在几所学校的访问中，我们也能感受到孩子们对了解中国的渴望，的确，他们对中国的了解还不够。

在行走中遇见，在不同中看见。教育的国际访问，是让我们在"吸收外来"的基础上"不忘本来，面向未来"，是为了我们的教育能用自己的表达方式让别人懂你，让自己更好。

（本文发表于《江苏教育》2018 年第 50 期）

做一个有点气象的教师

李建华

人民教育家于漪老师说，人要有点气象，教育的质量就是人的质量，也是教师的质量、学生的质量，从事教育的人就必须要有点气象。

2020 年，获得"共和国勋章"的钟南山、"人民英雄"国家荣誉称号获得者张伯礼、张定宇、陈薇，他们的崇高品质是忠诚、担当、奉献，他们都是有气象的人。波澜壮阔的新时代已经到来，气象万千的新教育正在路上。时代需要有气象的人。

融入大时代

新时代需要德智体美劳全面发展的社会主义建设者与接班人，我们要把自己安放在这个时代里，我们要有大时代观，为国育才，为伟大的中国梦育人，为中华民族的复兴育人。我们要有大教育观，百年大计的教育，不要因为几座"城池"而丢了我们整个"江山"，不因一点分数而忽略灵动生命。我们要有大儿童观，发现每一位学生的美，要悦纳"不同"，要善待"不同"，要让"不同"真正美丽起来。

拥有大情怀

大情怀就是要有仁爱之心，仁爱是中华文化的核心力量。仁者爱人，仁者自爱。教师要有对儿童的爱。大情怀还要有使命感，让生命与使命同行，让职业与事业同体。曾听过一个故事：有三个工人同时在砌墙，有人好奇地问他们在做什么。第一个工人没好气地说："你没看见，我在砌墙！"第二个工人抬头笑了笑说："我们在盖一幢高楼。"第三个工人擦掉额上的汗珠，凝视着远方说："我们在建造美丽的家园。"十年后，第一个人仍在工地上砌墙，成了技术工人；第二个人坐在办公室画图纸，成了工程师；第三个人成了他们的老板。"穷且益坚，不坠青云之志。"心中有使命感，才会走向理想的远方。

成为大先生

大时代需要大先生。在全国教师发展大会上，教育部部长陈宝生提出：一是加强师德师风建设，让有信仰的人来讲信仰；二是大力振兴教师教育，让优秀的人培养更优秀的人。

苏霍姆林斯基、陶行知、斯霞、李吉林……他们都是一节课一节课上出来的大先生，仰望他们，学习他们，靠近他们，力争成为他们。

这个世界太喧嚣，我们要好好珍惜教师这个职业，好好关爱我们身边的儿童。在教育的人间烟火中，努力做一个有点气象的教师，气象是我们的特质，教师有了气象，教育才会有气象。

（本文发表于《江苏教育》2020年第86期）

节约，从物质走向品质

陈　琳　李建华

一、从这个痛点说起

餐厅浪费是中小学乃至大学节约教育中的一个痛点，也是一个难点，笔者发现很多学校都没有将其很好地解决。习近平总书记在 2013 年 12 月召开的中央农村工作会议上讲到节约粮食问题时强调指出，一些大学食堂成了浪费食物的"天堂"，让人触目惊心！媒体曾于 2013 年秋季报道了一则山东烟台大学餐厅保洁员吃学生剩下的饭菜的新闻：烟台大学 7 位餐厅保洁员因不愿意看到剩下的好食物被白白倒掉，为了提醒学生们节约粮食，激励学生勤俭节约，从 2013 年 5 月开始捡吃学生们的剩菜、剩饭。此消息一出，引起了社会各界的高度关注。但时至今日，学校餐厅的浪费问题依然存在，没有得到根本解决。看着白花花的米饭、馒头，以及才动了几筷子的菜被倒进泔水桶，着实让人心痛——学生倒掉的不仅是看得见的物质，更有看不见的品质。

节约，本是中华民族的传统美德，也应该是一个人的终身品质。《管子》中说："故适身行义，俭约恭敬，其唯无福，祸亦不来矣。"李商隐诗云：“历览前贤国与家，成由勤俭破由奢。”诸葛亮在《诫子书》中告诫子孙：“静以修身，俭以养德。”还有“俭，德之共也；侈，恶之大也”“俭则约，约则百善俱兴；侈则肆，肆则百恶俱纵”“不患不富，患不知节”等古语都在告诫我们节约的重要意义。从过去到现在，家长们也都谆谆教导孩子："谁知盘中餐，粒粒皆辛苦。”“一粥一饭，当思来处不易；半丝半缕，恒念物力维艰。”……

2018 年 8 月，我们学校确立了“干净、有序、读书”的校风，餐盘干净、就餐有序成了我们的第一要务，我们提出了就餐的标准是“吃得干净，吃得优雅”，就餐的“有序”是“三轻三慢”：轻声慢步、轻言慢语、轻拿慢放。然而，一段时间内，实际情况并不尽如人意，“干净、有序”的校风没有很好地落实在餐桌上，就餐浪费现象依然比较严重。站在餐车前，望着倒餐处的拥堵，望着被冷漠倒进泔水桶里的饭菜，我们的心痛了起来：日子好了，节约丢了；现代来了，传统没了；孩子贵了，品德轻了。正是因为这种痛感，我们感到必须做出改变。力行勤俭节约从餐桌浪费抓起，让节约首先从餐桌上看得见。

二、从这个难点做起

“天下事有难易乎？为之，则难者亦易矣。”教育是个动词，“做”是不二的选择，说一万遍不如动手做一遍。于是，我们就把餐桌浪费作为节约教育的突破口，从痛点处找着力点，从难点中找切入点。

1. 在仪式中让节约美起来

节约教育是美德教育，美德教育是美的，需要有仪式感。仪式感就是使某一时间与其他时间不同，使某一件事与其他事不同。有了仪式感后，就会让这件事在特定的时空被赋予特定意义，学生就有了新的希望和目标，也能感受更多的尊重。仪式感相当于一个按钮，当我们摁下这个按钮时，表示我们要进入另一个状态了；仪式感相当于一级台阶，当我们走上这级台阶时，表示我们站在了不一样的高度上。

2018年3月26日，周一，我们全校师生集会于大操场，站立于国旗下，面向国旗宣誓"争瑞德少年，做节约之星"。我把那一周确定为节约周，把整个3月确定为节约月，我利用雷打不动的"校长讲故事"时间讲述了一个季文子节约的故事：季文子是春秋时代鲁国的贵族、著名的外交家，出身于三世为相的家庭，为官30多年，一生俭朴。他穿衣只求朴素整洁，除了朝服就没有几件像样的衣服，每次外出所乘坐的车马也极其简单。有人劝他："你身为上卿，德高望重，在家里不准妻子穿丝绸衣服，不用粮食喂马，自己也不注重容貌服饰，这样做有损我们国家的体面。"季文子听后淡然一笑说："如果平民百姓都粗茶破衣，而我则装扮家人，精粮养马，这哪里还有为官的良心！况且，我听说一个国家的国强与光荣，是通过臣民的高洁品行表现出来的，并不是以他们拥有美艳的妻子和良骥骏马来评定的。既如此，我又怎能接受你的建议呢？"季文子的这一番话让劝说者满脸羞愧、哑口无言，更敬重季文子了。

通过故事，号召全校师生厉行节约，让节约成为艾瑞德的第九大品质（前八大品质是独立、勇敢、自约、风度、包容、幽默、合作、忠诚）。并利用学生每周都渴望得到的"瑞德少年奖章"来表彰节约之星。

而后，我们分年级统一实行就餐集会，还为每一个学生定做了就餐服，集会必讲节约，就餐必穿餐服。当学生从教室走向餐厅的那一刻，整齐的队伍，统一的服装，仪式感来了，郑重的心态有了，自然就会把"吃得干净"放在心上，把"吃得优雅"体现在言行中。同时，我们针对自助餐的特点，对学生进行了自助餐礼仪的培训，在教师的引导下，量力而行，少取多次，想到他人。渐渐地，我们发现，以前学生会相互比较谁的盘子盛得多，后来变成比盛得少了。一个二年级的学生告诉我："我们打少点，吃完可以再打，便于光盘。"

2. 在自觉中让节约动起来

全校2000余名师生，都是同时在餐厅进行一日三餐，要做到人人光盘，个个自觉，是需要有创新的精神、典型的引领和机制的保障的。我们首先组织学生参观河南工业大学粮油食品学院的粮食博物馆，了解粮食生产的起源、粮食家族的发展、粮食品种的演变、粮食分布的格局、粮食引进、粮食与战争、粮食与灾荒等知识，激发学生爱粮节粮之心。参观回来后趁热打铁组织主题班会讨论，让学生明白粮食是如此重要且如此珍贵，切不可任意浪费，以激发他们节约粮食的主动性和自觉性。同时在每个就餐桌上设置就餐光盘的标牌，时时提醒。

我们决定以五年级（1）班作为试点班级来进行收餐盘模式的改革试验，推进光盘行动。以前的收餐盘模式是学生就餐后自己直接送到泔水桶附近的统一存放区，这不仅容易造成拥挤，也无法监督是否光盘。进行改革后，五年级（1）班成立了学生就餐自主工作小组，就餐完毕后"自助收餐"，即以班级为单位，值日生集中收盘、集中验收、集中送盘，汤碗、餐盘、筷子和餐后垃圾统一有序地放在本班存放区。大胆地迈出了这第一步，五年级（1）班的学生做得小心翼翼而虔诚认真。慢慢地，学生吃多少打多少，打多少吃多少。一个班级一餐所有的餐后垃圾，没有一粒剩米饭，无半点浪费。这项改革在五年级（1）班顺利开始，并坚持了两周，效果非常好，给了我们无限的信心，于是我们将其进一步推向两个班级，而后又推向了五年级的所有班级。有一天的早餐，五年级全年级230名学生的餐后垃圾加起来不足一小碗。

实施"自助收餐"以来，五年级8个班全部做到了"不浪费一粥一菜"，就餐值日生在其中起到了不可估量的作用，他们任劳任怨，弯腰收汤碗，轮流送盘子，举止优雅地告诉同学们要吃得干净，轻声细语地提醒同学们轻拿慢放。因为值日生的"钉子"精神和奉献意识，让节约用餐成为学生餐餐的坚持。学生对吃饭有了"肚（度）量"，对食物有了"敬意"。当餐后仅剩"垃圾"时，节约，就自然而然地发生了。

2018年4月，五年级（6）班谷芷玥同学给一年级的年级主任手写了一封倡议信，倡议一年级也开展"自助收餐"改革。很快，一年级也闻风而动。五年级的值日生走进一年级，手把手教小弟弟小妹妹如何自助收餐盘，大手牵小手，共享节约美。于是，一年级的学生用稚嫩的小手在本班存放区依次将吃得干干净净的餐盘摆放好，他们稚气未脱的脸庞，有了儿童少有的对食物的敬畏和珍惜。再后来就相互影响，全校逐渐都行动起来了，"自助收餐"餐餐进行，"光盘行动"风靡校园。班风吹进了校风，节约成了共识。

有一天，一个值日生带着一个学生找到老师，说这个学生的餐盘里还有一块冬瓜没有吃完，节约用餐、不剩一菜是全校达成的共识。这时候，值日生很坚定，学生也觉得很委屈，老师看着泡在菜汤里的一块冬瓜，夹起来就吃掉了。当时，这位老师说："学生的剩菜，不脏。老师吃掉一块冬瓜，希望吃出你节约的好品质。"就这样，老师化解了难题；就这样，老师的"一念"让一个尴尬的难点成为教育学生的"亮点"。因为节约就餐，校园里涌现了许多发生在师生之间、生生之间的动人故事。

有一次我路过一个班级的就餐区，听到一个学生对另一个学生说："今天中午的馒头我一口一口全部吃完了。要是在以前，我不想吃就随手丢掉了。现在感觉丢一口馒头，心都会痛一下。"无意中听到的这句话，给了我无限的信心，德育工作不就是做育心的工作吗？当一个学生因为浪费了一口馒头而心痛，教育不就发生了吗？教育不就是通过看不见的"心痛"作为品质的起点吗？

3. 在劳动中让节约立起来

节约，看得见的是对物质的节约和珍视，看不见的是"精神的自约和自律"。人无节约之心，是因为无珍惜之情，现在的孩子，总是一切来得太容易了，饭来张口、衣来伸手，四体不勤、五谷不分，更不知劳动之艰辛与可贵。劳动教育严重缺失，珍惜之心从何谈起，节约之品何以培养。

习近平总书记在全国教育大会上指出："要努力构建德智体美劳全面培养的教育体系，形成更高水平的人才培养体系。""要在学生中弘扬劳动精神，教育引导学生崇尚劳动、尊重劳动，懂得劳动最光荣、劳动最崇高、劳动最伟大、劳动最美丽的道理，长大后能够辛勤劳动、诚实劳动、创造性劳动。"

正如稻盛和夫在《活法》中说道："劳动对人具有崇高的价值和深远的意义。劳动具有克制欲望、磨炼心智、塑造人格的功效。劳动不仅是为了生存、为了温饱，它还陶冶人的情操。"劳动是节约的密码，人的很多美德都是在劳动中培养的，包括节约。没有"锄禾日当午，汗滴禾下土"的艰辛，怎会有"谁知盘中餐，粒粒皆辛苦"的珍惜，更不会有"节约好比燕衔泥，浪费好比河决堤"的思虑。唯有劳动才能让人们明白节约的真正价值和意义。

因此，我们重视并强化学生劳动教育，建校以来，我们利用学校20万平方米农场的资源优势，一直坚持、坚守劳动教育，每个班级在学校农场都有一亩地，一年四季都种地。课余时间，教师纷纷丢下粉笔扛起锄头，家长、孩子也纷纷加入其中，"一亩地，四方方，大农场，新课堂"，将孩子、老师、家长联系在一起，将田园、课堂、自然联系在一起，将学习、生活、劳动联系在一起，将生命、成长、成人联系在一起，将力量、对话、合作联系在一起，将天、地、人联系在一起。我曾凑诗云："周末人倍忙，师生爱农场。种地为作业，田园亦课堂。今日弯下腰，来日挺脊梁。汗滴禾下土，梦中瓜果香。双脚立大地，有诗有远方。无问西和东，自然成篇章。"双脚插入泥土的劳动使孩子感受到劳作的艰难、收获的不易，吃饭时也觉得饭菜更香了，不忍心再去浪费了。

此外，学校教学楼全由学生保洁，每天上学、放学，各个班级所对应的卫生区都是学生自己打扫，学生是"干净"校风的创造者，连一年级学生都不例外。洗衣、做饭、收拾家等家政课程作业是我校每周末每一个学生回家都要完成的"规定动作"，孩子的小手牵起了家长的大手，让校风延伸至家风。劳动是孩子与自然的对话和对环境的恭敬。学生低下头，弯下腰，滴下了汗，收获了成长，懂得了珍惜，节约之心就会长出来。

三、从这个亮点想起

浪费本是痛点，节约也是个难点，我们通过努力，让节约成为学校的第一文化，成为学校的第九大习惯，最终成为一个亮点。在一年多的探索中，我们也有了一些思考。

节约教育贵在坚持，并且是面向全体的坚持，是全体师生共同的投入，一个都不能少；是全程的坚持，每天如此，每顿饭都如此，早中晚三餐都不放松；是全面的坚持，作为一项重点工作，学校各个部门通力合作，无缝衔接，确保了节约教育的成效。

学校节约教育事关很多方面，但要抓住"牛鼻子"，牵一发动全身。就餐节约是关键，涉及一日三餐，每天如此，所以通过抓好"牛鼻子"培养学生节约的习惯，学生的节水、节电、节纸都成了自觉行为，习惯一经养成，收获的便是品行。随手关灯，随手关水在我校都已习以为常了。学校要形成节约型学校，要用节约文化来保障。目前，学校的路灯是太阳能和风能供电；学校公共场合少有垃圾桶，培养学生少产生垃圾的习惯；学校的垃圾袋是循环使用的；洗手间的手纸盒下都画好了"刘一墨线"（学生刘一墨发现同学有浪费手纸的现象，就提议画一条线提醒学生抽纸到此线为止，因此此线被我在"国旗下讲话"中正式命名为"刘一墨线"）；连打印纸都是正反面使用。文化是无声的力量，一经形成，节约便留在心底。

（本文发表于《福建教育》2018年第48期）

唯有观世界，才有世界观

李建华　薛静娴

2011 年 9 月 23 日，记得那天是星期五，秋分。我们"冒天下之大不韪"，带了一群才上二年级的小学生到南京的紫金山露营。孩子们在星空下撒欢儿、看露天电影，疯了大半夜。

当天晚上，紫金山上竟然开来了江苏电视媒体的三辆直播车，在当地引起轰动。一位退休的老教师听到消息后非要到山上来看看，说我们的胆子太大了，竟然搞一个这样的活动。正是这次露营，让我们对"研学旅行"有了新看法。

2017 年 8 月，郑州艾瑞德国际学校正式将研学课程纳入学校六大课程体系。同时，学校研发了从一年级到六年级的研学课程线路图，并"按图索骥"，全面启动了研学旅行课程，以天地为课堂，引山水入胸怀。只有带着孩子们观世界，才能让他们形成世界观。

教育部等部门在《关于推进中小学生研学旅行的意见》中指出："研学旅行要因地制宜，呈现地域特色，引导学生走出校园，在与日常生活不同的环境中拓展视野、丰富知识、了解社会、亲近自然、参与体验。""纸上得来终觉浅，绝知此事要躬行。"只有走出校门，才意味着研学旅行的开始。

每一个艾瑞德学生的研学都从种地开始，农场是旅行的起点。我们依托学校 300 亩教育农场，设置了自然生长地和教育生态场。从清明节前后的"开犁日"到金秋十月的"开镰日"，每学期孩子们在农场生活一周，田野是课堂，吃在农场餐厅，住在农场小木屋。在教师的指导下，学生自己生火做饭，自己种地浇水，每个班级近一亩的责任田成了学生、教师和家长的另一个课堂。亲自动手，亲身体验，亲近自然，孩子们在这里品春夏秋冬，观日月星辰，感鸟语花香，摘瓜果蔬菜。生活即教育，农场即学校，旅行即课堂。

世界真的很大，我们需要去看看。2017 年 11 月 20—24 日，根据研学课程计划，学校组织 166 名四年级学生"行走洛阳"，研学一周。21 位教师提前一个多月开始备课，精心设计了研学旅行的教案。我们不仅是为了教会孩子什么，更要让孩子自己记住体验到了什么、留下了什么。孩子们一路行走，一路体验。他们在丽景门下诵经典，在定鼎门前学考古，在唐三彩馆里手绘唐三彩，在牡丹园里画牡丹，在黄河岸边合唱《保卫黄河》，在白园里背诵白居易的诗篇……

在家千日好，出门一时难。孩子们在外几日，更真切地懂得了平日里父母的付出与爱，他们纷纷主动借教师的手机录制感恩父母的视频，不少孩子流下了泪水。家长们也发现孩子洛阳之行回来后突然长大了、懂事了。研学旅行的生长性、生成性超出了预期。

"当孩子们真正地走出去，这一路所经历的、听到的、看到的、触摸到的，都在不断更新着他们的认知，拓展着他们的视野，丰富着他们的内心。原来书上说的、老师讲的、电脑上搜索到的都是'他人'眼中的世界，并不真正属于自己。"这是 2018 年 1 月 27 日，5 位教师带着 40 名学生在加拿大研学旅行 16 天后的深切感悟。

毛琳航同学说："今天的课程让我很兴奋，又认识了一位新朋友，尽管我不知道他的名字，但我能感受到他的热情。他用不太标准的普通话对我说'你好'，就是这个词让我在异国他乡感受到温暖。"

谷芷玥同学说："今天是不平凡的一天。体育课上我们玩了一个'降落伞'游戏，这需要全体学生团结起来。同学们喊着'1，2，3'，所有人同时使劲把球抛向空中。那一刻，我终于明白了团结的力量原来如此之大，这需要我们每一个人去付出、去努力、去奉献。"

　　爱因斯坦曾说，想象力比知识更重要。因《三体》而获得雨果奖的科幻作家刘慈欣，当记者问及他是从什么时候开始展开想象的翅膀时，他说："大概是六七岁的时候吧，在我的老家河南罗山，我目睹了中国第一颗人造卫星'东方红一号'划过天空。一颗星星就那么从天空中划过，这可能是我人生中最感震惊的一幕，这改变了我的一生。"

　　参加加拿大研学旅行的李思琦同学也有这样的"震惊"与"改变"。在研学最后一天的总结中，她说自己的不舍不是因为这个地方，而是因为学习和沟通方式的冲击。自己的情感来源于被肯定、被支持，追梦的勇气源于内心深处的动力。

　　每个人的心中都有一颗"火种"，但不知道什么时候会被点燃、被激发。所以，我们无比珍惜走过的每一段路，因为只要用心经历过，总会留下"痕迹"。

（本文发表于《河南教育》2019 年第 1 期）

改变师生样态的"另一种可能"

李建华

今天我们在成都这座"来了就不想走"的城市谈论着教育,我自然想到一首歌,赵雷的《成都》,"在那座阴雨的小城里,我从未忘记你。成都,带不走的,只有你"。

让人"不想走""带不走""忘不掉",这不正是我们学校应该有的样子吗?《成都》也被我们改编成了校园歌曲:"在艾瑞德校园走一走,直到所有的灯都熄灭了,也不愿意走。""让我感到温暖的,是你伸来的手。"

学生不愿走,是因为老师温暖的手。

这让我想起了岳婉琪老师的手。岳婉琪老师一毕业就在艾瑞德工作,去年她带六年级 8 个班的音乐课,刚接六年级时就想着学生毕业了该如何与这些孩子说再见。于是她就悄悄地做着一件事,为 231 名学生编起了五彩环,希望这些学生有五彩斑斓的未来。她不紧不慢,瞒着孩子,每天抽时间编织。她计算着编织一条手环需要的时间,她不想短时间编完,她想每天编一点,正好到学生毕业典礼那天完工。于是她每天都会编上几分钟,像一日三餐一样,把自己对学生的爱一天天编进手环中。毕业典礼那天,当岳老师把五彩环一个一个戴在学生手上时,学生哭了,老师也落泪了,当然也包括我。同时,她还送给每一个学生一封信和一张学生本人的打印照片。岳老师的手是温暖的。

这次，主办方给我的主题是"学生长什么样，跟老师的样子息息相关"，我不禁想到了艾瑞德的四位老师，从他们脱口而出的"金句"中寻找"改变师生模样的另外一种可能"，寻找我们老师和学生最真实的模样，寻找"学生好"与"老师好"的逻辑关联。

怎样为学生好？

1. 努力创设"自然生长"的栖息地，离"人"更近一点

因为我站在离儿童最近的地方。

——薛静娴

薛静娴老师是学校的英语老师，有一次，南京知名特级教师杨树亚校长来我们学校，她去接站，杨校长夸她很年轻，已经是两个孩子妈妈的薛老师答道："我之所以显得年轻，是因为我站在离儿童最近的地方。"一语惊人。

那么，我们究竟离儿童有多近呢？

学校有一个钢琴广场，趴在钢琴上的这位老师叫李娜，像小迷妹一样迷恋她的学生。运动会上，张明老师很自然地跪在地上，给孩子们讲运动的规则。俗话说，"人有膝盖，跪天跪地跪父母"，艾瑞德的老师，用他们的膝盖在跪教育，因为他们跪下了，孩子们就站起来了。还有，在孩子们的测量课上，孩子们要量我的身高，因为他们够不着，必须要我躺下来，于是我就躺了下来。

因为"近"了，就多了故事。上个月 20 日下午 4 点多，我们在珠海参

加第五届教博会,陈琳老师的手机突然响了,接了电话之后她脸色立马变得严肃起来,刚开始,我还担心是学校学生发生了什么事。等她挂了电话才获知,她带的上一届一名毕业生哭着从学校跑了出来,给爸爸打电话说:"爸爸,你不要找我,我太伤心难过了,我要回艾瑞德去看一看。"爸爸一着急就给孩子原来的班主任陈琳老师打电话了。紧接着,陈琳老师立刻给在校的王佳瑶老师打电话,让她去校门口找这名同学。后来王佳瑶老师就和孩子约了周六下午逛校园,一直到晚间8点多才回。

虽然学生已经不是学校的学生,但是老师还是学生的老师。学校啊,不能因为学科分数的"几座城池",而丢了孩子未来的"整个江山"。破"五维",立"五育",我们责无旁贷。教育,就是要让孩子想得起童年,记得起恩师,忆得起母校,看得见分数。在校时,留下的是热爱,离开后,留下的是眷念。

然而,这样的眷念从哪里来呢?从我们的教育实践中来。

在孩子们的六年中,我们一起度过了每一个年级精心设计的"六个一"主题课程:露过一次营(一年级),穿过一条谷(二年级),经过一种爱(三年级),访过一座城(四年级),蹚过一条河(五年级),翻过一座山(六年级)。还有六年都有的种过一亩地、写过一本书。当孩子的生命中有山川河流、日月星辰、风花雪月、春夏秋冬融入了,就有了深深的眷念。

教育似乎很大,其实也很小。比如,钢琴放在孩子教室门口触手可弹的地方;海报张贴得低一点,让孩子的脸可以凑上去;我端着餐盘,走班就餐,温暖学生的餐桌,力争六年中我都能陪他们吃过一次饭。

看见学生的模样,接住学生的忧伤,捧住学生的欢畅,让教育被慈善以怀,让孩子被温柔以待。教育,不是决胜千里之外,而是温润一步之内,有时候,一步就是一生。

2.努力构建"温度故事"的生命场，离"心"更近一点

让我们每一个人都和学生的心弦对准音调。

——金长

金长是一位体育老师，他有个全校人都知道的名字——"大山"。他真的像大山一样，就是他，说了一句这样文艺范儿的话。

金长老师讲了一个"把跑鞋留给母校"的故事。邵奕华，上一届毕业生，2019 年 5 月 14 日获得郑州市高新区 200 米冠军，后被郑州市体育名校特招。他的天赋并不是很好，跟大山老师训练一年，大山老师常说的一句话是："学会输掉比赛，才能赢得冠军。"当天夺冠归来，全校师生代表在校门口列队欢迎他。最后毕业时，邵奕华同学不仅把跑鞋赠给了母校，周末还时常回来帮助金长老师带学弟学妹训练。

如果一个学校里面的明星学生全是语数英学科的学霸，而没有音体美方面的佼佼者，这所学校的师生就失去了活力，这所学校也就失去了魅力。每个孩子的心里都装着一首完整的歌，这首歌里唱着对人文、科学、运动、艺术等方方面面的热爱和渴求，我们得听到，我们得与孩子的心弦对准音调。

11 月，我们做了一个统计，全校 1328 位学生近视发生率仅为 10.92%，与美国持平，2018 年全国儿童青少年总体近视发生率为 53.5%，其中，6 岁儿童为 14.4%，小学生为 35.9%，初中生为 71.5%，高中生为 81.4%。做教育，我们究竟应该关注什么？关注学生体质健康，关注近视和肥胖问题，看不见、跑不动，未来如何是好。不跑不跳，不为学校，身体不强，怎为栋梁？

教育的质量，就是生命的质量。

怎样为老师好？

> *上班就是赴一场盛宴。*
>
> ——白露露

说这句话的老师叫白露露，教六年级语文，兼班主任。2018 年 5 月 23 日的清晨，她的这句话刷爆了朋友圈。为什么一个老师来上班，就像是赴一场"盛宴"？赴宴是一种什么心情？激动！期待！兴奋！还有一点点小紧张。一定是这所学校有某种东西在牵引着她。

1. 彼此参与，价值愿景凝"心"

学校的核心价值观是：走自然生长教育之路，办有温度有故事学校。自然生长，就是尊重儿童发展规律，尊重教育发展规律，尊重社会发展规律；温度是底色、磁场、翅膀，是让教育更柔软；故事是实践、经历、艺术，让教育更有味道。温度与故事，不是高大上的惊天动地，而是真善美的自然流淌。我们的校风是"干净、有序、读书"。我们的三观——教师观：每一位老师都是珍贵的存在；学生观：每一个学生都是美丽的不同；家长观：每一位家长都是重要的链接。

教师成长五件套：研、读、写、讲、种。研，是研究儿童、研究课堂、研究教育；读，是读书，5 月开始我做了一个数据统计，300 名教职员工读了 2000 多本书，人均读书 7 本，读书，能让教师提升素养；写，是写作，145 位老师开设公众号，写了 11 829 篇教育随笔，合计 1200 万字，一年在省级以上刊物发表文章 40 余篇；种，是种地，我们有 300 亩田园校区，每个班级一亩田，师生共同种地，教师成了真正的农夫，种地是种德，种的是师德，种出了明亮的教师。

2. 幸福席卷，学校文化聚"情"

我们有了很多自己的节日，5月的旗袍节、12月的神秘天使节，每月的电影日、故事分享日、读书分享日，还为老师建立了咖啡屋、母婴室、健身俱乐部、教工运动会、大病互助基金。心中先有人与当下，未来才有诗和远方。教育，一定是热气腾腾的人间烟火。有仪式感的节日，是用来表达爱与被爱的，有仪式感的日子是有故事的。

早过预产期仍在上班的李慧婷老师的故事还留在我的脑海里。2019年6月10日，年级部秘密、精心地策划了一个浪漫的暂别仪式：32个孩子手捧玫瑰，钢琴声、歌声响起，孩子们小心翼翼过来拥抱老师，心弦拨动，温暖弥漫，每一个用心去起舞的日子都是对生命的不辜负、不怠慢、不草率，在场的每一个人都泪目了，我也是。我在分享时哭了两次，大家笑话我是一个爱哭的校长，其实啊，男儿有泪不轻弹，该到弹时也得弹啊，不是我爱哭，而是我觉得我不哭不能表达内心的好啊。

3. 温暖成全，培训学习铺"路"

学校每月会请一位专家进校园，到现在已经请了40位专家来给老师们做培训，顾明远、成尚荣、魏书生、李政涛、郭华等先后到来。两年来，老师们参加外出培训行走里程累计300万公里，里程能绕地球赤道75圈。学校用三年时间让老师们到知名师范大学全天候学习一周，去年我们去了南师大，今年我们去了北师大，明年我们将去华师大，总计投入资金100多万。我们是一个民办学校，类似学校很少有这样大的培训力度。

亲爱的校长们、老师们，我强烈建议大家抽空去看看成都的风景，哪怕只去玉林路的小酒馆，这很值得！只有内心丰富、热爱生活的老师，才有内心丰富、热爱生活的学生。因为你的一张门票或许会温暖一群孩子眺望世界的眼睛。你在外面看风景，孩子在学校看你，风景装饰了你的心，你装饰了孩子的梦。

在分享快要结束之际，我想起李丹阳老师的"金句"：所有的偶然都是蓄谋已久的必然。

李丹阳老师是一名英语老师，她在中层干部一次行政例会分享时说了这句话，表达自己这么多年的成长体验。我们分享了很多小的故事、具体的案例、方法，这都是一种"偶然"，其实它们背后的价值观是我们"蓄谋已久的必然"，一群人相互参与、幸福席卷、温暖成全，一起让学生与自己慢慢变好，这是教育最美的风景了。

我想起舒婷的诗："根，紧握在地下；叶，相触在云里。每一阵风过，我们都互相致意。"我们以树的形象站在一起，站成好老师的样子——"有温度、有高度、有故事、有本事"。

我们谨记：儿童的别名叫未来，教师的别名叫创造，学校的别名叫远方，教育的别名叫美好。我们改变师生模样的另外一种可能就是赋爱，赋教师之爱，赋学生之爱，让教育充满温度，让学校堆满故事，教师是"珍贵的存在"，学生是"美丽的不同"。

为了这样的"可能"，我们一起来追问三个问题：

（1）一所学校为师生营造的物质、精神场域是否足以支撑他们自我生命的完善？

（2）一所学校的文化气象和管理机制是否能保证师生之间关系的舒畅？

（3）一名教师对生活、对教育的理解能否支撑他在这样的一所学校与学生一起向上生长？

（本文发表于《新校长》2020 年第 1 期）

寻找安全感，是文明进步与人生奋斗的最基础动力

李建华

纵观文明长河，
人的安全感到底来自哪里？

在 10 年前的父亲节，曾经看到一张照片，上面是一对父子。爸爸是重庆众多"棒棒军"之一，在朝天门扛货，一年 365 天，他扛 350 天。

整整 10 年过去，如今，这位名叫冉光辉的爸爸已经在重庆买了房，安了家。冉光辉说，他最大的愿望就是儿子能有出息，为此他愿意为儿子再扛 20 年。

这是一个父亲给儿子的安全感；儿子有出息，是儿子给父亲的安全感。他们的故事，也是千万普通人通过勤劳与努力建构安全感的一个缩影。

纵观历史长河，人类文明进步的脉络其实与人类不断追寻安全感的过程暗合。

从直立行走到开始使用工具，从寻求食物来源的农业文明时代，再到满足住宿、交通需求的工业文明时代，都是对安全感的追寻驱使着人类一直向前。当我们进入一个全新的时代，世界的经济与科技如烈火熊熊，内

心的热爱与安宁却闪烁不定，我们常说，"在不确定的时代做确定的自己"，依然是在寻找安全感。

正是因为我们在不同发展阶段对安全感有不同的需求，才推动了整个人类文明滚滚向前——寻找安全感，是社会进步的车轮。

那么，"安全感"，它究竟意味着什么？

英文中"安全"是 safe。如果允许我重新解读，也许它正代表了安全感对于我们的意义。

"s"是 steady，稳定。大到国家，小到家庭，都需要底盘稳定带来的踏实感，它给予我们基本的自尊与自信。

"a"是 alive，活跃。死气沉沉和鸦雀无声不会有真正的安全感。我们需要热带雨林般的生态，那里人情活跃、思维跳跃。

"f"是 free，自由。我对自由的理解就是对时间的轻松把握，对空间的随意抵达。而这需要足够的安全感来支撑。

"e"是 equal，平等。这是对人格的托举，它决定了精神的站立。站着呐喊永远要比跪着吃饭让人感到安全，因为决定未来的是视域的远近，而不是饭碗的大小。

稳定、活跃、自由、平等，也许就是我们站在当下的坐标点上，真正能带给我们安全感的力量源泉，能为我们营造一个最终走向自我实现的环境。

那么，人类是如何获得安全感的？不妨把今天分享的主题颠倒过来看：文明进步与人生奋斗是获得安全感的重要源泉。

春秋战国成就了诸子百家，抗日战争诞生了西南联大——越是动荡时代，我们越要看见恒常，那是产生安全感的内生力量：唯有奋斗才有安全感，唯有付出才有安全感，唯有发展才有安全感。

具体而言，我们可以参看这些词条，将它们作为获得安全感的坐标：刻意练习、一万小时定律、时间颗粒度、终身学习、自驱型成长、跨越能力陷阱……

安全感，最终还要回归到自我价值的体认与追寻，需要个体建构高水平的自我调适系统。而教育，就是帮助师生完成这种"回归"，促成这种"建构"。

另一方面，我们还需要思考一个问题：对于学校和教育，有安全感是指什么？

学校的安全感哲学：
看见师生、捧起欢畅、接住忧伤

我所在的学校，很多老师是 80 后，他们推荐我一首歌，是陈奕迅的《稳稳的幸福》，这首歌给了我启发。

"有一天，开始从平淡日子感受快乐。看到了明明白白的远方，我要的幸福。""我要稳稳的幸福，能用双手去碰触。每次伸手入怀中，有你的温度。""我要稳稳的幸福，能用生命做长度。无论我身在何处，都不会迷途。"

我们还可以通过一份非正式"检讨书"看到答案——说它非正式，不是学校要求的检讨，而是学生自发的行为。

> 2019 年 1 月 4 日，星期五，天气阴。这是 2019 年的第一场雪后，早上吃完早饭，跟着同班同学来到操场，看见了李校长。不知道谁先拿了个大雪球，向李校长扔了过去，我也拿了一个雪球向他扔了过去，扔完之后意犹未尽，于是又追着李校长，又把一个雪球扔了过去，扔完之后又团了一个雪球也扔了过去，扔完之后又扔了一个……

在我们扔完后，李校长都宽容地笑一笑，每一次都笑，只是这笑中似乎也夹杂着几分无奈、几分尴尬吧。

如果一群一二年级的小朋友向李校长扔雪球，那可以视为一种可爱。而像我们现在，已经是六年级的人了，那就是一种无知、幼稚，还有点可笑。试想，如果李校长没有耐心，那么他一定会像我们一样扔来扔去，但是李校长他有耐心，有知识，很成熟。

同时，李校长一定是度量极大的校长，"宰相肚里能撑船"。而我们，没有李校长的那种度量，没有李校长的知识渊博，所以我们才会一而再，再而三地向李校长扔雪球，李校长还能在被扔完之后一笑而过，他一定是大人不计小人过的君子啊……他温和大度，怪不得他能管好一所学校呢。

我至今还记得这件事，这个用雪球扔我的学生是被班上的校长助理（也是学生）"逼"着写检讨的，写完后他们一起送到我办公室，然后嘻嘻哈哈而去。

大家不妨想想身边的事物：斑马线。它无法真正解决安全问题，它解决的是安全感的问题，它创造一种情景，形成了一种秩序，让过马路的人内心妥帖。

答案呼之欲出：一个有安全感的学校应该能看得见师生的模样，捧得起师生的欢畅，接得住师生的忧伤。

而我想，接住那个扔过来的雪球也许就是"捧起欢畅"，微笑对待这份"检讨书"大概就是"接住忧伤"，如此一来，孩子与我，都能彼此"看见模样"。

一座校园如何
于无声处营造安全感？

那么，我们如何才能让我们的学校变成充盈着安全的"笑"园、"甜"园？我想从郑州艾瑞德国际学校三个方面的实践，来分享我们的想法和做法。

建立爱与被爱的关系，铺满爱的土壤

孙浩哲是我们学校一个腿脚不太方便的孩子。2017年开运动会，他没办法参加。

我有意创造了一个无意的相遇，很自然地牵着他的手在操场上走了一圈。

后来又一届运动会开幕式上，孙浩哲有了特别的出场方式。

他的班主任王顺平老师为他搞到了一辆小车，让他行进在班级方阵的最前面。孩子当时脸上洋溢的只有骄傲，看不到他因为身体原因产生的不安全感。

再后来，我在学校读书广场遇见了他，他的脸上都是满满的自信。

有个小男孩叫石昕航，他从我们学校幼儿园毕业后升入了一年级，刚开始他不适应，总是想念他以前幼儿园的班主任老师王倩，而王老师去了另外一所幼儿园任职。

有一天石昕航看到教师展示墙上王老师的照片，忍不住哭了起来。王倩老师知道后，特意在一个周末去石昕航家里看望了他，还带他出来转了转，给了他一些安慰。

为了这个孩子更好地适应环境，石昕航一年级的班主任黄冬燕老师常常陪着石昕航在校园里散步，和他聊天，放学后还常常给他补习功课。

安全感，对石昕航来说，就是不再抱着过去照片的"她"，因为有了同样爱"我"的"你"。

爱，会让人有安全感。拥有爱和创造的能力正是人类文明进步的DNA，也是人类在AI时代永远不会被机器替代的原因。

舒展人际关系，需要促成每一份微小的善意

去年的一天，我的校长信箱收到一封来信。写这封信的小朋友是一（3）班的张若渔，信的内容是：

"李校长，你好！我想问你一个问题，你每天都那么早下班，为什么我妈妈不能早点下班？”

她妈妈是谁呢？是我们学校校长助理刘浩然老师。这是我遇到的最难回复的一封信，于是我求助万能的朋友圈。

回复如潮。比如三年级马竞老师回复："你妈妈努力工作是为了当校长，当校长就可以早下班。"

乃殿雄老师回复："校长助理是校长＋助理，做完了校长的工作后还需要完成助理的工作，所以下班会晚一点。"

白露露老师更是神回复："李校长姓'李'（离）所以可以早点离开，你妈妈姓'刘'（留）所以要留下来。"

从中，我们是否可窥师生之间、同伴之间、干群之间的安全感呢？

我在疫情期间开通了线上"校长60秒"，已经坚持了275天。每天一分钟，最后都以为当天过生日的师生送上祝福作为结束。而这个"60秒"，启发我们膳食中心开发了一款"生日面"，成了过生日老师的"特供"。

安全感，其实就是在特定的时间里，感觉自己被偏爱。当老师被温度"惯坏"，校园才能被安全感"灌溉"。

教育，不是铸造高深的大道理，而是促成实在的小善意。雷夫用"没有恐惧"造就了56号教室的奇迹。苏霍姆林斯基"在每一个角落种哪种花木都要经过师生精心考虑"，从而有了"可以栖息善良情感"的帕夫雷什中学。陶行知先生四颗糖的故事，诠释了"和风细雨常常润物无声"。

安全感，还来自此地与远方的链接

我们还会考虑，如何也让家长对学校、对教育有安全感？

我们学校的家长观是：每一位家长都是重要的链接。所以，我们增加了与家长之间有益的互动，让家长与学校建立关系和联系。

3年前，我们开启了"新生家长智慧父母课堂"，孩子没开学，父母先上学，为期3天。我们因为认真对待"初识"，家长才会更好达成"共识"。

学校的很多岗位，比如运动会裁判、外出研学联络、校门口交通疏导等，都能看到家长的身影。

今年我们学校学生运动会为火炬传递采集火种的，就是学生代表杜美瑾和她的爸爸妈妈，这个家庭被评为2020年全国抗疫最美家庭。运动会结束后，我们为全体家长志愿者拍照留念，留下珍贵的瞬间。

因为了解，所以安心；只有走近，才会热爱。

我们学校有一张15对双胞胎的合影，全校有184位堂、表兄弟姐妹在学校就读。

什么叫有安全感？人们常说，"鸡蛋不放在一个篮子里"，可是我们家长却愿意把最珍贵的宝贝都放进艾瑞德这一个"篮子"里。

关系和联系，可以是你和我之间。比如在我们学校通往三层报告厅楼梯两侧，挂满了曾在这个报告厅为我们做过报告的专家照片。他们人离开了学校，可是把精神留下了。有老师说，每次上楼梯看到这些照片，想起这些台阶都是大家们踩过的，心里就觉得幸福和自豪。

关系和联系，可以是现在和未来之间。比如我们每届学生校长助理上岗前的宣誓，和国家领导人的宣誓很像。教育就是让孩子面对未来不害怕、不陌生、不彷徨。

关系和联系，可以是此地和远方之间。比如我们学校的"瑞德大使"出国交流，都会带一份由我们学校书法老师亲手写的"校书"，由孩子们和老师郑重交给国外友好学校，当孩子们回来了，"校书"还留在那里，我们从此有了联系，孩子们从此对那片土地有了情感。

寻找安全感的路上，愿我们都有为他人画斑马线的善意，也有顺利过马路的能力。

（本文发表于《新校长》2021年第1期）

校园中的"人、情、味",让教育湿润起来

李建华

3 月,对一所北方的学校来说,是最美的月份。2 月的天还有点乍暖还寒,而 3 月到了,我们就能说春天真的来了。

我常常想,如何能让学校师生的心里一直充盈着春的气息?无论外面是不是"春天",但我们内心一直拥有"春意"。如今我逐渐明白,其实"春意"的另一个释义叫作"情意"。我们控制不了自然的大气候,却可以调节内心的晴雨表,而流淌在校园里的人情味,就是可以让彼此心房"放晴"的密码。

教育呼唤"人"的回归,其实是对教育之"情"与教育之"味"的重申。我们憧憬的教育是温的,我们渴望的校园是暖的,我们期盼走在校园里的人心里是湿润的,就好像"行走在加了糖的空气里,心中似飞鸟般快乐",让校园里流淌着温情。

在艾瑞德国际学校,我们努力试着用我们之"人、情、味"照亮教育的纹理,也期待与更多的教育同人一起,用"人、情、味"为这个春天加冕。

人,在校园站立着。
教育的首要目标是"价值立人"。

学校不是简单的学生上完课回家、老师改完作业下班的地方，而是一个用价值内核营造的场域生态，以体恤人心、关照生命。"场"的形成基于儿童立场、国家立场、学校立场，"场"的目的在于托起每个人精神的明亮，使学校中的每个人都能昂首挺胸地站立，觉得自己也有"可以伟大"的地方。

艾瑞德国际学校的三观是：每一位教师都是珍贵的存在，每一个学生都是美丽的不同，每一位家长都是重要的链接。也许正是对于这种价值理念的深度认同，让我们看到一个又一个独特而珍贵的生命个体在这个"场"中立了起来，亮了起来。

"刘一墨线"的故事在艾瑞德广为流传。2018年3月8日，开学第一周，三年级的刘一墨同学给校长信箱写了一封信，提议在洗手间手纸盒下设立一道线以示意"抽到此为止"，提醒同学们节约用纸。第二周，他的建议即被采纳。在国旗下，我当着全校2000名师生的面，授予他"好建议"纪念奖牌，同时提名他为"瑞德少年"。从此后，学校每个洗手间的那道线被命名为"刘一墨线"。

除了"刘一墨线"，还有"孙云鹤礼"。2018年5月21日，三年级的孙云鹤同学因为给老师鞠躬行礼问好、动作规范标准，被我提名为"瑞德少年"，他的行礼姿势被命名为"孙云鹤礼"。从此，"孙云鹤礼"风靡校园，成了今天整个艾瑞德校园独特而亮丽的风景线。

对人而言，何为站立？人之所以为人，是因为精神的站立。教育，是对人施加全面发展的影响，最终使得人的精神完善，成为一个独立、站立的人。如果说，直立行走，让人与动物区分开来，是一种偶然；那么，从身体的直立到精神的站立，让人与动物本质区分开来，这是人的必然，是"场"的作用。

其次，教育的根本行为是"课程树人"。

学校教育需要课程转化力，简单来说就是让学生全方位的发展通过课程得以持续。在这种转化过程里，教育智慧闪烁其中。相比于单纯地探讨教育策略和技巧，我们更期待创造一种关系和联系，让道德品质和思维方式通过课程"树"起来，从而让"人"的形象更加饱满。

"眼中有光、脸上有笑、心中有爱、脚下有力"是艾瑞德国际学校的学生成长目标，朝着这样的目标，我们围绕课程育人、活动育人做了许多尝试。

在艾瑞德，我们用劳动课程、研学课程、拓展课程、家政课程、故事课程等拓展学生的生长路径，设校长助理、瑞德少年、大队委、百名岗位志愿者等众多学生岗位，给他们搭建台子，让他们"站立"在校园中。任何一名同学都可以给校长信箱写信，并在下一周的升旗仪式上得到校长的亲自反馈，写得好的同学，还可以收到精美礼品。"每封必看，每封必复，每封必藏"，这是校长给学生的郑重承诺，回复他们问题，保护他们隐私，珍藏他们信件，让孩子安全而自然地表达，在他们心中种下一粒自由、民主的种子。在课间时分，任何一名同学都可以"肆无忌惮"地拽着校长拉家常、说心里话。

此外，学校开设非常有特色的"六个一"主题课程：露过一次营（一年级）、穿过一条谷（二年级）、经过一种爱（三年级）、访过一座城（四年级）、蹚过一条河（五年级）、翻过一座山（六年级），以天地为课堂，引山水入胸怀，把山川河流、日月星辰、风花雨雪融入孩子的生命中，滋润他们饱满的童年。同时，六年里，每一个孩子都要种一亩地、写一本书，这是他们小学毕业时自己送给自己的礼物。

马克思认为，"人的本质是一切社会关系的总和"。人是基于某种需要在一定的社会关系中、在所从事的实践活动过程中不断生成的历史存在物，即为我的、自觉的、社会性的实践活动过程中的生成物。那么，人，在"学校关系"中，便通过学校课程和教育实践活动的一次次"生成"，慢慢长成如树般挺拔向上的样子。

情，在校园流淌着。

"情"从泥土里生长，用汗水浇灌。细思学校的"人情味"，"情"如一条线，"情"不断，人的成长与教育的影响便不断。师生情、同伴情、家校情……涓涓不断。情从何来？我们认为，校园里的情意并不是坐享天成，而是从做事中来，从实干中来。从泥土里生长出来的情，经汗水浇灌，根深蒂固，历久弥坚。

这个春天有点特别，停课不停学，从"地上"到"线上"，我们依然是"温度在升腾，故事在继续"，因为大家知道，唯有努力，才有春天；唯有真情，才有春天。这个春天虽在云上，但我们是用滴在泥土里的汗水将它记住的。

六年级的语文老师王雪冰，为了给学生开设主题拓展课程"趣谈名人"，28分钟的视频，整整录了15遍才满意。"重视，所以紧张；紧张，所以出错；出错，所以反复；反复，所以熟练；熟练，所以无畏；无畏，所以无悔；无悔，所以无憾。"她感慨道，"一节拓展课，装满了老师们殷切的希冀，也承载着每一个瑞德学子的兴趣和梦想。老师，也要把最硬的鳞传递给云端的你！"

王艳培是六年级某班的班主任，她珍惜学生还有半年就要毕业的情分，与班级任课教师一起，对每一个在家的学生进行电话家访，让电话成为连接师生的桥梁。她听到同学们说，"王老师，我们想你们了，我们特别想早点开学，早点回到校园，早点见到同学和老师，因为我们再有三个月就要毕业了，一想眼泪就流出来……"，体会到他们的真情实意。

沈祖芸说教师工作的实质是一种情绪劳动，就是关注学生的情绪状态或学生学习的体验的劳动。我们一方面看到情绪劳动中对内在情绪情感的关注，另一方面也应看到这是一种"劳动"。艾瑞德有句话叫"教育是个动词"，教育要在爱中出发，在事中磨炼，在做中精进。

所以艾瑞德这样表述情绪劳动：教育＝爱＋被爱，教育＝期待＋善待，教育＝关系＋联系，教育＝温度＋故事。"情"在主动做事中经受磨砺而变得深刻而坚定，如此才能真正让教育被慈善以怀，让学生被温柔以待。

"情"在故事中流淌，用温度疏通。学校的一个重要功能是保证这个生命场域中所有积极而温暖的情感可以顺畅、自然地流淌。这当中一个关键的要素是"故事"。所有渠道的打通其实都是为故事的发生寻找载体，在这上面下功夫，我们会慢慢发现，故事是教育的实践、经历、艺术和味道，而温度是教育的底色、磁场、翅膀和力量。

这个春天突如其来的疫情将我和学校，和老师、孩子、家长隔离开了，虽然学部有序开展着云上的"停课不停学"，但是我总觉得还能做点什么，以让我们在云端的"拥抱"更紧一点。

于是，从2月10日云开学那天起，我开启了"校长60秒"。虽然我不能像平时一样与学生在校园里温暖相遇，但我要用每天的"60秒"，捎去我的耳语，捎去我的挂念，在时间的胶囊里，与学生一起记住当下的时空，记住这个春天，在云中与每一个孩子击掌、拥抱。近40天，我每天都确保"校长60秒"在早晨7点通过我的公众号发出，成为每一个家庭春天早晨醒来的"闹钟"。

每次的60秒录音，从话题的准备、素材的整理到文字的凝练，起码都在60分钟以上，录音都在10遍以上，我不厌其烦，乐此不疲。正是这样的60秒，承载了一个又一个动人的故事，帮助我们记住了这个春天。

什么环境能产生故事？安全的、信任的、柔软的。为了打造这样的环境，我们做了不少尝试和努力。每学期开学，我们都会安排插班生在升旗仪式上与全校师生见面，做自我介绍，帮助他们找到存在感，加快融入。而这样的用心也促使故事发酵。

教育不要竞争，办学不必模仿，成长不需比较，学校是迎来送往的生命驿站，为来到面前的每个孩子提供最适合的土壤，让每一个生命经过你的面前时都有着自己最美的样子。

做教育，既要有"孤舟蓑笠翁，独钓寒江雪"般的坚守，也要有"青箬笠，绿蓑衣，斜风细雨不须归"般的浪漫，无论是坚守还是浪漫，都是情的延伸，爱的抵达。学会发现故事，传播故事，创造故事，是小学校里的大学问，而让故事能自然流淌，靠的是暖融融的温度对人心中坚硬和隔阂的消融。

味，在校园氤氲着。

教育是用"坚持"烹至味。人间至味是清欢，学校的至味是什么？在我们看来，学校的至味在于一群人坚守着一件事。我们用"坚持"的浪流冲刷出自己的一片田地，师生生长于其上。时代更迭很快，但我们愿意慢慢来做教育；世界变得智能，但我们肯下笨功夫。"坚持"帮我们在大背景中握住小趋势，守住基本盘，烹出校园至味。

从 2018 年 11 月开始，每天下午 4：30 发校车，我和在校的干部们都会下来送校车。与登车的学生互行鞠躬礼，然后看着他们蹦蹦跳跳地上车。当校车开出校园的瞬间，车窗上扒满了摇动的小手。手越挥越远，心却越来越近，这样的挥手不是再见，而是想念，不是分开，而是靠近。上学有父母亲人相送，放学有老师校长相送，孩子的一天有始有终，有情有爱。每天如此，天天如此，这样的迎来送往，让孩子多了一些幸福感，让教育多了一点仪式感。

此外，作为校长，我始终坚持着 12 件小事：

1. 每天给家长打"相约 8：30 电话"，表扬孩子的进步；

2. 每周四中午与学生校长助理共进午餐；

3. 每周一国旗下为"瑞德少年"颁奖；

4. 每周一国旗下讲故事；

5. 每周四阅读"校长信箱"来信；

6. 每周一回复"校长信箱"来信；

7. 每天坚持"日精进打卡"，累计 100 万字；

8. 每天坚持读书半小时；

9. 每天坚持与老师一起练习板书；

10. 每天阅读教师公众号，为他们点赞；

11. 每天下午送学生放学；

12. 每天在校园走 1 万步。

坚持是一个深入浅出的过程，它让校园里的人们看到绵绵用力、久久为功的价值。有时候一条道走到黑，路的尽头并不是真正的暗夜，重门洞开，那光亮让我们重新懂得恒心的意味。

教育是用"精进"创新味。教育直面人和人性，无论儿童的生长还是人性的进化都有亘古不变的原理，但是这并不意味着学校的味道就是一成不变的。精进，每天都一样，每天都不一样，让学校始终保有生机与活力、活跃的思维和旺盛的学习力，使得一所学校可以常用清新的味道来呼应这个时代，也让学校成为一种温暖的期待。

"国旗下"课程是艾瑞德国际学校校本课程中的重要板块，每周一的升旗仪式和校长国旗下讲故事成为全校学生期待的活动。停课不停学期间，师生不能到学校，那么升旗仪式如何进行呢？为了不让孩子们的期待落空，德育中心将升旗仪式搬到了线上。在这个过程中，我们不仅要克服技术问题，还要思考每周选择什么主题，和当下的环境有什么衔接，如何通过升旗仪式将师生和家长连接起来，如何发挥线上升旗的优势等。就这样，在不断打磨中，艾瑞德云上升旗仪式上线了。

从第一周，我们的"云升旗"就获得了师生和家长的一致好评，它让孩子们在家中的周一清晨多了一份仪式感。但是亮相后的惊艳并没有使以少先大队部为首的主创团队停下思考的脚步，在此后的每一周，线上升旗仪式都会有新鲜的内容，让人眼前一亮。如今，每周一清晨的线上相约已经到了第六周，"云升旗"不仅升起了师生心中的爱国情怀，还升起了我们做事中追求"精进"的态度，升起了学校清新的味道。

人、情、味，因人而有情，因情而出味，因味而感人。因为有了人情味，普通的校园变成了温润的"笑园"。我们常常畅想，最美的校园是什么样的？如今，我们似乎有了自己的答案，那就是"有人在校园站立着，有情在校园流淌着，有味在校园氤氲着"。如何让人站立？如何让情流淌？如何让味氤氲？那需要我们站在教育的高地，去尊重人的立场、研究情的价值、守护味的绵长。

教育应是湿润的，干燥的春天无法孕育出生命，正如充满疏离的心灵无法流淌出故事。而让教育这片土壤变得湿漉漉、暖融融的，正是这可爱的人、情与味。

（本文发表于"新校长传媒"公众号 2020 年 3 月 20 日）

管理『行』

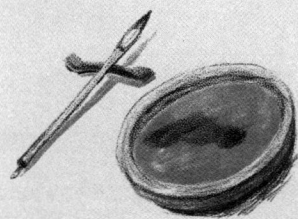

学校中层领导力的平均高度，决定了一所学校的办学高度，校长的第一使命就是发现并为一支优秀的中层团队赋能，让他们更"能"。

　　郑州艾瑞德国际学校"大部制＋级部制"的管理结构变革与"项目式＋授权制"的管理方式推进，实现了由"火车头模式"走向"动车组模式"的动能转换，形成了"公转＋自转"的管理生态。"级部制"实现重心下移、靠前指挥，"大部制"实现无缝衔接、平滑沟通。扁平化、去中心化的"青色组织"正在形成，"研、读、写、讲、种"的成长五件套，促进每个老师成为"带着爱，发着光，踩着风火轮，自备小马达"的人。真实、善良、谦卑和坚持成了教师团队成长的"暗物质"，看见、信任、托举和影响是学校管理的"暗物质"。

办学活力来自不同主体的共同激发和相互链接

李建华

一个时期以来，因为体制、机制和评价等问题导致中小学办学活力不强，难以满足学生成长和社会发展的需要，教育成为备受关注的重大民生问题。新时代，我国社会的主要矛盾为"人民日益增长的美好生活需要和不平衡不充分的发展之间的矛盾"，中小学办学活力又成了人们热议而亟待解决的问题。

影响中小学办学活力的因素有外部因素，也有内部因素。外部就是如何落实办学自主权的问题，内部就是如何激发学校教育各主体积极性和创造力的问题。中小学办学自主权得不到落实和激发，"戴着镣铐跳舞"，就无法办成真正的"人民满意的教育"。"五唯"中的"唯分数、唯升学"问题悄悄地蒙住了我们的眼睛，学生健康成长的"诗与远方"被人们置之脑后。

人是决定性因素。激发办学活力的目的是"基于人、为了人"——立德树人，是要解决"培养什么人、怎样培养人、为谁培养人"的根本问题。华东师范大学教授李政涛认为："要破解办学活力不足这一难题，需要把激发人的活力作为一个前提条件和基础性条件，其中校长的思想活力、变革动力和持续定力至关重要，因为他是连接教师活力、学生活力和家长活力的枢纽，是带动学校不同主体活力共振的主要根源。"

这意味着，只有在学校不同主体活力的共同激发和相互连接中，才可能充分实现教有活力、学有活力。

一、尊重校长，激发校长办学的大情怀

习近平总书记强调，教师不能只做传授书本知识的教书匠，而要成为塑造学生品格、品行、品味的"大先生"。每一所学校的校长都应该是"大先生"，都应该以"大先生"的标准来对标看齐。新时代呼唤"大"教育，"大"教育呼唤"大"校长，"大"校长才能办好"大"学校。校长之"大"不是体现在职位上，而是体现在职业上，要有大的专业背景和大的教育情怀，也就是我们常说的教育家办学，校长要有大德、大爱、大情怀。

当年，蔡元培、陶行知、苏霍姆林斯基，都是这样的"大"校长。陶行知先生自嘲办学是"抱着爱人在游泳"，这个"爱人"寄寓着他的教育理想。

教育是"国之大计、党之大计"，每一位校长都是在"为党育人、为国育才"，每一所学校都是新时代、大教育的桥头堡，校长就是立在桥头堡的那个人。因此，校长的站位要高、格局要大、初心要纯、信念要坚。不要仅为一点"看得见"的分数而神经兮兮，而应该为诸多"看不见"的未来雄心勃勃——学生的无限可能性是现在看不见的，教育是面向未来的事业。校长要始终坚持学生身心健康发展第一的理念。当校长多年，我逐渐形成这样的育人理念：没有体美劳，不是好学校；身体不强，怎为栋梁？

一个好校长就会有一所好学校，好校长需要用好，尊重与信任是关键。大胆起用、放手使用，才能最大程度激发校长的教育情怀和办学智慧。有校长朋友曾经调侃："你要把我当牛看，我就什么都不干；你要把我当人看，我就替你当牛干。"我认为这样的话隐含着如何正确使用校长的"真理

性颗粒"。要尊重校长的办学想法，要信任校长的职业操守。少插手就是尊重，不干涉就是信任，一份尊重激发十分干劲，充分信任带来无比激情。这样，校长才敢甩开膀子向前看，撸起袖子加油干。

在十多年的校长岗位上，我始终坚守校长就是"坚守办学价值观的那个人、与师生保持最近的那个人、让学校保持沸腾的那个人、把学校带向未来的那个人"。校长就是学校温暖的文化符号，让教育被慈善以怀，让学生被温柔以待，努力把学校办成一个可以真正读书的好地方——让每一个孩子看得见成长，想得起童年，记得起恩师，忆得起母校；在校时，留下的是热爱；离校后，留下的是眷念。

基于此，我们在保质保量开好国家课程的基础上，始终坚守劳动教育，几年来，我们在学校300亩的田园校区带着学生种地、收获，学校教学楼交由学生自己保洁，学生每周末都有家政劳动作业，用这样的"三驾马车"拉动学校的劳动教育。我们始终坚持研学旅行，根据年级特点，绘制研学旅行图谱，制定研学主题课程，并纳入正常课时，单幼儿园一学期就研学旅行三十多次。我们还坚持每周布置体育家庭作业，开设传统文化课和教育戏剧课程。

二、珍爱教师，培育教师育人的真功夫

一位学者曾说，好教师应该有三爱：爱教育，爱学生，爱读书。我们提出了学校的"四有"教师：有温度，有高度，有故事，有本事。我们学校的教师观是"每一位老师都是珍贵的存在"。

"珍贵"是教师这个职业区别于其他职业的重要特点，教师是"太阳底下最光辉的事业"。我们认为，教师职业的"珍贵"有两层意思：一是教师对职业本身的态度，要自尊自重、自立自强，胜任教书育人的工作，担当立德树人的使命；二是学校对教师的态度，珍视、珍爱教师，唯有教师珍

贵，才有可能实现学生的珍贵，学校把教师当作手心里的宝，教师才会把学生当作手心里的宝。这样的价值观是可以传递的。

在学校管理中，我们力求"看见"每一位教师，践行信任文化，相信教师，激发活力，大力营造"我和你"而非"我让你"，"跟我上"而非"给我上"的学校文化，整个学校氛围简单而纯澈、积极而透明。在学校的大事件、大活动中，我们一起同舟共济、同频共振、同甘共苦。针对外来的一些非教育教学的干涉，我们从学校层面为教师左右抵挡，尽量为教师减负松绑、撑腰打气，尤其在家校关系上，针对家长的一些无端取闹，我们做教师坚强的后盾，让教师能挺直腰杆工作。

作为校长，我在管理中一直坚持做着12件事（见本书第50、第51页），桃李不言，下自成蹊。我用"做"的哲学来表达存在，我和教师因此而相互"看见"，相互激发。

教师的"珍贵"源于专业的底气。我们精心呵护教师的专业成长，把大把的时间和大笔的经费都用在教师专业成长上。近一年半以来，学校组织教师培训六十余次。学校为教师们组织名家讲堂，每月一次邀请名家到校做报告，让教师获得专业、人文、心理等多方面的知识信息，拓展教师的文化视野，深化知识内涵。教师不仅受益于专家的丰富学识，更能体会到这些专家学者的人格魅力。教师们自豪地说，这里最大的福利就是教师培训。从去年开始学校正式执行三年教师轮训计划，借助北京师范大学、华东师范大学、南京师范大学等知名师范院校资源对教师进行专业轮训。同时，我们非常看重每日、每时的"浸润式"滋养，教师每月共读一本书，每月同赏一部电影，每日齐写一首诗……以此来丰富教师的内心世界和精神生活，也让教师体会到他们在学校的存在与分量：

哲学家维特根斯坦说："如果对人文有所关怀又不太世俗，做个教师的确不错。"因此，我们非常看重教师的书生气、生活气和书卷气。所谓"书生气"，就是这个人"一看就是老师，就是一个教书育人的书生，心无旁鸯"；"生活气"，要有丰富的生活气息和人间烟火的味道，热爱生活，我们组织教师一起过旗袍文化节，一起寻找"神秘天使"；而"书卷气"指爱读书，有点跨界、跨文化的能力。

教师要教出活力，干出活力，写出活力，整个学校就有了活力。一年不到的时间里，全校共有120位教师开设自媒体账号，写出5500多篇文章，累计500多万字，还在省级以上刊物发表文章40余篇。我校教师热爱读书、写作现象，已经成为中原教育的一个"珍贵的存在"和"美丽的不同"。

三、解放学生，激发学生的生长力

陶行知先生说，"教育孩子的全部奥秘在于：相信孩子，解放孩子"。学校就是要不断地解放孩子的时间与空间，解放孩子的天性，激发孩子的潜能，让孩子自然生长。而如今，"太阳当空照，花儿对我笑。小鸟说，'早早早，你为什么背上小书包'"的上学快乐与"儿童散学归来早，忙趁东风放纸鸢"的放学自由已经很稀罕了，值得教育人反思。

2018年底，教育部、国家发展改革委等九部委联合出台《中小学生减负措施》，即"减负30条"，首次明确提出学生不得将手机带入课堂，书面作业总量、学生睡眠时间、考试次数等均有明确"量表"，杜绝"非零起点"教学，规范了学校、校外培训机构、家庭和政府的责任与要求，这是解放孩子的有力举措。教育部部长陈宝生曾指出："不减负，学生不高兴，学生不高兴，就是'宝宝'不高兴，'宝宝'不高兴，后果很严重。"解放孩子，就是解放学生的生长活力，实现"儿童的在场、生命的沸腾"。

我认为，教育是一种爱与被爱的关系。和谐的师生关系是我校的显著文化，这种文化的形成得益于管理团队与教师团队之间和谐关系的相互传导与影响。我们的办学理念——"走自然生长教育之路，办有温度有故事学校"强调的也是关系问题，用"温度"与"故事"来链接师生关系、家校关系，链接爱。我们在办学中坚守"儿童立场"。我们理解的"儿童立场"就是"离儿童近一点，近一点，再近一点"。凡是优秀的教师，都是离儿童很近的人；凡是好的学校，都是让儿童感觉很近的地方，心里觉得学校很亲近、很友好，没有恐惧，心里很安全。良好的师生关系是解放孩子的前提。我们的学生观是"每一个学生都是美丽的不同"。

儿童是学校的主人，课程是学生成长的重要平台，我们以国家课程校本化为主体，辅以校本课程作为个性化补充，自主开发了田园课程、拓展课程、研学课程、故事课程、主题课程、家政课程、劳动课程等。课程是通过课堂来实施的。课堂是儿童生命自然生长的重要栖息地，是课程育人的主渠道。我们提出并践行基于"儿童立场、核心素养"的"自然生长课堂五要素"，即基于关系的相遇与对话，基于自主的探究与发现，基于合作的互动与体验，基于理解的分享与表达，基于发展的激励与评价。在"自然生长课堂"里，孩子们感受着人与人之间的温暖、学习兴趣的激发、成功喜悦的体验。

"月满中秋""数学戏剧""瑞德银行"等主题课程，尝试打破学科界限，结合儿童的生活经验开展"完整的学习"。课余时间，瑞德百家讲坛、经典诵读、魔方挑战赛、围棋挑战赛、九连环挑战赛、百词大赛等各种赛事在不同场馆举办，给学生提供了充足的展示空间。四季恒温的游泳馆让每一个孩子强身健体；"个性化班级文化"和班级"一亩田"，激发着学生们的创造力和想象力，增强了孩子们的合作意识。每周一升旗仪式上，"听校长讲那美好的故事"、国旗下颁奖，让升国旗成了孩子们的渴望。"风筝长廊""作业长廊"等打造了会说话的墙壁文化；"数学步道""钢琴广场"等主题教育园区，为学生创设了多种感官结合的体验乐园；"刘一墨线""孙云鹤礼""自主收餐"等采用了学生的设计方案，这些小小设计师的名字被记录在校史册上，成为孩子永远的榜样。有1600个孩子就有1600把"尺子"，瑞德少年、学生校长助理、校园百名志愿岗、少先大队委、校园"吉尼斯"、校园"百家讲坛"等尺子"量出了孩子的自然生长"。实行学分制，则从单项走向多元，把考分转为学分，从一群孩子走向每一个孩子。

四、链接家长，激发家长的认同感

孩子都是在家长的注视下成长起来的。家庭是人生最重要的场所，要让家成为最好的教育现场。习近平总书记指出，办好教育事业，家庭、学校、政府、社会都有责任。家庭是人生的第一所学校，家长是孩子的第一任老师，要给孩子讲好"人生第一课"，帮他们扣好人生第一粒扣子。教育部部长陈宝生对家庭教育提出要求，"积极推动将家庭教育纳入基本公共服务体系"，"形成政府、家庭、学校、社会联动的家庭教育工作体系"。"家庭教育不到位，不仅会抵消学校教育的效果，还会给孩子发展造成一定的消极影响"。在 2018 年底出台的《中小学减负措施》中，明确家庭要履行教育监护责任：树立科学育儿观念，加强家庭交流互动，增强孩子身心健康，引导孩子健康生活。

家长是伙伴，我们的家长观是"每一位家长都是重要的链接"。我们把这样的"链接"深深地镶嵌在平时的工作中。每天"相约 8：30 校长电话"是旨在表扬孩子在学校的进步的电话，与家长分享孩子成长的快乐。相约 8：30，约的不是时间，约的是美的发现与传递，约的是爱的表达与交流。我坚持了将近 10 年，共拨打了 1000 多个电话，将链接的触角伸向了 1000 多个家庭。"100%"家访也是我们的坚持，在通信如此发达的今天，传统家访仍然是我校不可替代的"保留节目"，教师每年都会花大量的时间对学生进行"100%"家访，不断巩固教师与家长、学校与家庭联系这一重要的链接。

学校一直坚持开设"智慧父母课堂"。孩子未开学，家长先提前 3 天入学，大家相互学习、共同提高、达成共识，构建起家校育人共同体。我们还对家长的学习进行学分制管理，每个家长要在每学期修满24学分才算合格，每学期评选出优秀家长。6年小学结束，家长与自己的孩子一同毕业，并一起拍摄毕业照。

办学的活力一定来自"人"的活力，来自不同主体的共同激发和相互链接。让每个细胞都充满活力，让每个学生都能够激发潜能、健康成长，让每位教师都有存在感、荣誉感，都能有尊严地教书育人、有尊严地生活。这样，每个课堂都是活跃的，都是有生命力的，每所学校都是有特色的。"树树皆秋色，山山唯落晖"，这就是教育的大气象，这才是学校的真活力。

（本文发表于《人民教育》2019年第12期）

"舌尖上的教育"原来可以这样美

李建华

崇尚节俭,是中华民族的传统美德,也应该是一个人的终身品质。古人云:"俭,德之共也;侈,恶之大也。"那么,在今天的校园,该如何制止餐饮浪费?如何让节约成为学校的文化共识和集体人格?近年来,针对学校一定程度上存在的食物浪费和学生节俭意识缺乏的问题,我们加强了引导和管理。

一、在用心中,让食物成为美味

在一次学生校长助理午餐会上,有学生告诉我,学校每周五推送的"下周食谱"是他们最爱看的。我很高兴,食谱成了孩子的念想。每周食谱都由学校餐厅大厨、学校营养配餐老师和膳食中心陈晓红主任一起研制。让膳食有灵魂,让孩子有期盼,营养配餐,科学制作,合理膳食。陈主任告诉我,每周食谱是她的"教案",食堂是她的"课堂",舌尖上的感受和表现是她的"课程",她丝毫不敢怠慢。

办学以来,学校一直坚持"大品牌、大渠道、大采购"的采购原则,严把供应链,紧守食材关。食材好,仅仅是第一步,为促进餐饮质量提升,每周学习、每月培训、每学期厨艺大比武、每学年名厨名菜评选，已成为膳食中心的常规和常态。组织厨师走进品牌餐饮店体验、学习、偷艺，提升每一位师傅的专业技能，把饭菜做成美味，从吃好走向好吃。

一年级家长会上，一位家长讲述在家如何给孩子做蔬菜馒头改善口感的故事被后勤中心主任赵宗新听到，他立刻把这个案例带到膳食中心例会上，鼓励食堂师傅尝试做蔬菜水果馒头。经过一星期的试验，五彩馒头上了孩子的餐桌：周一南瓜馒头，周二菠菜馒头，周三紫薯馒头，周四苹果馒头，周五芹菜馒头。学生每天享用"五彩馒头"，品味五彩美食，体验五彩童年。

针对学校后勤人员文化水平相对偏低的现实，我们想出点子，找出法子，做出样子，播下种子，让每位后勤人员在岗位上凝聚力量，提升自己。全校每个月的读书会、故事会、电影日，每年的教职工运动会、神秘天使活动，后勤人员一个都不能少地参与其中，以涵养他们也成为"有温度、有高度、有故事、有本事"的人。

为了努力成为有情怀、有文化、有教育感的团队，后勤中心开设微信公众号"后勤在前线"，传播美味故事，传播教育味道。每学期的问卷调查，学生满意率高达95%。学校也作为典型在河南省安全工作会议上被表扬。

二、在仪式中，让就餐充满美感

节约教育是美德教育，美德教育是美的，需要有仪式感。仪式感就是使某一时间与其他时间不同，使某一件事与其他事不同。仪式感相当于一个按钮，当我们按下这个按钮时，表示我们要进入另一个状态了；仪式感相当于一个台阶，当我们走上这个台阶时，表示我们站在不一样的高度上。有了仪式感，就会让这件事在特定的时空富有特定意义，孩子就会生出尊重感与庄严感。

在一次周一升旗仪式上，全校师生面向国旗宣誓"做新时代好少年，当节约之星"，我们把那一周确定为节约周，并利用孩子渴望的每周都想得到的"好少年奖章"来表彰节约之星。同时年级统一实行餐前集会，为每一个孩子定做了就餐服，集会必讲节约，就餐必穿餐服。

我们把"三轻三慢"——轻言慢语、轻声慢步、轻拿慢放，"吃得干净，吃得优雅"作为就餐文化。当学生从教室走向餐厅的那一刻，整齐的队伍，统一的服装，自然就会把"吃得干净"放在心上，把"吃得优雅"体现在言行中了。同时，我们针对学校自助餐的特点，培训自助餐礼仪，在老师帮助下，依量而行，少取多来，想到他人。一个二年级孩子告诉我："我们打少点，吃完可以再打，便于光盘啊。"

我们组织学生参观河南工业大学粮食食品学院的粮食博物馆，了解粮食生产的文明起源、粮食家族的发展、粮食品种的演变、粮食分布的格局、粮食的引进、粮食与战争、粮食与灾荒等知识，激发学生爱粮节粮之心。参观回来后趁热打铁组织主题班会讨论，让学生明白粮食如此重要，不可任意浪费，激发他们节约的主动性和自主性。同时在每个就餐桌上制作了就餐光盘标牌，时时提醒。

在一次校长陪餐时，学生无厘头地问我什么时候学校再停电，我很好奇。学生告诉我，因为只有停电才能吃到汉堡（突然停电，我们会启动应急预案，临时提供汉堡）。于是，膳食中心就把每月最后一个周五定为汉堡日，开启了膳食中心的"节日"：包子日、骨头汤日、面条日、素食日、海鲜日等纷纷出炉，早餐的36道营养粥也随之推出。当"节日"多起来后，餐厅的温度与故事自然也就多了起来。

年级公约更让人耳目一新：（1）长先幼后要知晓，干净有序我做到。（2）见到老师要问好，注意语气和语调。（3）三餐集会不迟到，就餐服装不可少。（4）"三轻三慢"礼仪到，光盘行动要记牢。（5）周一周五穿校服，教学区域不奔跑。（6）按时进班不迟到，课前准备左上角。（7）听讲发言坐姿标，课后桌椅摆放好。（8）作业整洁有实效，保质保量按时交。（9）及时归寝早睡觉，上下楼梯右边靠。（10）遇到事情莫急躁，来找老师聊一聊。

三、在劳动中，让节约彰显美德

节约好比燕衔泥，浪费好比河决堤。节约，看得见的是对物质的节约和珍视，看不见的是精神的自约和自律。人无节约之心，是因为无珍惜之情，现在的孩子总是觉得一切来得太容易了，饭来张口，衣来伸手，四体不勤，五谷不分，更不知劳动之艰辛与可贵。劳动教育严重缺失，珍惜之心何从谈起，节约之品何以培养。唯有懂得了劳动的道理，付出了劳动的汗水，才会明白节约的重要，形成节约的习惯与自觉。

利用校园、田园、家园、社园的场域，我们推进并强化了学校"四园联动"的劳动教育，让学生的日常生活劳动、生产劳动和服务性劳动成为常态。

2018年4月，五（6）班值日生谷芷玥亲手绘制海报，向全校发起自助收餐模式的倡议，很快得到一年级率先响应。于是，五年级的就餐值日生走进一年级，手把手教小弟弟小妹妹如何自助收餐，大手牵小手，共赴节约美。再后来全校行动起来，"光盘行动"席卷全校，各班级成立了学生自主就餐工作小组，就餐完毕后，值日生集中收盘、集中验收、集中送盘。每天我都会看到身穿学校定做制服的值日生守在班级就餐区，他们任劳任怨，弯腰收汤碗，轮流送盘子，举止优雅地告诉同学要吃得干净，轻声细语地提醒同学要轻拿慢放。

班风走向校风，节约成共识。最后，连外面拉泔水的人都有意见了，他们说我们的泔水没有油水，只剩下垃圾。

长期以来，学校教学楼没有保洁工，日常保洁都是由学生担任。校园内设立了100多个志愿者岗位，凡是能让学生做的劳动我们绝不替代，学生是"干净"校风的创造者和受益者。我们利用学校独有的300亩田园校区的优势，开展生产劳动。每一个班级都有一亩"责任田"，一年四季种地忙。田园为课堂，种地是作业，师生一起经历着"锄禾日当午，汗滴禾下土"的不易，也一起体验着"谁知盘中餐，粒粒皆辛苦"的珍惜。

我们设立种植日、丰收节，开展劳动竞赛，颁发劳动奖章，延展劳动成果链条。设立家庭劳动作业包，每学期提前策划、相对固定，每周必须按照项目完成，洗衣、做饭、收拾家等家政课程作业是每一个学生都要完成的"规定动作"，确保家庭劳动常态化。我们还组织高年级学生走进社区，参与到社区服务性劳动之中。每年12月初的凌晨，三年级学生的"让城市在爱中醒来"的主题劳动课程已经坚持了三年，他们走进公交站、垃圾站、医院、学校餐厅，一起动手为这个城市付出劳动，付出爱。

劳动育人，劳动是节约的密码。劳动是儿童与自然的对话，向环境的恭敬。只有在劳动中，学生心中才会升腾起"劳动最光荣，劳动最崇高，劳动最伟大，劳动最美丽"的情感。学生低下头弯下腰，滴下了汗水，收获了成长，懂得了珍惜，节约之心就会长出来。

四、在陪伴中，让教育走向美好

教育是一场陪伴之旅。这样的陪伴在餐桌前就是"陪餐"，校长陪餐、教师陪餐、厨师陪餐已经成了学校独有的风景。就餐时师生同餐、同样、同桌、同乐，小小的餐桌上发生了很多关于教育的故事。

2018年9月刚开学的一个早晨，二（5）班新来的插班生刘成第一个人端着餐盘孤单地坐在餐厅一角。我看到后便轻轻地坐到他的对面，边吃饭边和他闲聊。他刚转来，是住校生，没有朋友，心里想家。从那天起，我每天吃饭就会坐在刘成第的对面，成了他"同桌的你"，整整陪了他一个月，帮助他融入班集体。那时候，整个二年级都知道刘成第同学的好朋友是李校长，我也成了刘成第心中排位第一的人。也就从那时起，我正式开启了"走班陪餐"模式，每天中午我都会端着餐盘，按照排好的陪餐表，与不同学生共进午餐。在学生就读的六年里，我要陪过每一个学生，温暖他们的餐桌。和校长一起吃饭，也成了学生的期待。最近，我在陪三年级学生就餐，一个一年级学生悄悄过来耳语："李校长，您啥时才能到一年级吃饭？"看来一年级学生急不可待了。在陪餐中，我能在第一时间了解到饭菜的质量和口味。

几年来，学校的带班教师、班主任一直都是跟班就餐。遇到餐厅师傅忙不过来时，老师们会立刻走过去帮忙打饭打菜，这增进了师生的情感，或许学生毕业后记住的就是老师给他们打饭的模样。在膳食中心，赵金遂大厨的口袋、李小三面点师的书法成了学生们的期待。每次就餐时，两位师傅都会从后厨走出来，"陪"在学生中间，看到不开心的学生，赵师傅就会从他胸前神奇的大口袋里摸出葡萄干、花生、红枣等悄悄塞到孩子手里。时间久了，学生们喜欢上了赵师傅，一位因为搬家而转学的学生专程给赵师傅送来笔记本留念。每年毕业季，赵师傅总是会收到学生表达感谢的小礼物。记得赵师傅被学校表彰时，全场掌声雷动、欢呼声如潮。赵师傅说，在学校我们厨师也是老师，也是教育人的人。

从舌尖上的浪费到舌尖上的教育，经过近三年的探索，我们找准痛点，化解难点，引发爆点，成为亮点。节约教育，从物质走向品质，从品质走向素质，这是学生应该拥有的童年礼物，也是学校教育的重要内容。

（本文发表于《人民教育》2021年第1期）

蔡元培：兼容并包的学界泰斗

韩董馨

蔡元培（1868—1940），浙江绍兴山阴县人。20世纪中国杰出的教育家、思想家、民主主义革命家。曾任中华民国首任教育总长，北京大学校长。

今年是蔡元培先生150周年诞辰。在蔡元培的人生履历中，北京大学校长是浓墨重彩的一笔。蔡元培掌校前的北京大学，在社会公众眼里仍是一所官僚机构，要将这所衙门式旧学堂改造成真正意义上的新式大学，没有真刀真枪是不行的。

1917年1月9日，蔡元培在北大开学典礼上发表了就职演说，着重提出三个要求：抱定宗旨、砥砺德行、敬爱师友。接下来，一系列为人们所熟知的变革开始了：不拘一格聘教授，整饬北京大学文理学院，延聘学生模范人物，使大学成为纯粹研究学问的机构。而他著名的"思想自由、兼容并包"的思想也在这一时期传播开来。

梁漱溟评价蔡元培说："蔡先生一生的成就不在学问，不在事功，而只在开出一种风气，酿成一大潮流，影响到全国，收果于后世。"蔡元培时代的北大之所以被不断怀念，最重要的原因应该是他周围有一批群星璀璨的教授团，蔡元培引领群星生动地展现了大学之所以"大"的精神精髓。

不可否认的是，在开启"大学之风"的同时，蔡元培也遭受了"政治刀锋"的伤害。虽然至今学界依然对蔡元培七辞北大校长的行为褒贬不一，但应该明白的是，无论在哪个时代，当我们"携风而行"的时候都会遭遇一些"挡风的墙"，关键就看我们是不是那只怀揣初心、砥砺前行的"真虎"。

"蔼然仁者，慈祥诚恳的气象"，是冯友兰对蔡元培的评价。他还说："纯粹如真金，温润如良玉，宽而有制，和而不流……视其色，其接物也如春阳之温；听其言，其入人也如时雨之润。胸怀洞然，彻视无间；测其蕴，则浩乎若沧溟之无际；极其德，美言盖不足以形容。"

且不说冯友兰是不是在溢美自己的校长，我们先来看两个关于蔡元培的小故事就可以了解他的为人了。

第一个是蔡元培与学生陈西滢之间的故事。1932年春，蔡元培到武昌珞珈山办事，听闻陈西滢正卧病在床，便不顾劳累走上百余级石阶去看望陈西滢。后来陈西滢与蔡元培一路乘车同去北平，车到北平后陈西滢去列车财务结账，会计说他的饭钱、车钱、上茶房的小费都由蔡元培付过了。下车时蔡元培又告诉陈西滢，他带了一个当差，并且有人来接，行李有人搬，又叫陈西滢将行李放在一起运走。陈西滢感激涕零，后来写文章回忆这些事。

第二个是蔡元培到北大第一天的故事。1917年1月4日，蔡元培正式到北大就职，当天他入校门时，北大的校役们排队在门口恭恭敬敬地向他行礼，而他非常郑重地脱下帽子鞠躬回礼。校役们包括许多师生都对蔡元培这一行为惊讶不已，如此校长真是之前所未曾见过的。此后的每一天他出入校门，校役们向他致敬，他都会恭敬地还礼。就是这种细节，给当时封建积习严重的北大吹进了一股平等、民主之风，而北大也走上了革新的征程。

蔡元培能如此对待身边之人，是他的教养、人格使然。中国文化自古就蕴含了"万物并育而不相害，道并行而不相悖"的思想，无论是春秋战国时期的百家争鸣还是民国的大师辈出，都与这种文化息息相关。很显然，蔡元培的性格、秉性就受到了这种文化的影响。

然而，当后世评价蔡元培的时候，都过于看重他的"容"和"合"，以为他"能恕不能严"，其实并非如此。有些人将蔡元培的"兼容并包"误解为"勉强混合"，其实蔡元培是有是非择别的。譬如，他请刘申叔讲六朝文学，绝不允许他在讲堂上提倡"帝制"；他请辜汤生教英诗，绝不会允许他在学校中提倡"复辟"。

蔡元培经常说："学术上的派别是相对的，不是绝对的。所以每一种学科的教员，即使主张不同，若都是'言之成理、持之有故'的，就让他们并存，令学生有自由选择的余地。"在这里我们需要看到"言之有理、持之有故"是一个必要条件，而我们再看蔡元培请来的教授，无论派别，几乎都可作为各自领域的一块招牌、一面旗帜。

蔡元培的"严"还体现在他对原则的坚守上。蔡元培的原则在于，一不能损害北大名誉，二不能损害国家利益。1919 年 3 月 18 日，桐城派文学家林琴南突然在《公言报》上发表指责蔡元培的公开信，并写影射小说讽刺北大一批趋新教授。而后，与林琴南有师生之谊的北大学生张厚载又多次散布北大谣言，严重影响了北大名誉。对此，一向以涵养著称的蔡元培主动辩驳，并将临近毕业的张厚载开除学籍，理由是"传播无根据之谣言，损坏学校名誉"。

而除却保护北大名誉外，蔡元培对于国家利益也是坚决维护的。1935 年春，蔡元培到南京任职，受当时的南京政府行政院长兼外交部长汪精卫邀请与其共进晚餐。席间，蔡元培苦劝汪精卫坚持抗日，改变亲日政策，回头是岸。说到激动处竟然眼泪一滴一滴地滴进了汤碗里，蔡元培将泪和汤一起咽到肚里去。谁知汪精卫却铁石心肠不为所动，以至于遗臭万年。

作为我国近代史上著名的教育家、思想家，蔡元培一生清廉正直，耿介拔俗，被毛泽东誉为"学界泰斗、人世楷模"，他"兼容并包，思想自由"的理念对中国教育产生了极大影响。

（本文发表于《中国教师报》2018 年 4 月 18 日）

学校如何在管理中营造爱意

韩董馨

这是一个古老的话题，爱意！它从祖先的篝火里走来。当黄昏降临，大地之上燃起一团火红，氏族中的长者慢慢讲着故事，木头上的火苗千变万化，火光映在嬉笑奔跑的小孩子脸上，爱意随着火花一起飞舞。

这是一个历久弥新的话题，爱意！它向人类的永恒处走去。没有围墙的学校里，少年盘腿坐在一方阳光最好的青草地上轻轻念道："弟子不必不如师，师不必贤于弟子，闻道有先后，术业有专攻，如是而已。"此时有人在他身边静静坐下，捏起他肩上一根草屑，少年站起鞠躬，喊："老师好！"爱意在他们眼睛里扑闪。

我们清楚地意识到，教育会永远和爱裹挟在一起，无论现在或者将来，这都是一个深刻且持久的话题：一所学校如何营造满满的爱意。

"走自然生长教育之路，办有温度有故事学校"的郑州高新区艾瑞德国际学校一直是这个"话题"的思考者、践行者。

让人丰富起来：养好爱的精神土壤

当一个人会为一朵野花怦然心动，前提一定是他心中已经有一座花园。

满满的爱意一定来自内在的充盈，校园的"爱意"是从校园中人的"丰富"里生长出来的。人的精神富足了，才会有更多爱从他心田汩汩淌出……

对于保安师傅刘再安来说，这所学校是他待过的第三个单位，也是唯一一个每月会为员工发一本书的单位。他写的读书随笔突破过全校教职工个人公众号的转载记录。

对于生活老师龚俊萍来说，在艾瑞德工作期间是她坚持读书最多、最投入的一段时间。她每年平均阅读 12 本书。

全校共读一本书，艾瑞德已经坚持了三年。对于读书，大家不再认为它是任务，更觉得像"千年精华尽收眼底，多样遗产罗列手边"。

近两年内，全校有 177 名老师开设了个人公众号，书写教育随笔文章13000 余篇，累计 1300 余万字。对于写作，我们认为，这不是会写的人的专利，而是每个想写的人的权利。

看到的，是一所学校的教职工每天在自己的微信朋友圈坚持读书、写作打卡，用个人行为影响学校教育气候；看不到的，是这所学校的人在自己的气质里悄悄写下挺拔与豁达、温暖与悲悯。

李建华校长说："读书与写作，如人的呼吸一般不可缺少，在呼吸之间完成自然生命和精神生命的成长。"

刘再安师傅成了师生眼中的"最帅保安"，因为他会亲自送早上来校时情绪低落的孩子回教室，他会耐心地为刚到学校的新教师指路。他说，这所学校让他再次年轻！所以，在学校启动校歌征集活动时，他作为全校投稿第一人写下了他心中的校歌："干净有序读书伴我成长，温度故事充满爱的力量。小小课本，世界之窗；书声阵阵，歌声琅琅。迎着朝霞，宽阔的操场上，一二三四，我们斗志昂扬……"

龚俊萍老师是孩子们心中"像妈妈一样的人"。她不仅自己读书，还买了个小音响，专门供宿舍里的孩子们"听书"。《西游记》《柳林风声》《安徒生童话》……太多个夜晚，书中的故事装饰着住校孩子的梦乡。有孩子说，自己好想生病，因为那样就可以有龚老师陪着睡。龚老师说："'凡事贵在坚持'这句朴实的话说出了做事的大道理。不苛求、奢望自己的坚持能带来什么，但如果没有坚持，只能对着别人的东西望洋兴叹，进而只能羡慕别人。或许，通过久久的坚持，我们能让自己变得更好。这，无愧于光阴，无愧于内心。"

每个人心中都有一棵菩提树，那是爱的起点和归处。学校就像培育这棵树的一个大园子，我们心甘情愿在自己精神的一亩田里劳作：读书是下肥，写作是翻耕，研究是除草，分享是撒种，学习是浇水。坚持这样的躬耕不辍，直到结出爱的果实，我们才能骄傲地说，我为爱努力过。就像奥地利作家里尔克在《为了一首诗》中写的："为了一首诗，我们必须观看许多城市，观看人和物，我们必须认识动物，我们必须去感觉鸟怎么飞翔，知道小小的花朵在早晨开放时的姿态……"

让情流动起来：讲好爱的叙事哲学

哲学中存在这样一种流派，认为当哲学以一种生动的叙事形式出现时，它就达到了最佳状态。这个流派的代表黑格尔、海德格尔等希望通过叙述故事的艺术和技巧，让人们以一种全新的充满趣味的方式来亲近哲学。实践证明，这样的尝试是有益的。当我们借鉴这样的经验来思考在学校营造满满的爱意时，会发现，爱的营造需要背景，爱的传递需要媒介，爱的表达需要载体。我们需要一种机制，作为情感的通衢，让爱意流动，离人更近。

今年8月，后勤中心主任赵宗新发起了一场线上征集，目的是为教学楼内新建的三个漂亮小广场征集名称。于是，一场全校范围内的集思广益开始了，孩子们、老师们、管理干部们纷纷出谋划策，一个又一个可爱的名字在线滚动。最终，经过投票，三个楼层的小广场分别有了自己的名字：芝麻街、钢琴厅、彩虹桥。

然而，这并不是艾瑞德第一次发起这样的公开征集。

为了编写校歌，音乐组在周一升国旗仪式上专门启动校歌征集活动，校歌投稿邮箱正式亮相……

为了制定更贴近儿童的菜谱，膳食中心发布了"我心中最爱的一道菜"投票活动，统计出了艾瑞德最受学生欢迎的粥类、菜品、面点……

为了让每个班级都有喂食校园白鸽的机会，德育中心在每周升旗仪式上专门设立选定"瑞德白鸽班"抽签环节，每次被抽中的班级都会发出一阵欢呼……

为了听到孩子们的心声，校长信箱每周定时开箱，学生来信校长每封必看，每封必回，每封必藏，目前已累计回信900余封，优秀信件来信学生会获得奖品，名字会在学校电子大屏滚动一周……

为了进一步密切家校关系，校长8：30的表扬电话每周按时拨通。二年级赵柏翰妈妈接到校长电话后写了一封信给学校：

"除去工作身份，老师们也是有家人需要陪伴的，可他们大部分时间都给了艾瑞德这帮孩子，回到家有时候还有放不下的人和事，偶尔还会有住宿孩子生病和突发状况，一个电话就又从家里奔赴学校这个'战场'。多少次，亲眼看着严寒的冬天扛着小娃步履匆匆的老师，有熟悉名字的，有熟悉面孔却叫不上名字的，那一幅幅画面，深深地刻在我脑海里。是什么让他们为了艾瑞德的这些孩子而牺牲自己陪伴年幼孩子入眠的时间？这难道仅仅是为了每个月的工资吗？这都是对教育对孩子真诚的爱啊！"

校园内情感流动的频率取决于学校的办学活力，就好似温度的升高能加速分子的运动速度，并能增加分子之间相遇的概率。学校的打开、接纳、包容、鼓励无一不在表达：让我们更近一点，接受这爱意的包围，你的声音备受重视。那么如何发放爱的邀请函？如何组织一场场爱的席卷？高举这爱的火把能将大家引向何方？对这些问题的思考，会帮助我们创造一个又一个时空，在那里，我们参照"教育戏剧的表达"来讲述"爱的叙事哲学"，从而看见参与、交流、沟通、碰撞、探究、共享……这一切让校园里飘荡起静静的热浪，界限在浪花翻滚中消弭，就像美国诗人玛丽·奥利弗在小诗《我怎样去树林》中写的："通常，我一个人去树林。我不想被人目睹我跟猫鹊交谈，或拥抱那棵古老的黑橡树。当我独行时，便如同隐形，我可以听见几乎无闻的玫瑰吟唱的歌声。假如，你与我去了那树林，我必定非常爱你。"

让善明亮起来：别好爱的价值勋章

学校不仅是学习场所，也应该成为精神家园，善良是它的穹顶，当穹顶越稳固，人就会越安宁，爱就会越充盈。

在艾瑞德有一位后厨师傅非常有名，他叫赵金遂，人称赵大厨。学校餐厅新买的桌凳，每一张都有他的温度。因为担心新桌凳边角伤及学生，他亲手把桌凳摸了个遍，直到确保无任何隐患才放心，而这些本不是他的分内工作。而让赵大厨真正"有名"的，是他围裙前面的大口袋。这个大口袋就像一个百宝箱，里面装着孩子们喜欢的红枣、葡萄干、坚果。每天就餐时间，他都走进学生中间，和孩子们聊天，并时不时地从大口袋里摸出一些"宝贝"塞到孩子手里。渐渐地，孩子们都知道赵大厨的口袋里有宝贝，所以常常会围在他身边叽叽喳喳，赵大厨就笑眯眯听着，然后任由一双双小手伸进他围裙前的大口袋。

赵大厨的宝贝同样换来了宝贝。一个四年级同学因搬家要转学，但是不舍得赵大厨，于是专门找到他，送了他一个崭新的有自己签名的本子，表达对赵大厨的感谢。赵大厨说，这是他在艾瑞德的"军功章"。

面对这样一名后勤师傅，学校决定授予他"瑞德教师"荣誉称号，他是后勤部门获此荣誉的第一人。当赵大厨穿着雪白的厨师服，系着前有大口袋的围裙，头顶高高的厨师帽出现在国旗台上领奖时，台下发出了连绵不绝的掌声，这是全体师生对这位后厨师傅的深深敬意。

让善良成为善良者的通行证，让温暖成为温暖者的欢迎词

一个主动捡起校园垃圾的孩子被校长亲自提名为"瑞德少年"；一个小学生护送同在一个校园的幼儿园小朋友回班级被写进"校长 60 秒"；一名书法老师亲手书写的书签被当作学校新学期礼物在师生间赠送；一位班主任卖力指导孩子们踢足球的视频被一个老师发到朋友圈后，随即引发全校转发……

善是爱的加持，爱是善的回礼。学校营造爱的氛围，需要回归到教育的真实价值：让爱拉着真，牵引着美，最终走向善的怀里。

在校园捕捉每一个细微的善良，收集、放大、传播、影响……日积月累，这些细小的善意会铺就校园爱意的红毯，让每个行走在上面的学生、教师、员工不觉路途辛苦，就像冰心在小诗《爱在左，情在右》中写的那样，爱在左，情在右。在生命的两旁，随时播种，随时开花。将这一径长途，点缀得花香弥漫。使穿枝拂叶的人，踏着荆棘，不觉痛苦；有泪可落，不觉悲凉。

（本文发表于《中国教师报》2020 年 11 月 25 日）

让师生在"国旗下"遇见更好的自己

李建华

　　笔者以校长之职，坚持"走自然生长教育之路，办有温度有故事学校"的办学理念，带领学校创新"国旗下讲话"，通过创设"主题引领""校长讲故事""'瑞德少年'颁奖"（包含"生活小能手"）、"大美艾瑞德人"（包含"星教师""爱心妈妈""生活小能手"）表彰等环节，丰富"国旗下讲话"的形式与内涵，让师生在"国旗下"遇见更好的自己。为实现这样的目标，我们提出了五个方向的追求。

　　一是基于关系的相遇与对话。要使"国旗下讲话"成为一次积极的相遇与对话，变空洞的说教为生动的引导。校长可以讲故事，教师、家长、学生也可以讲故事，让师生、家校彼此在"国旗下讲话"上"相遇"。当然，不管谁讲故事，都得是平等的交流，促成"对话"。

　　二是基于自主的探索与发现。每周的"国旗下讲话"有不同的主题，由负责的班级根据当周学校工作重点或时令特点集体研讨确定，促成"探索"。如，2017—2018 学年上学期，我们呈现了"爱上阅读""我是爱国公民""自律""孝顺""宽容""国殇"等 20 多个主题，通过明确的主题统领相应的活动，引领师生向上、向善。另外，校长每周与学生分享不同的故事，并创设讨论的氛围，让学生对故事产生不同的理解，让"校长讲故事"

成为我们的特色，促成"发现"。

三是基于合作的互动与体验。通过评选与表彰及设立"校长信箱回音壁"，让"台上"与"台下"产生联系，促成"互动"。每周由一个班级负责主持和主题选定，班级需要合理分工、相互合作，发挥师生的自主性，这是"体验"。

四是基于理解的分享与表达。我们每周一的班会设置约 5 分钟的讨论时间，让学生谈谈对校长分享的故事、受表彰师生的理解，促成"分享与表达"。

五是基于发展的激励与评价。我们主张，国旗台应是促进、见证师生成长的舞台，表扬要具体到一个人、一件事。所以，我们通过"瑞德少年"评选，选出上一周做好事、进步大的学生，每个年级仅限 1 个名额，提高"含金量"；通过"星教师"评选，选出上一周的教学能手；通过"爱心妈妈"评选，选出上一周关心学生生活起居的生活教师典范；通过"生活小能手"评选，选出上一周生活自理能力强的学生代表。总之，我们在"国旗下讲话"这个最好的时间，让优秀"秀"出来，这是"激励与评价"。

如，2018 年 1 月 15 日星期一，四（6）班负责"国旗下讲话"，主题是"平衡膳食，优雅就餐"。我们希望越来越多的学生，能带着对食物的感恩，不再挑食，爱上原本不爱吃的饭菜；越来越多的学生，能学会轻声细语，轻拿轻放餐盘，优雅就餐，让优雅体现在美食之间。当时，我分享的故事是《贪玩的小王子》，给予学生"平衡膳食，优雅就餐"的新年期待。

贪玩的小王子

有一天，小厨师刚走到餐厅门口，就听见里面传来"乒乒乒乓"的声音，他推开门一看，原来是从不好好吃饭的小王子在用餐具玩"杂技"呢！国王对小厨师说："瞧这孩子，真叫人头疼！

你能帮帮我吗？"小厨师答应了。

于是，小厨师把小王子带到高尔夫球场。小王子挥起球棍。啪！打偏了。小厨师说："瞧我的！"啪！球不偏不倚落进了球洞里。小王子佩服得不得了，恳求说："教我好吗？"小厨师为难道："可是，我有好多事情要做呢！"小王子笑了笑说："我先帮你做事，你再教我玩吧。""嗯。"小厨师点点头，带着小王子走进了厨房。

小王子先磨胡萝卜酱，这用了他不少时间。磨完后，小厨师教他打了一会儿弹子球。接着，小王子削土豆皮，这也用了不少时间。削完后，小厨师教他打了一会儿高尔夫球。后来，小王子开始切水果。切完后，小厨师又教他踢了一会儿足球……到了晚饭时间。国王、小王子和小厨师一起围坐在餐桌旁。

当饭菜端上来时，国王说："我不喜欢吃里面的胡萝卜。"小王子马上说："磨胡萝卜酱可花了我好长时间呢！"烤土豆端上来了，国王说："我……不太想吃。"小王子马上说："削土豆皮可花了我好长时间呢！"水果沙拉刚端上来，国王就叫起来："我讨厌……"小王子回过头悄悄对小厨师说："瞧我这老爸，真叫人头疼！"小厨师微微一笑，说道："小王子，你吃饭也让人很头疼哟！"小王子尴尬地笑了，意识到自己也要改掉挑食、不注重饮食礼仪的缺点。

分享完故事，我告诉学生："这个适合幼儿园小朋友听的故事，为什么要讲给你们听呢？因为啊，吃饭是大事。'白米饭，桌上放，肉鱼蔬菜鸡蛋汤，荤素搭配不要忘，身体结实又健康。'开学以来，我们食堂的叔叔阿姨费尽心思改善饭菜质量。你们知道吗？最近你们吃的不同颜色的馒头，是叔叔阿姨将菠菜、胡萝卜、苹果打成汁做成的。但是，当我看到有些同学

○ 管理"行" ●

吃饭的场景，我就难过和担心起来。有些同学就像故事中的小王子一样不好好吃饭，还挑食、暴食。喜欢打篮球、踢足球的同学常常误了吃饭的点，打完球后就抓个馒头、喝口稀饭草草了事；有的同学遇到喜欢吃的鸡腿、包子就不知克制，遇到不喜欢吃的蔬菜连碰都不碰。你们正处在长身体的关键时期，需要多种营养，如果因为不好好吃饭影响了身体健康怎么办？"

我还请全体学生努力做到以下6点：

①每次吃饭，准点到餐厅，打篮球、踢足球时也不例外。②餐盘里既要有荤菜，也要有素菜，做到荤素搭配。③不可吃太饱，也不可吃太少，八分饱最好，遇到喜欢吃的食物也要控制食量。④因为我们是自助式就餐，每次打饭菜，适量即可，好吃的东西要想到他人。⑤饭前洗手，饭后漱口，就餐时轻言慢语、轻声慢步、轻拿慢放，就餐后将嘴巴擦干净。⑥就餐排队时，前后保持一定的距离，方便同学端着盘子转身。餐后送餐盘、碗筷时，动作要轻，尽量不出声响，有序整齐摆放。

当我把期待落到具体的细节后，学生都能清楚地意识到接下来该怎么做了。之后，是学生最期盼的"瑞德少年"颁奖——我给每周有进步、有闪光点的学生颁发荣誉奖章。我们深信，学校每个细节的变化都闪耀着学生的美好光芒，每一个改变都见证着学生的生长，所以我们把每一个学生的小变化都看在眼里，特设"瑞德少年"荣誉称号。我们还邀请获奖学生的家长来学校，共同见证学生成为"瑞德少年"的光荣时刻，并集体合影。之后，我们还进行"大美艾瑞德人"颁奖。

如今，每周的"国旗下讲话"已成了全校师生的期待。总结而言，我们从以下四个维度提升了"国旗下讲话"的育人价值。

第一，我们强调仪式感，让"国旗下讲话"充满张力。"国旗下讲话"是一个非常具有仪式感的庄重时刻。仪式感如何塑造？就是让这一刻与其他时刻不同。我们对"国旗下讲话"时师生的着装、队形等有严格的规范与要求，一学期下来，全体师生已形成"无须提醒的自觉，不言而喻的遵守"的共识。

我校的重大事件，如研学旅行活动的发布、大型节日活动的发布、校长助理聘任仪式等激动人心的时刻，也是在"国旗下讲话"时举行的。曾记得，40名学生受聘成为校长助理，一起走上国旗台，在全校师生的见证下，一个个地接受我颁发的聘书、工作证。有教育同人说："你们的'国旗下讲话'流淌着'奶'和'蜜'。"

第二，我们强调"对话"，让"国旗下讲话"充满活力。我们深信，好学生是"夸"出来的，不是"贬"出来的，尤其是大庭广众下。我们主张，对待犯错误的学生，要尽量对事不对人。所以当校长多年，我从未在国旗下批评过学生，也不主张如此。

学生当主持人，是学生与学生对话；教师参与故事分享，是教师与学生对话；校长讲故事，是校长与学生对话。对话的事实都是基于美好、弘扬美好的，分享的都是古今中外的美好故事；"瑞德少年"是对学生美好行为的嘉奖，是让榜样与学生对话；"大美艾瑞德人"的评选范围，除了优秀教师，也包括后勤员工。当他们破天荒地走向国旗台，接受全校师生的礼赞时，发布者的声音常被学生的欢呼声掩盖——我们保密工作做得好，受表彰的后勤员工事先不知情，每次揭晓时，操场上空都弥漫着浓浓的意外和惊喜。

第三，我们强调故事分享，让"国旗下讲话"充满磁力。"校长，您的故事太有趣了！""校长，我就喜欢听您讲故事！""校长，您下周讲什么故事？""校长讲故事"是我的学生最期待的环节。开学以来，我没有一次怠慢，所有的公出、安排都避开周一，甚至有次在武汉开会延期了，我也调整行程提前赶回，就是为了不让学生失望。有好几个周一的清晨，学生跑到我办公室打听故事的内容，他们想先知为快的心情可想而知。

故事的选择上，我非常慎重。负责"国旗下讲话"的班级会提前一周告诉我主题，我再根据主题精心挑选适合学生的故事。故事的取材，主要来自古今中外的经典故事和校园中发生的好人好事。这一学期，我分享了如《假如真的希望飞翔》《一条小面包》《第一个弯腰的学生》《篱笆上的铁钉》等好故事。

2017年12月11日，周一，我的"国旗下讲话"讲的是《我们站立的地方叫中国》，起到了很好的效果。12月13日是南京大屠杀死难者国家公祭日，我在当周周一回顾了南京大屠杀幸存者杨翠英老人和余昌祥老人的真实故事，揭露日本侵略者罄竹难书的罪行，告诫学生要为祖国的强大发奋努力，珍爱脚下的这片土地，因为"她的名字叫中国"，因为"我们是中国人"。现场，师生激情澎湃。12月13日，学校降半旗，全校师生观看公祭直播，不少师生现场潸然泪下。

教师薛敬娴告诉我，她也像学生一样期盼周一，她说起我11月6日讲的故事《风中的叶子》，当她听到"世界上有一种人，他们会在生死关头把生留给别人，让自己直面死亡"时，听着听着，头一低，泪水溢满了眼眶。

"校长讲故事"也拉近了我与学生之间的距离。作为新任校长，现在只要我走在校园里，问好的声音不绝于耳，这让我有了更多办好教育的信心。

第四，我们强调家校携手，让"国旗下讲话"充满合力。教育需要从校内向校外延伸，与家庭对接。家长唯有多经历、体悟，方能更理解学校教育。正确引导家长积极参与并亲历学校活动，是家校沟通也是家长课程的主要内容。

我们把家长请进来，以"瑞德少年"颁奖为契机，让父母见证孩子的成长——我们每周邀请所有获得"瑞德少年"奖章的学生父母正装出席"国旗下讲话"，邀请家长与孩子一起接受颁奖，极尽尊重之礼。请进来、走上台、见证爱，那一刻，孩子荣耀、家长自豪、同学羡慕。

当教育不再是学校的独白，而成为与家长的对话时，家校教育的合力也就会在不知不觉中形成。四（6）班孟想妈妈告诉我："自从接到学校电话的那一刻起，作为妈妈的我，心中的激动和兴奋真的难以表达，'瑞德少年'对孩子来说是一种荣誉，对家长来说更是种自豪和欣慰，特别是学校选择在'国旗下讲话'的时候颁发奖章，有庄严的仪式感。当我站在国旗下，站在女儿的身后，看着台下一张张天真可爱的笑脸，对教师的敬畏油然而生，也明白为人父母，当不断修行，成为优秀的教育者。"这让我十分感动。

总之，学校的"国旗下讲话"承载着立德树人的重要任务，如何将"看不见"的育人目标潜入"看得见"的"国旗下讲话"中，润物无声，育人有道，考量着每一位校长的办学智慧，也烛照着每一所学校的教育力量。

（本文发表于《福建教育》2018 年第 9 期）

让每一位教师成为珍贵的存在

——郑州艾瑞德国际学校用"四件套"助推"胜任力"

李建华

自 2011 年建校以来，郑州艾瑞德国际学校一直将建立一支专业强、素质高的师资队伍作为立校之本、兴校之魂，将教师发展视为学校发展的核心，坚信"每一位教师都是珍贵的存在"。郑州艾瑞德国际学校从实践出发，总结梳理出了"研、读、写、讲"的教师成长"四件套"，助推教师"胜任力"发展。

研：为专业成长铺一条路

研究是一把钥匙，可以带我们探寻教育的密码。如何用好"研究"这把钥匙，去探寻教师专业成长的深水区？我认为，研究儿童、研究课堂、研究教学是教师的首要任务，也是教师站稳讲台、守住专业的基础。在"研"的过程中，要关注"三个一"：寻找一个实在的点，借助一个助推的力，营造一个"磁性的场"。

寻找一个实在的点，落脚要小，关键在真。针对教学中的问题，郑州艾瑞德国际学校结合"利用电影资源辅助小学中段语文写作教学研究""小学生运用数学知识解决购物优惠活动问题的研究""小学班级文化视域下的班本课程的探索与实践"等话题展开了教学研究。基于此，学校总结提炼出了"自然生长课堂五要素"，即基于关系的相遇与对话，基于自主的探索与发现，基于合作的互动与体验，基于理解的分享与表达，基于发展的激励与评价。

"研"的路上要学会借专家之力、同行之力和同伴之力。著名教育家顾明远、成尚荣、魏书生、李政涛等曾先后受邀到郑州艾瑞德国际学校开展教育讲座。此外，郑州艾瑞德国际学校还组织了"同课异构"教研活动，邀请大学教授、特级教师、区教研员和学校的老师同上一节课。老师们通过这样的"研"看到了教育的更多可能性。借力，才能让我们更好地发力。

"磁性的场"指在"研"的形式与氛围上下功夫。教研前的小型 TED 演讲、教研现场的板书布置、茶点礼物的准备，营造了有温度的教研场，使得教研中的人悄悄地走近彼此。在课堂上，课前三分钟演讲，让每一位学生从美丽的不同走向不同的美丽，从身心的自由走向"眼中有光、脸上有笑、心中有爱、脚下有力"的"四有"儿童。磁力，是动力，是向心力，也是魔力。

读：为阅读生态造一方林

建校初，郑州艾瑞德国际学校提出"以文化引领教育，以名师影响学生，以读书形成校风"。基于此，学校建成了藏书数十万册的读书广场，汇集了教师专业发展、知识科普、小学生读物等书籍。

2017 年 8 月，郑州艾瑞德国际学校提出打造"干净、有序、读书"的校风，倡导读书，让读书成为学校教师学生、家长的习惯。

郑州艾瑞德国际学校倡导教师自主阅读，书目由老师自主选择，阅读时长没有严格要求，阅读的成效依据每个人每个月提交的读书笔记来评判。但是自主阅读也有诸多弊端，比如：无法判断阅读的真与假，无法知晓阅读的深与浅。于是，"如何构建优良的阅读生态""如何让阅读真实发生"等命题进入了大家的视野。

2017 年 8 月，学校启动了教师"每月共读一本书"项目，《教育的温度》《孩子，把你的手给我》《倾听着的教育》等书抵达教师案头。结合月度共读书籍，校内分层级组织开展读书分享会，交流分享读书心得。如此，读书加分享，促使阅读真实发生。校园之内，老师在读，餐厅师傅在读，保安在读，学生也在读，如此生态圈在校园之内造就了一方阅读之林。

写：为奋进之路树一架梯

写作是一个人向下沉潜的过程。绝大多数老师在多年教育实践中，积累了丰富的教育经验。如何避免这些经验烟消云散，也许写作就是最好的答案。在一笔一画记录的方式里，暗藏着帮助我们精神获得自明的火种。

坚持写作并非易事，工作的辛苦、事务的繁忙，常常会让人觉得写作是种负担。但好在，有了一群人的坚持，负担化为滋养。这份滋养，不仅让我们的思维方式发生了改变，还如一把梯子，将我们的视野延伸至远方。

写作无关身份：写，不是会写人的专利，而是想写人的权利。写，是穿起珍珠的那根线，有了它，才会有美丽的项链，才会有教育的美好画卷；写，是心灵的自由呼吸，一呼一吸间，与精神对话，让心灵舒展。一个人写，是记录自己的小世界；一群人写，就为奋进之路搭起了一架长梯。

讲：为诗和远方搭一方台

优秀的影片或书籍令人心旷神怡，精彩的演讲亦是如此。口头表达，我们称作讲，包括讲课和各种场合的演讲，是教师基本功，是专业本领，更是教育的表达方式。

郑州艾瑞德国际学校开展"我和学生的故事""我和班级的故事""我和团队的故事"等主题分享会，每月一次在学校报告厅举行。只要站上舞台，每个教师都会自带光芒。有句话讲得好，"读万卷书，不如行万里路"，阅读的同时还要走出去观世界，带回来做分享。学校利用例会开始前的时间，进行话题分享，渐渐地，教师教研会议前有了分享，大小例会前有了分享，就连行政后勤师傅们的会议前，也有了分享。讲的力量在传递，讲的平台在增多，讲让老师看到了成长可以抵达的诗和远方。

研、读、写、讲是教师专业发展的"四件套"，更是教师终身成长的"铁布衫"。"四件套"为成为"四有"教师提供了路径，让教师在专业成长的路上有了抓手。我相信，有了"四件套"的助力扬帆，教师也将蓄力远航。只要坚持，教师就一定能看到教育的春华秋实，看到个人发展的繁花盛开，最终走向于漪老师所说的"教师真正的成长在于教师内心的深度觉醒"。

（本文发表于《河南教育》2021 年第 1 期）

后勤管理的弧线抛向哪里?

赵宗新

后勤促前勤,作为学校管理工作的重要组成部分,后勤管理工作是否有效,关系到全校师生能否有一个安全、和谐、健康、温馨的学习生活环境,让家长乃至社会看到学校另一片风景之美,同样也是衡量一个学校教育、管理水平的重要标志。

艾瑞德国际学校后勤团队努力践行"走自然生长教育之路,办有故事有温度学校"的办学理念,把"干净、有序、读书"校风落实在工作实践中。用快速服务、精准服务托起学校服务保障工作。既要干好后勤的实事,也要讲好后勤的故事,逐渐形成"低头能干实事,抬头会讲故事"的后勤文化。

后勤工作究竟做到什么地步才算完美?笔者认为后勤工作只有不断完善,没有完美。后勤管理者的任务是让后勤工作从机械、被动、单项、粗糙、命令式的工作,转化为主动地做、有激情地做,把有意义的工作做得有意思。抓住工作节点,把工作做得有仪式感、有成就感。如此一来,后勤管理的价值取向与立场选择就显得尤为重要。后勤管理的弧线要抛向哪里?经过实践与思考,我们认为学校后勤管理的弧线应抛向离儿童最近的地方,抛向师生向往的地方,抛向能使后勤团队更有文化、有情怀的地方。

后勤管理弧线抛向离儿童最近的地方

后勤服务站在"儿童立场，人在中央"的高位开展工作。尊重儿童生命成长的规律和生命生长的路径，对于儿童，我们呵护其天性，尊重其个性，发展其社会性。后勤管理工作的故事从更换书包倾听儿童声音开始讲起。

改变学生书包的样式，缘于日本学生书包带来的启发，我们从书包的品质、款式、功能等方面进行了综合考虑。日本样式书包是一个不错的选择。2019 年 6 月，中层干部会上，我把红、蓝、黑三种颜色书包展示出来，请大家做选择，结果选什么颜色的都有，无法定下结论。我突然意识到，这种做法过于草率，学生才是书包的主人，我需要倾听学生的声音。于是，德育处金思成副主任拎着书包走进班级，邀请学生举手表决。他倾听了 22 个班级 632 名同学的意见，黑色成了男生的首选，红色成了女生的最爱。艾瑞德新书包就在学生的举手选择中诞生了。

学校生活辅导员每天上午 10 点在开水房前排起一条长龙，其目的是为班级每个孩子接一杯"爱心茶"。"爱心茶"究竟是什么茶呢？校医根据中原地区的气候变化，结合小学生身体体质，制定了艾瑞德国际学校四季养生茶谱。比如：春季适合喝柠檬茶补充维生素，夏季熬制菊花金银花茶可消暑，秋季熬制山楂水有开胃功能，冬季熬制冰糖雪梨水有清肺润肺止咳功效。此事令家长很感动，他们把勤劳的生活辅导员老师尊称为"爱心妈妈"，把养生茶称为"爱心茶"。

"艾"心志愿者，是后勤中心另一双慧眼，这支队伍的诞生，缘于校长信箱来信。学生经常写信告诉校长，哪个水龙头要维修啦，哪个灯有点暗，需要调整，等等。后勤中心张耘图老师突发奇想，决定让学生一起参加后勤维修工作。经过层层选拔，"艾"心志愿者应运而生，志愿者每天于课余时间专门搜集有关维修的问题提交给维修组。有学生参与校园巡检，维修工作更有成效，让学生在校园充分发挥主人翁意识。

　　每次走到停车场上，很多人会惊奇地发现，校车前整齐排列着一排安全锥，这是艾瑞德校车的标配。师生都知道，当校车前安全锥在的时候，校车是静止安全的，否则，表明校车是待发状态，师生必须和它保持安全距离。开车前由校车师傅提起安全锥，围绕校车顺时针巡视一周后方可上车启动。

　　当然，一开始并不是这样的，校车师傅毕竟有几十年的驾驶经验，认为这样做既增加了工作量，又是多此一举。不过我们认为，只要是有利于师生安全的事情，一定要坚定不移落实下去，这是后勤工作一贯的作风。经过多次沟通，校车师傅终于从试试看到主动做，校车前的安全锥摆放，成了大家的标准作业。

　　每天 16 点 30 分发校车时，我们还要求后勤管理人员同校长等其他干部一样，准时到校门口送学生。当校车开出校园的瞬间，大家向校车挥手告别，车窗上也扒满了挥动的小手，他们在向我们说再见，也是向今天说再见。上学有父母亲人相送，放学有老师校长相送，这样的迎来送往，让孩子多了幸福感，让教育多了仪式感。

后勤管理弧线抛向师生向往的地方

　　在一次就餐时，学生问校长，什么时候学校再次停电呢？校长很好奇。学生告诉校长，只有停电才能吃到汉堡。因为停电后，后勤中心启动应急预案，就餐时提供汉堡。我捕捉到这份信息，在做餐饮改革时，专门为孩子设定每个月最后一个星期五为汉堡日。从此学生对餐饮多了一份期待。三年级的吴依涵同学，领取汉堡后舍不得吃，带回家送给妹妹。

　　在一年级家长会上，一位家长讲述她在家如何给孩子做蔬菜馒头改善口感的故事，深深打动了我。我把这个案例带到后勤会议上，大家为之振奋，认为这个案例恰好可以撬开餐饮改革的切口，决定尝试做蔬菜水果馒头，经过一星期试验，艾瑞德五彩馒头问世，周一南瓜馒头，周二菠菜馒头，周三紫薯馒头，周四苹果馒头，周五芹菜馒头，使学生每天能品尝到不同颜色不同口味的馒头。后勤管理在思想上要有高感思维，落实工作要有钉子精神。

后勤管理工作就是创造一切可能性为学生搭台子，扶梯子。2019年前，学校教学楼一楼大厅是一块空地，仅供学生玩耍。每周五学生在这里表演，需要搬来音响、话筒，很不方便，同时还缺少舞台和灯光。后勤中心找来设计师，设计出舞台、灯光、音响、话筒等配套的小演出厅，取名"芝麻街"，每周五下午，这里便成了孩子们的天堂。

小学教师队伍中女教师居多，如果遇到哺乳期，会很尴尬。后勤工作人员了解到，大型商场、飞机场等公共区域都会在距离卫生间不远的地方设置母婴室。受此启发，我们为老师装修了一个母婴室，10平方米的空间虽然不大，婴儿护理台、消毒烘干机、电冰箱、储物柜、沙发样样具备。人性化、健康、温馨的环境足以让哺乳期妈妈安心、放心。后勤服务工作就是要服务到教师的心坎上。

春节，艾瑞德国际学校有不一样的年味。过年时每个单位都备有年货，而艾瑞德国际学校的年货不一般，独特之处在于膳食中心师傅为每位教职工准备的纯手工辣椒酱、年糕、灌汤包、河南特色丸子等四大件。加上买来的六样年货，共十样，寓意"十全十美"的艾瑞德年货就此诞生。忙碌一年的老师，也该回家团聚了，我们希望艾瑞德家族的人回家路上脚下有力，手上有礼，双手提着沉甸甸的幸福回家过一个幸福年。

后勤管理弧线抛向能使后勤团队更有文化、有情怀的地方

后勤人员普遍文化水平偏低，接纳新事物意识缓慢，这也是大多数学校的困局，但是后勤人员有着共同的优点，即朴素、勤快、踏实，通过什么方法让后勤人员走出困局，是后勤管理要解决的首要问题。

田振友先生在《小学后勤管理如何发挥育人功能》一文中提出："在良好的服务中开展育人工作，在良好的环境中进行育人工作，更新管理观念，充分发挥育人功能。"后勤工作不能仅仅做好服务工作，更应该关注员工的成长，想出点子，找出法子，做出样子，播下种子，让每位后勤人员凝聚力量提升自己，成就自己。

后勤人员最看重的并不是待遇，而是被尊重和被重视。每年高考前夕，学校会为家中有参加高考的孩子的教职工，准备一份特殊礼物并送上祝福，这份特殊礼物是糕点和粽子，寓意"高中"。一位接受礼物的后勤师傅热泪盈眶："全校 300 多名教职工，校长不一定认识我，却在我孩子一生最重要的日子送来礼物和祝福。"一个小小的礼物，一个不经意的举动，让彼此被看见，彼此被温暖。

运动会是最聚人心、增长士气的一项活动，每年的 11 月，是艾瑞德教职工最兴奋的月份，只因一项重要活动——教工运动会。后勤师傅和老师平时交流不多，就因为举行一次运动会，双方同场竞技，多了一份交流的机会和拼搏的动力，不光赛出成绩，更赛出友谊。

后勤管理提倡丰富员工生活，用业余时间装扮员工的梦，相继开展每月共读一本书、每月共赏一部电影、每月故事分享会等。因为登台机会少，故事分享会上，刚开始，后勤师傅上台手发抖，紧张，不自信。分享的内容不重要，重要的是从观众走向被聚焦的演讲嘉宾这一角色的转变。经常上台的师傅，脸上有光，脚下有力，心中有爱，更加自信。

学校每周五通过微信公众号公布下周食谱，给师生一份惊喜和期待。

后勤中心开设微信公众号"后勤在前线",讲一讲后勤的人、后勤的事,分享交流后勤管理心得。后勤师傅彼此转发朋友圈,彼此点赞,他们之中流传着一句话,"爱我你就转转我,爱我你就赞赞我"。后勤师傅的微信圈不再是百货商场,而是自己的专业精品店。在"互联网+"的时代,他们在经营好后勤"一亩三分地"的同时,也向外界表达了后勤的声音。

后勤管理弧线究竟能抛多远?最终要抛向哪里?作为后勤中心负责人,我来回答这个问题:带领低头能干实事、抬头会讲故事、有文化、有情怀的后勤团队,把弧线抛向学生的心坎上,老师的期待中,家长的念想里。

（本文发表于《新校长》2020 年第 4 期）

让中层团队真正成为"四梁八柱",
这所学校的做法让人拍案叫绝

李建华　　韩董馨

当教育改革走进全方位重构的深水区,学校发展的重点开始逐渐聚焦文化升维、组织再造、关系重组……一个我们熟悉的领域——中层领导力正变得越来越重要。

如果说校长领导力决定了学校的"顶"有多高,那么中层领导力则决定了学校的"底"有多厚。在学校生长发展的关键环节,中层团队如何领衔于其中,真正成为学校这座"大厦"的四梁八柱?

2019年底,《新校长》杂志"中层领导力"主题研学在郑州艾瑞德国际学校举行,学校校长和中层团队以11个主题报告,多维度地展现了学校的思考、故事和实操。

学校究竟该如何激活中层?这个群体最美的状态长什么样?下面是本次主题研学的主要内容,供各地教育同人参考、借鉴。

共识：愿景的长跑

○ 一所学校应有"热气腾腾"的学校文化

奇点大学的创始人萨利姆·伊斯梅尔讲过，想要打造一个指数型思维的组织，设定一个宏大的愿景十分重要。愿景是学校文化的源头与归宿，我们讨论一所学校的中层领导力，学校文化是绕不过去的话题。中层领导力指向愿景的达成，而学校文化则是发酵中层领导力的酵母。

"文化是一种成为习惯的精神价值和生活方式。它的最终成果是集体人格。"这是余秋雨对于"文化"的解读。以同样的眼光看待学校文化也如此，它理应成为全校师生教育生活的方式与价值，最终形成这所学校的集体人格。这让我们再一次领悟，学校文化不是挂在墙上的，它应该融在人心里；学校文化不是高冷地飘在云端的，它应该热气腾腾。它裹挟着大家，让每个人都在使着劲、出着汗，共熬一锅汤。

艾瑞德国际学校有被教师称为"六脉神剑"的学校价值观。

一个核心理念：走自然生长教育之路，办有温度有故事学校。

两个发展目标：教师——有温度、有高度、有故事、有本事；学生——眼中有光、脸上有笑、心中有爱、脚下有力。

坚持的三观：每一位教师都是珍贵的存在，每一个学生都是美丽的不同，每一位家长都是重要的链接。

干部要做四种人：坚守办学价值观的那个人，与师生保持最近的那个人，让学校保持沸腾的那个人，把学校带向未来的那个人。

教师成长"五件套"：研、读、写、讲、种。

学生成长"六个一"：露过一次营、穿过一条谷、经过一种爱、访过一座城、蹚过一条河、翻过一座山。

艾瑞德国际学校将管理视为赋能，将赋能解读为赋愿、赋爱、赋信、赋行。而赋愿，就是赋"愿景"、赋"价值观"，这是能让团队走得更远的关键；而赋愿是否成功，则在于能否更好地赋爱、赋信与赋行。

可见，让学校文化"热气腾腾"的，永远是对人的关注。唯有对人内在的需要、外在的成长、参与和链结的关注，才能将学校的"愿"和每个人的"愿"合二为一。而中层领导力，就会在这一片"热气腾腾"中悄然"升腾"……

○ 中层应成为共识传播的介质

学校共识究竟如何达成？中层是共识传播最关键的介质，而这种传播也有三个途径。

1.距离感消弭，让学校没有死角

当 90% 的人都认可我们的办学理念时，另外那 10% 的人就成了学校发展的盲区，如何突破盲区，我们强调的是"关注到每一个"，让学校不存在死角。

学校为"每一个"做了很多安排："一个都不能少"的活动参与制度；特色节日营造的"人人都是主角"的氛围；为每位过生日的老师发蛋糕券；为家中有子女参加中、高考的教职工发放粽子和糕点……

艾瑞德干部观中很重要的一条就是"与师生保持最近的那个人"。如何近？那就是跑得远一点，看得远一点。只有先"远"，才能有"近"。

2.潜能的抵达，让老师向美而生

无数老师的成长经历告诉我们，为老师搭建平台并激发其潜能非常重要。艾瑞德为老师搭建了很多平台：

专业发展平台——聚焦课堂、教科研和教学基本功。

项目统筹平台——大型活动的项目负责制让很多老师成为项目负责人。

学科活动平台——丰富的学科活动让我们看到很多老师的想法在闪光。

综合发展平台——学校"土书"（自制书）发行、教职工运动会、读书故事分享、"一亩田"种植，老师当中的一个又一个明星被发现。

不得不提的是，这些平台的搭建绝大多数源于中层。

约翰·穆勒说过："原则问题想要落地，都要转化成技术问题。"共识传播这个概念很大，要去思考如何转化。一个中层，要具备一种本领，就是能找到具体而有效的方法论，然后构建处理问题的科学思维逻辑。所以，搭台子也好，善激励也好，这都是技术性的问题，我们要有这样的转化能力。

3. 自我的陶熔，让自己更加通透

中国人常讲，修己达人，只有先修己才能达人。所以，中层成为共识传播介质的第三个要点就是，自我的陶熔，让自己更加通透。

艾瑞德的中层都经历了从一名老师到一名干部的成长路径：做教师让我们明白了什么是沉潜扎根；做班主任让我们学会了责任担当；做年级主任时我们开始思考如何继承如何创新；做部门副主任我们开始学着平衡决策与执行；做了部门主任我们要懂得如何统筹铺排……但最终我们都会明白一个道理——人生是价值观的长跑，善良是最靠谱的竞争力。

○ 掉线不掉卡：共识的坚守是全体中层的"长期主义"

艾瑞德国际幼儿园王彦月园长在 2018 年的 5 月 11 日开设了自己的微信公众号，命名为"幼儿园的小美好"。从那天起，她就开始了每天的公众号写作打卡，记录幼儿园每日点滴，一天一篇，从未间断。

2019 年 3 月，王园长诞下生命中的二宝，即便住院期间，她依然没有断卡。她这样写道："生孩子之前我在微信群里发了一句调侃的话：'大家准备好，我可能随时会掉线哟！'生完孩子我在医院住了三天，那三天没有打卡，我难受得不行，因为当时我已经写了 300 多天。走过了 10 天，走过了 100 天，走到 300 多天的时候，写作这件事情于我而言，已是生活中很重要的一部分了。所以我想了一个办法，买了几个空白的本子，每天手写记录，再拍成图片发给园长助理，她帮我转换成文字再发布，就这样，我的写作没有掉线。"

同样坚持每天打卡写作的德育中心主任陈琳在谈到坚持写作时说："坚持写作并在微信公众号上打卡对我来说分为三个阶段，第一阶段：像履行任务一般，怕写不好，怕被笑话；第二阶段：慢慢把握住心态，不是为了他人看到而写，而是为了'用笔说话、用笔沉淀自己'；第三阶段：写作，不是工作的一部分，写作，是我生活的一部分。这部分，于我而言，非常重要、很有意义。

"写一写，不仅要有一种写的仪式，更要有一种坚持的姿势。没有人逼着我写，也不是为了什么而写。写，变成了生活里烟火气息的那一缕，不写，就觉得不是日子了。"

全体中层对于"写"的坚持为我们带来了什么？看得见的是学校 145 位老师开设公众号，写出了 11 829 篇教育随笔，合计 1200 万字。而看不见的呢？是我们把对共识的坚守变成了全体中层的"长期主义"，也在成为全体师生的"长期主义"。

除了"写"之外，教师成长"五件套"中还有"研、读、讲、种"。这其中的每一项，在老师们一件件穿上身之前，中层都要先套在自己身上，练成自己的"铁布衫"。

如今，共识二字对于艾瑞德全体中层来讲，正如一呼一吸，它没到什么高深的地步，而是在时间的加持与自我的坚持中，成为我们共同的工作方式与生活方式。

共情：你我的走近

○ 管理学就是关系学

"管理是爱出来的。"在谈到"赋爱"时，李建华校长这样说。

在艾瑞德，"教育等于关系加联系，教育等于爱与被爱"是众所周知的两句话。然而管理本身也是关系与联系的载体，也是爱与被爱的体现。艾瑞德中层管理当中的"关系"处理主要体现在三个过渡：

一是从专注于专业能力的提升过渡到专注于综合能力的提升，如关注人际网络的发展和建立；

二是从专注于自我价值的实现过渡到专注于他人价值的实现，如成就他人和团队要先于成就自我与个人；

三是从专注于个体的付出与奉献过渡到影响他人付出和奉献，如中层不应是学校唯一奉献的团体，学校每名教职工都应乐于奉献。

张明是 2017 年才加入艾瑞德的一名老师，两年多的时间不长，但她觉得自己经历的成长重新界定了这段时间的意义。

如果说 2018 年的南京班主任培训她只是一个参与者，那么 2019 年的北师大骨干教师研修，她则成了一名组织者——包括集团领导、学校领导在内共 68 人研修班的"班长"。而在这之前，她已被推上了一个又一个平台：教研会上的分享，班主任培训会上的发言，不同类型活动的主持。她说："每当回忆起自己所接到的一个又一个任务，都不得不佩服那些曾'推我一把'的中层领导的胆量，因为我还只是一名基层的教师。没有足够的信任，我想我是站不稳那些台子的。"

除去"信任"之外，让张明难以忘怀的还有"温暖"。2019 年 8 月，她的孩子被查出有孤独症倾向，必须住院治疗，那个瞬间被她称为人生的"至暗时刻"。那段时间她的工作的确受到了影响，而她的情绪也被中层看在眼里。她的年级部主任李娜发信息给她说："工作上的事情我来解决，你现在的任务是先照顾好孩子。"一番话让她一下子踏实了。她永远记得那段时间中层干部对她的"偏袒"：把最难得的时间留给她，把最棘手的问题留给自己。

"一年中，我和中层之间没发生什么轰轰烈烈的大事，都是一件件小事，但一件件感人的小事，一幕幕温暖的画面，让我在温暖中成长，在感动中进步。"张明的表达很朴实，也很真诚。

和张明一样，英语老师石鹤也是一名被中层"偏袒"过的老师。刚入职时的她156斤，觉得自己是个nobody（无足轻重的人），然而就在她存在感最弱的时候，年级部主任李丹阳对她说了这样一段话："石鹤，你长得很明媚，你的优点像一双翅膀长在你身后，你自己看不到，你需要这样的机会去发现自己的好。"

自那以后，"这样的机会"仿佛真的来了——参与出版社征文活动并获奖，成为散学典礼的主持人，在全体教职工大会上作为教师代表进行学习分享、校级公开课展示……

经历完这一切，如今的她打趣道："刚开始我自恋地认为是丹阳主任偏爱我，是学校偏爱我，可后来我发现了一个秘密，他们是爱每一个人，只不过让你觉得你是被偏爱的那一个。"

"管理学就是关系学"的简单理解就是，管理其实就是拉近一段关系、维持一段关系、成就一段关系。而拉近、维持、成就的关键可以用"学校发展的暗物质"来总结：信任、看见、托举、影响……这一切最终还要归于对人的认识与理解。

○ 论"摆渡人"的自我修养

说到中层，刘浩然将其定义为"摆渡人"。如今已是艾瑞德校长助理兼小学部主任的她不止一次扮演过这个角色，也见证过身边的学校中层完成了一次又一次的"摆渡"。她将这种"摆渡"理解为：我先走向此岸的你，再与你一起去往我们共同的彼岸。所以，摆渡的前提是你我的走近，目标是共同的发展。

中层如何完成摆渡？她提到了三个需要：一艘船、一个渡口和一个彼岸。

一艘船相当于我们的管理工具。学校应能够打造出合理的造"船"工具供中层团队使用，这其中包括团队愿景、标准体系、授权机制、沟通通道和反馈系统。"摆渡人"的任务就是合理利用工具，造一艘安全、结实的船。

一个渡口相当于任务驱动。学会布置任务是每个学校中层的必修课。布置什么任务？给谁布置任务？如何布置任务？任务完成后如何反馈？我们不能把"布置任务"简单化，那样你收获的可能只是任务的完成，而真正好的任务布置能够达到"驱动"的效果，驱动着老师通过任务，来到你正在等待他的渡口。

一个彼岸相当于目标愿景。教师与教师的阶段发展目标不同，但愿景可以是相同的。摆渡人必须意识到这一点，看似把不同的人带到了不同的彼岸，但那绝不是孤岛，我们最终都要站在同一片大洲。

如果要问作为"摆渡人"的中层最重要的自我修养是什么，那就是在"摆渡"的过程中，修炼得看不见自我。就好像糖葫芦中间穿着的那根竹扦子，大部分是人们看不见的，但它又那么重要。正如陈琳主任说的那样，"卸下利己的皮囊，披上利他的盔甲"。

共振：知行的合一

○ 领导力的关键在于领导思维论

中层角色的最重要价值曾被理解为"执行"，然而当我们今天重新审视

"中层领导力"的时候，应该看到它的价值应在于不依附于上级却能出色地完成上级布置的任务，因为在"完美执行"背后一定有"妥善思考"，所以，中层的领导思维应该是其领导力的关键。遇到问题时如何运用合理的思维方式与价值判断去解决问题，正在成为艾瑞德这批年轻中层所必修的内功。

对于艾瑞德行政中心主任翁文千来说，她的身上还有一个重要角色，那就是学校的戏剧教师。戏剧专业硕士毕业的她在踏上行政的管理岗位后总有一种抹不掉的专业情结，就是戏剧教学。如何走好管理与教学的平衡木成了她中层之路上必须直面的问题。

马竞是艾瑞德实行年级部制扁平化管理后第一批上任的年级部主任之一。她形容最初的年级部管理现状为"理想很丰满，现实很骨感"，在第一次年级部主任碰头会上，大家总结了当时遇到的很多困难：光杆司令，手下无兵；没人拿你"豆包"当"干粮"；信息上传下达消耗大量精力；重复性工作反复做，工作效率低；各个部门随意调配……大家开始思考年级部有没有存在的必要，如果有，意义何在？

陈琳在成为德育中心主任之后发现德育工作琐碎、繁杂是她之前所未曾料到的。剩饭剩菜问题、班级路队不整齐的问题、乱丢垃圾问题……她曾不止一次地想，德育工作的切口到底在哪儿？又该如何操刀？

发现问题之后，她们展开了同样的头脑风暴：作为中层，我们信奉的价值准则是什么？基于教育原点的思考下，我们要给学生带来什么？如何进一步梳理中层职能下的任务框架？自己所在部门与其他部门之间的关系是什么？自己可以做什么又能够借力做什么？

只有思考清晰，才能行动有力，调整思路之后的她们重新上路了。

翁文千选择了加强戏剧教研组的建设，从一开始学校只有她一人是戏剧教师，到现在有了由四名戏剧教师组成的戏剧教研组，团队的带领与教师的培养使她看到了戏剧教学的更多可能，而行政工作的切块清晰、落点到人，也使她逐渐找到了管理与教学的平衡之道。

马竞所代表的年级部主任们通过反复思考与讨论摸索出了年级部管理的抓手，分为以下3条。

1. 做好年级部工作计划。在学校"行事历"的基础上根据年级部情况制订出更详细的方案，将一学期的教学、德育活动安排得井井有条。

2. 开好四会。四会指班主任会、备课组长会、年级教师例会、每日三餐前学生年级集会。

3. 年级部内部赋能。形成年级部智囊团、年级部项目负责CEO、年级部学生管理团队，使得年级部工作与每位老师和学生都息息相关。

提升年级部解决问题的能力，不断探讨让年级部工作有序、高效开展的办法。

陈琳则规划了文化育人、课程育人、活动育人、环境育人的德育工作新样态，光盘行动、校长助理午餐会、班级行走一条线、"艾"劳动课程模式……围绕"立德树人"，围绕"五育融合、德育为先"，陈琳带领德育中心不断扎实着艾瑞德的德育工作。

曾有人说，中层要"有校长的视野，做中层的事情"，中层的教育观、发展观、学生观很大程度上影响了学校的整体发展，中层领导力的提升绝不是简单的管理技巧的获得。理解了这一点，艾瑞德的中层会努力通过系统思考，在对现代教育与学校的理性审视中认识教育、学习管理。

○ 躬身入局：中层的作业即"做业"

平均年龄32岁，大部分走上中层管理岗位不满3年，如此的中层队伍最大的特点就是有活力、肯弯腰、愿流汗。

李建华校长在谈到"赋行"时指出：行就是做，教育是个动词。一所学校的管理文化不是把口号和理念放在嘴上，而是落实在行动当中。怎么做？在爱中出发，在事上磨炼，在做中精进。做就是方案；做，就是答案。

艾瑞德的中层干部必须会做，会讲，会写，会说。我们所有的表达都是做出来的，我们一定要让雨水、汗水和泪水搅拌在一起。

陈琳主任说："要爱就爱上坚持，要做就做成钉子。德育，坚持做钉子。""你不会爱上一片你没有踏上过的土地，你不会留恋一份没有滴过汗水的工作。"马竞主任说："曾国藩曾说，'脚踏实地，克勤小物，乃可日起而动'。我们也坚信做小事可有功，年级部工作必须从小处着手，我们就是这样一直边做边想，边想边做。"

第一现场、第一时间、第一反应、第一手资料……正是如此的躬身入局，才让我们看到了庆祝新中国成立70周年的"艾运会"上那面震撼全场的由49位生活老师托起的10米×15米的国旗，才让我们看到了两届国际周上61米的T台和"70"字样的舞台，才让我们有了"全体中层体验跟校车"之后的校车工作的再提升。

中层的作业即"做业"，中层领导力，从"做"中出发。

共舞：幸福的席卷

○ 领跳一场"集体舞"

作为学校英语学科的负责人兼国际交流中心主任，薛静娴在谈到"构建有温度有故事的教研共同体"时说，教研共同体的构建让我们看到从学科教研到融合教研的可能，教学主任不再是自己埋头苦干，而是要通过沟通力、协调力去帮助不同层次的教师实现专业发展，就好像是借助教研的平台带着全体教师来跳一场"集体舞"。

同样领跳着"集体舞"的还有后勤中心主任赵宗新。他认为后勤团队的建设必须与学校整体的发展保持同频，只有有情怀、有文化的后勤队伍才能够更好地为师生服务。所以，后勤团队不仅要自己"能舞"，还要与师生"共舞"，从而与学校"齐舞"。

教研共同体的构建与后勤团队的建设看似属于不同的管理范畴，但其实质都需要中层能够跳下舞池，根据不同人的角色编排一场集体"华尔兹"，舞出各自的明亮。

薛静娴的具体做法是寻找一个实在的点、借助一个助推的力和营造一个磁性的场。

寻找一个实在的点，让教研的本质回到解决教学实践中老师面临的真问题。一个实在的点，落脚要小，关键在真，它可能是痛点，也许会成亮点。当教研"在点上"，课堂才能"在线上"。

借助一个助推的力中的"力"，是指专家之力、同行之力。至今已有 40 位教育专家到艾瑞德给老师们做过讲座，其中不乏全国著名教育专家顾明远先生、成尚荣先生、魏书生先生、李政涛先生等。此外，学校还组织了更高级别的"同课异构"的教研活动，邀请到大学教授、特级教师、区教研员和学校的老师同上一节课。"舞池"里的共舞者更多了，老师们通过教研共同体看到了教育的更多可能性，想法能落地，方法有比较，思考有提升。借力，让我们更好地发力。

营造一个磁性的场，指在教研的形式与氛围上下功夫，教研前的教师小型 TED 演讲，教研现场的板书布置、茶点礼物的准备，让教研中的人也在悄悄地彼此走近。正如薛主任所说，只有身心的自由才可能激发天赋的自由，才可能达成深层次的链接，才能彼此共生、同长。磁力，是动力，是向心力，也是魔力。

再看后勤，赵宗新主任选择把后勤管理的抛物线抛向离儿童最近的地方，抛向师生向往的地方。为了选择合适的书包，他和德育中心副主任倾听了 22 个班级 632 名同学的意见；为了让学生参与后勤管理，他们组建了学生"艾"心志愿者团队；为了让班级报修更便捷，他们采纳了一名学生的意见，在班级名片右下角设立了"报修小站"栏目；为了支持师生的学习与生活，他们协助规划、建设了瑞德银行、芝麻街、瑞德母婴室等。

同薛静娴与赵宗新一样，艾瑞德的每位中层都在各自的岗位上领跳群舞，而在专业能力之外，部门协调、跨界合作、边界融合正成为他们新的重要"舞技"。

○ 我们不仅打造教育场，还有生命场

"赋能"意味着通过言行、态度、环境的改变给予他人正能量。赋能，赋的是能量而不是能力，是彼此赋能而不是单向赋能。管理是用"我们在一起"来造场、造势、造盘，造可能性的能量场，造发展性的大趋势，造确定性的基本盘。

经历了"在一起"的这几年，艾瑞德的中层越来越发现面对未来的教育，学校的转型与变革具有双重指向：一是指向对于教育本身的重新认识、理解与变革；二是指向作为全体师生与教职员工学习、生活、工作重要场所的"学校"概念的重构与再解读。教师的工作重点正从教学技术转为情绪劳动。那么学校管理的重点如何去匹配这种转变？我们给出的答案是不仅打造教育场，还要打造生命场。

正是有了这样的努力，艾瑞德才出现了保安刘再安师傅两次为校歌征集活动投稿，并带动保安队一起读书打卡、书写读后感；才有了后勤中心开启的后勤人的四门功课：读书、练字、写作、讲故事；才有了老师们的这些表达："上班就是赴一场盛宴。"（语文教师、班主任白露露语）"柔软的工作场里，谁在偷偷地爱着你？你又偷偷地爱着谁？"（读书广场馆长高培丽语）"信任，让老师遇见孩子的纯真、让家长遇见老师的初心、让学校遇见教育的理想。"（二年级部主任、英语教师李娜语）"无论孩子眼中老师是什么样子，我们眼里只有孩子的样子。"（行政中心副主任、数学教师刘磊语）……

叶澜教授说，在一定意义上，教育是直面人的生命、通过人的生命、

为了人的生命质量的提高而进行的社会活动，是以人为本的社会中最体现生命关怀的一项事业。教育并不是要强扭什么，而是要使原本就因生命存在而充满内在生机的教育，从被传统教育弊端造成的"沙漠状态"，重新转回到"绿洲"的本真状态。

从这个角度看，一所学校的中层队伍的本质价值，应该在于借助学校管理机制，在建设教育的"生态工程"中，完成生命的返璞归真。在这一点上，艾瑞德中层团队将躬耕不辍。

（本文发表于"新校长传媒"公众号 2020 年 2 月 11 日）

从"等风来"到"迎风去",一所学校发布了自己的"2021 教育风向标"

李建华

美国企业家洛克菲勒说:"在人生的大海中,我们无法左右风向,只能掌控自己的风帆。"

人生常常如此,但面对教育,我们似乎有更多可能。

如果我们综合参考国内前沿教育机构的研究成果,并对全球局势、国家政策以及政治经济的发展趋势有一个准确预判,那么我们就可以断定,一所学校也可以掌控自己的"风帆",进而在学校的小场域,甚至教育的大场域里开创一种局面,左右一种"风向"。

2020 年底,由蒲公英教育智库主办的"第七届中国教育创新年会",将"教育的风向标"吹遍九州,吹向中原,吹进了河南艾瑞德学校工作的日常……

2021 年,中共建党 100 周年,也是"十四五规划"和二〇三五年远景目标的开局年;同时,还恰好是国家基础教育课程改革的第 20 年——自 2019 年中共中央、国务院发布《关于深化教育改革全面提高义务教育质量的意见》以来,关于"劳动教育"的意见,"教育评价改革"的方案,还有体育、美育、惩戒权等一系列承载着教育变革风向的文件接踵而至,教育回应时代的"风口"全面到来。

舞台已搭，道具毕现。风口既至，教育何为？

2021年1月，我们从"等风来"转为了"迎风去"，经过一个月回顾、梳理、酝酿、发酵，在全校的进阶学习浪潮中，学校以一场内部研讨会发布了教师团队自己的"教育风向标"。

教育风向标之一：自然生长课堂建构

2017年来，我们通过锁定自然生长课堂的"五要素"，形成了对课堂教学的价值追求。具体是哪五个要素呢？

一是基于关系的相遇与对话，二是基于自主的探索与发现，三是基于合作的互动与体验，四是基于理解的分享与表达，五是基于发展的激励与评价。

我们推行"五要素"，是以学生的现实生活出发，让他们的学习具有适度的挑战性，帮助他们习得团队协作能力，解决具体问题的能力，以及学习成果作品化的能力，而这些能力，均聚焦于学生的核心素养。

要实现这一教育目标，学校的教师必须是一个"情绪劳动者"，能够用和善而坚定的语气与学生对话，让孩子们成为"主动学习者"，他还应是精神导师，能够不断启发孩子们独立思考，培养其批判思维，使其成长为一名"深度思考者"。

教育风向标之二：学习方式变革

我们要通过变革"教育方式"来更新"学习方式"。

佐藤学认为，好的课堂是"润泽的课堂"。"润泽"是一种湿润程度，那种安心的、无拘无束的、轻柔滋润的感觉。在"润泽的课堂"里，每个人的呼吸和节律都是那么柔和，老师与学生都不受"主体性"神话的束缚，大家轻松自如地构筑着人与人之间的关系，构筑着一种基本的信赖关系。

基于这种"润泽"理想，今天，我们逐渐形成了在"语、数、英"三科教学上的明确思想，让课堂充满"润泽"感。这种课堂氛围也推动着"小组合作"从松散走向紧密，从合作走向独立，形成了一种"课堂的社会"——一种由对班集体的直接性归属意识，与对课堂之规范的无意识承认，融合而成的原始共同体。在这样的课堂中，教师既是专家，又是父母。他与儿童的关系，表现为绝对的尊敬与亲密的信赖。

与此同时，我们还开发了学生成长的工具箱和脚手架。未来，我们还要研发"百宝箱""万花筒"这样的黑匣子，扩大学习共同体的势力范围，让师生和家长都可以在其中、按需抓取能量，实现自我价值。

教育风向标之三：教研模型建构

我们要形成一个高效有用的教研模型，并不断迭代更新。

教研为教学而生，并不断引领教学。今天，学校的教研和教学已经紧紧融合，我们通过"提问、交流、共识、共学、尝试、反馈、成果、辐射"八个模块的建构，让学校教研拥有了"规范、有效、成果"三个节点意识，用以致学，学以致用。

教育风向标之四：成立"名师工作室"

我们的"名师工作室"不断被孵化出来。

2020年，我们先后成立了语文学科樊婧工作室、数学学科蒋静工作室、英语学科李春晓工作室、班主任管理牛云云工作室、幼儿园管理艾幼智库工作室。

通过这一系列工作室，我们的学术团队得以深入研究学科、管理方面的问题与解决方法，通过"自赋能，自成长，自组织"，不断延展更多功能，孵化名师，培育伙伴。

教育风向标之五：绿色作业变革

"人类永远是在强化社会基础运行规则的前提下，不断追求更高程度的个性化和自由。"而关于作业的个性化与自由，同样是学校变革的重点，我们的口号叫"绿色作业革命"。

"绿色"，是无污染、无公害的。我们学校的班主任，每天严格控制孩子们的书面作业总量，同时备课组要科学合理布置作业，教学中心要严格控制考试频率，德育中心采取等级评价方式，强化实践性作业、探索弹性作业和跨学科作业，通过一连串的"监督"机制，将绿色带到孩子们面前。

同时，学校还有一条"铁律"：禁止让家长批改作业、签字，21点以后可以无条件不写作业，热情拥抱《中小学减负措施》，杜绝重复性作业和惩罚性作业，让"绿色作业"成为艾瑞德的一道景观。

教育风向标之六：综合活动整合

著名教育大家叶澜认为："无论从自然变化、万物生长的节律，还是从继承传统的维度，节气都应该成为整合学校活动最适宜的框架。"

二十四节气无疑是古人最伟大的一项发明，从历法、农业、饮食、健康、习俗等多个方面影响着现代人的生活，它缩短了人与自然的距离，也让我们可以一窥宇宙的奥秘。

基于对节气文化的理解，我们的节气课程逐渐形成了"春生""夏长""秋收""冬藏"四大支柱，巧妙整合了教育、教学活动，落户年级、固化时间、整合项目，与"十四五"时期经济社会发展指导方针中的"文化建设"和"生态文明建设"相映成趣。

教育风向标之七：综合素质评价

黄晓婷教授（北京大学中国教育测量与评价中心主任）认为，综合素养不仅是知识与技能，它是在具体情境中，通过利用和调动心理、社会资源（包括技能和态度），以满足复杂需要的能力。

而分解到每一门学科，也都有它的素养。比如说语文，培养的是孩子们的审美素养和逻辑素养。你的遣词造句，背下来的文言文和古诗，都是为了让学生的气质随着这些文学和艺术的知识而提升，这个过程就是修身养性。而逻辑，则主要体现在阅读题和议论文上。

比如数学，主要培养孩子们的严谨和推理能力，实事求是的态度和探究真理的习惯，这是一门锻炼思维的学科，也是数学的学科素养。

2021 年，我们继续做好每学期末的"学科素养测评"，落实学分制评价方式，将学校所在区域一体化综合评价融入其中，帮助孩子成长，形成有艾瑞德特色的一套综合素质评价。

教育风向标之八：劳动教育一揽子

我们相信，劳动不仅可以教会大家"诗意栖居"，最重要的是培养一种"工匠精神"。

2020 年，我们精心设计的"四园联动"劳动教育校本体系，已成为学校特色，成为抓手。2021 年，我们要继续深挖劳动教育，将"四园联动"做成品牌，促进五育融合，培育大国大民的"工匠精神"。

教育风向标之九：家校关系重塑

家校矛盾愈演愈烈，一方面跟社会高速发展带来的戾气不断沉淀有关，一方面也跟家校双方沟通不畅有关。

2021 年，我们继续提倡"四个共"——共识、共情、共商、共生，坚持"引领在先、立场准确、边界清晰"的指导方针，通过家长沙龙、家长课堂、微型家长会、家长开放日、智慧父母课堂等方式，柔化双边关系，重塑家校情感，达成合力育人的目的。

教育风向标之十：发布 2021 年度十本必读书目

我们也发布了 2021 年艾瑞德人的"十本必读书目"。

顾明远先生说："中小学教师要学点经典，才能有开阔的视野，有历史的眼光，对教育价值观、人才观、学生观、教学观、质量观才有正确的认识，才能去开创未来，创造新的经验。"

我们十分强调教师的精神滋养，从阅读中获得生长，于是为教师和学生包括家长都"发布"了经典套餐——

教师必读书目

包含《孩子们，你们好！》《儿童立场》《第 56 号教室的奇迹》《窗边的小豆豆》《孩子，请把你的手给我》《教育与永恒》《正面管教》《非暴力沟通》等经典书目——我们希望为人师者能回到儿童中去，认识真正的儿童，发现真正的儿童。

家长必读书目

除了阅读"教师必读书目"，我们建议家长阅读以下经典——《孩子你慢慢来》《哈佛家训》《如何说孩子才会听，怎么听孩子才肯说》《捕捉儿童敏感期》等，通过老师家长共读经典，引领家长的思想境界，加强双方的感情纽带。

学生必读书目

● 小学低段

从成语到汉字故事，从中国民俗到上古神话，我们为孩子们精心挑选了一系列传统经典，让他们具有国际视野的同时，也坚守着华夏立场，守护着中国文脉……

● 小学中段

我们选择的作家，从张之路到周树人，从叶圣陶到古斯塔夫·施瓦布，所选书籍从"国家地理百科全书"系列到《海底两万里》，从《安徒生童话》到《昆虫记》，不分国别，无问西东，希望孩子们能够拥有"环游世界、上天入地"的想象力与好奇心，既初步领悟科学与自然学科的理性宏观，又具备悲悯与同情的人类普世情感……

● 小学高段

小说是一个民族的秘史，而从童年视觉回望故国江山，自然更能引发孩子们的心灵共振。所以我们推荐了《城南旧事》《俗世奇人》《呼兰河传》《青铜葵花》《上下五千年》《蓝色的海豚岛》，还有《三国演义》与《西游记》的小学版。我们希望孩子们通过遨游上下时空，驰骋南北地域，从经典小说中一窥这个古老民族的精神根系和文化源泉，从而了解个人之于民族，民族之于国家的深沉关系。

我们的风向标发布会，在老师、家长中引起震动。

有老师说："起风了，唯有做足准备，才不至于风中凌乱。"

有老师说："我们即将站在风口浪尖，展翅飞翔。"

有人说："过大关、想大事、谋大局，十个风向标全部指向儿童与教师成长，罗织成了艾瑞德的未来图像。"

也有人说："未来要打破传统课堂，把教学目标与孩子的学习活动挂钩，设计趣味适切的学习活动，推动自主学习与合作探究。"

还有家长说："陪伴孩子的同时，要不断完善和投资自己，只有自己优秀了，才能带动身边的人……"

2021 年，是艾瑞德建校的第十年。十年前，我们像婴儿一样蹒跚学步；十年后，我们像婴儿一样初心如故。

2021 年，所有教育人都要过大关、想大事、谋大局。我们知道，唯有迎风而上，向标而行，才能打好课改下半场，跑好教育全场，走出一条自然生长的教育之路，办好一所有温度有故事的学校。

这，就是我们正面临的浪尖风口；这，就是我们的风向坐标和精神坐标。

（本文发表于"新校长传媒"公众号 2021 年 1 月 29 日）

梦想的乳名叫"吹牛"，梦想的远方叫"真牛"

李建华

牛年，带着一股子牛气来了——耀眼阳光一扫旧岁征尘，朗朗晴空笑说"新年你好"，曾经的"未来"已经倔强地成了眼前的"当下"，只等着那卖力耕耘的一声"哞"……

伏案静思，新的一年学校发展去向哪里？心中的教育如何抵达它的"诗和远方"？回顾30年工作之路，一行小字浮现脑海：梦想的乳名叫"吹牛"。

兀自莞尔。的确，自做校长以来，自己吹过许多牛皮、夸下不少海口，但当那些"高不可攀"变成了"触手可及"，那些"遥不可望"变成了"近在咫尺"，我不禁感谢"那些年吹过的牛"。

做校长，也许就是要成为这样的人：一是在谋求发展时敢于吹牛的人，因为信念最能聚拢人心；二是在面对坎坷时当牛做马的人，因为付出才能共克时艰。

让梦想从襁褓中长大，也许我们都要学会为希望"吹牛"、与困难"斗牛"，从而让我们的教育变得"真牛"。

三年多前，我刚刚来到郑州高新区艾瑞德国际学校，在制订学校未来三年发展规划时，我定下了一个目标，三年之后，学校要实现"郑州闻名、中原知名、全国有名"。

随即，新学期全校印发的《艾瑞德工作计划书》内，这十二字赫然纸上。

是一时之勇吗？是心血来潮吗？如今想来，当时做出这个决定是基于四个需要：达成共识的需要、振作士气的需要、真抓实干的需要和扩大影响的需要。

2021 年是中国共产党百年华诞，站在时光的表盘，回顾历史的进程，似乎能找寻出梦想相同的来路。

1938 年的延安，只有"小米加步枪"的八路军、新四军，毛泽东挥斥方遒，一篇《论持久战》，大声喊出"日本必败，中国必胜……最后胜利是中国的"；1947 年，不惧与国民党军事力量的差距，中共中央向全军及全国颁布《中国人民解放军宣言》，响亮提出"解放全中国"；1979 年，中国特色社会主义经济建设的一张白纸上，邓小平指示"特区"——"你们自己去搞，杀出一条血路来"……

正义的旗帜不怕风吹，真正的梦想不怕呐喊，我们看到的那些"吹牛"，其实是实现梦想的第一步，那就是把梦想描述出来，并大声告诉所有人。这样做有什么好处呢？我的感受是：

1. 说出来就意味着被监督，使自己有努力完成梦想的自觉；

2. 描述能让梦想可视化、清晰化、具体化，有利于其达成；

3. 周围的人知道后会提供更多帮助，加快梦想的实现。

如果是集体梦想更要说出来，因为种下梦想就好像种下信念，信念是人心的黏合剂和加油站。

2021 年，建校十年的艾瑞德也在呼应建党百年的新时代。1 月 9 日，我们发布了新学期全校教育十大"风向标"。

在面向全校教职工和全体家长的直播镜头前，我再次"吹了一把牛"，在提到"绿色作业变革"时，作为校长的我斩钉截铁也掷地有声："艾瑞德学生的作业家长不批、不改、不签字，每天 21 点后孩子可以无条件不写作业。我们严格按照国家要求，一二年级不布置书面家庭作业，三至六年级家庭作业不超过 60 分钟。"

有朋友为我捏一把汗，有朋友提醒我话不要说得太满，但我觉得这种"满"意味着"干"，意味着决心和信心。不给自己留退路，从黑夜出发把天走亮；不给自己留后路，从窄巷起步把道走宽。

没有了退路、后路的我们，渐渐就看到了梦想的出路、大路。

回首三年前定下的发展目标，三年后学校似乎真的与之匹配了。

现在的我面对当初的一二字，心中升腾起另外十六字：肆意笑泪，梦想归位；吹牛不悔，信念最贵。

之前网上流行过一句话："立了 Flag（原意为旗帜，这里指目标）就是为了让它倒的。"看上去是调侃，却让我们窥探到人们在达成目标的道路上遇到的"热血灾难"：上一秒还"豪情壮志永不休"，下一秒就"万念俱灰不抬头"。

如果冷静客观地看待我们在学校发展道路上树过的大旗就能够发现，凡是立下没倒的，当中都饱含着我们对时间价值和生命意义的深沉体认。

做校长不怕"吹牛"，是因为做校长要更懂得如何与困难"斗牛"。

2019 年 12 月，我校接到了蒲公英教育智库的邀请，"中层领导力峰会——《新校长》杂志 10 月刊封面学校主题研学"将在艾瑞德举行。2 天，10 个主题演讲，3 个工作坊，主要分享人和组织者均是我校的中层团队和优秀教师代表。

其实能够将我们"中层领导力"的做法面向全国分享，也是我们的梦想，但是一群刚刚走上管理岗位一年多、年龄才三十出头的年轻人首次站在这样的舞台面向全国 23 个省市的 300 多位中小学校长分享"领导力"，效果到底怎么样？我心里打鼓。但我知道，作为校长，此时的我只能为他们的成长敲响进军鼓，而不能让他们内心打起退堂鼓。

于是，在和相关人员进行沟通后，三个专项小组迅速成立，一个小组负责 10 个演讲内容的把关，一个小组负责 3 个工作坊的方案和组织，一个小组负责所有的后勤保障工作。

犹记得那个冬天的数个夜晚，我们围坐在一起讨论每个要上台分享伙伴的 PPT，精细到每一张图、每一行字、每一个标点。

当时的三年级部主任马竞老师说，这种节奏让她仿佛又回到了高考那年。紧张、烧脑、疲惫，同时还要保证手头上其他常规工作正常运转……我能感受到大家的压力。过完最后一遍 PPT 的当天，我在自己的日精进打卡中为我的中层团队写下了这样一段话：

"我们在拼命摇橹划桨，摆渡一种令人期待与心动的可能。在可能走向现实的过程中，我们需要有无情的勇气。今天我让你流泪眼睛红，明天我为你把巴掌拍红。今天我们甚至像'鸡蛋里挑骨头一样'彼此为难，明天我们就会如'轻舟已过万重山'般惬意轻松，过了今天的最后一次，明天就是我们一个崭新的开始。为此，我们一起在自我较量着。在事上磨炼，磨出我们的金刚钻；在做中精进，做出我们的瓷器活儿。教育是个动词，我们在做而论道。"

就这样，我们相互裹挟，我们彼此席卷，我们自成脚手架，我们互为攀爬梯，我们吭吭哧哧却也认认真真地完成了这次活动。

活动现场，《中国教师报》主编褚清源先生听完分享后说："进窄门、走远路、见微光，这九个字能很生动、充分地表达艾瑞德人的精神。"

表达梦想可以"吹牛"，但实现梦想需要"斗牛"。

斗牛比的是耐力，熬得住出众，熬不住出局；斗牛比的是实力，上场时虎虎生威，下场时韬光养晦。

王小波说过，人活在世上，需要这样的经历：做成了一件事，又做成了一件事，逐渐对自己要做的事有了把握。

而我认为，校长不仅要自己做事、成事，更要带领一群人做成一件事，又做成一件事，让集体逐渐对实现梦想拥有把握，而在这个过程中，不低头、不后退就是对梦想最大的敬畏。

每一个爱"吹牛"的校长，心中都有另一个声音，就是希望学校"真牛"。

我对于"真牛"的理解有两点，首先是真的做得很好，其次是做得很好但依然知道有所不足，从而一如既往踏实刻苦。不因一点点成绩就飞到天上，知道常备不懈而把双脚踩进泥里，这样的学校值得尊敬。

那么首先，如何"做得很好"？

从"吹牛"到"斗牛"到"真牛"，学校管理需要"一时冲动"，也需要"步步为营"。达成目标的过程中，有一个方式值得借鉴，就是世界著名心理学家加布里埃尔·厄廷根提出的 WOOP 思维：

1. W（Wish，愿望），明确要达成的目标或者心愿，如果近期有好几个愿望，那要知道哪个是最重要的；

2. O（Outcome，结果），想象一下实现这个愿望能够达到的最佳结果是什么，将它放在思考的中心，并尽量生动形象地想象和这件事相关的情况和经历；

3. O（Obstacle，障碍），思考可能妨碍愿望达成的障碍，包括外界的和自身的；

4. P（Plan，计划）针对障碍制订一个切实可行的计划，并按照计划开始行动。

简单归纳 WOOP 理论，就是首先要对梦想朝思暮想、念念不忘；接下来就是坚定不移地做下去，兵来将挡，水来土掩，逢山开道，遇水搭桥。

半年前，我有一个梦想，希望学校能成为家长学习教育、成长自己的俱乐部，于是家长沙龙启动，艾瑞德成了每周五家长的打卡地，"家庭的力量"智慧父母大讲堂随即开启，我们向家长打出的口号是"周末哪里去，瑞德聊教育"。

一年前，我有一个梦想，希望在因疫情而无法见面的情况下依然和全校师生"在一起"，于是"校长 60 秒"上线，每早 7 点我用声音和大家在云端问好，至今已更新 300 多期。

三年前，我有一个梦想，希望十年后全校所有老师都能在省级期刊发表文章，于是有了写作的"燃梦行动"。我每天在个人公众号更新一篇日精进打卡，已坚持 1000 天，累计 144 万字，全校 177 名老师开设公众号，写下教育随笔 13 000 余篇，1400 万字。仅 2020 年一年全校教师在省级以上期刊发表文章 40 余篇。

七年前，我有一个梦想，希望自己每年能在《人民教育》上发表一篇文章，如今每年我都会收到《人民教育》寄来的发表文章的样刊。

十年前，艾瑞德有一个梦想，希望这所学校能成为儿童自然生长的栖息地，用劳动教育让每个孩子看见诗和远方。如今，我们已成为河南省首批劳动教育特色学校，劳动教育成果荣获郑州市"课程改革 20 年成果"一等奖，且均为跻身其中的郑州市唯一一所民办学校。

我不敢说我们"做得很好"，但我知道，我们一直在用孺子牛、拓荒牛、老黄牛的"三牛"精神回应当初的"吹牛"经历。

我们"真牛"了吗？如果看我们脚踏实地、兢兢业业的今天，我们似乎有些牛气，但我更愿意把"真牛"看成不求抵达、只管追寻的明天。

梦想的乳名叫"吹牛"，梦想的远方叫"真牛"。

远方，意味着步履不停，意味着笃行不怠，只有把鼓掌、称赞看得风轻云淡，学校的发展才能超越过往，走向未来。

大声吆喝，轻声张罗，重重拿起，轻轻放下。不怕"吹牛皮"的校长需要深谙学校愿景领导、价值领导、行动领导的内涵与规律，用敏锐前瞻、果断决策、合理感召、优化管理来让"吹牛"匹配梦想，让做法匹配想法、年华匹配芳华。

和教育长相厮守，与梦想不离不弃。

新春之际，愿同各位校长、老师、同人一起，扬起希望的旗，备好耕种的犁，道一声：牛年真牛！

（本文发表于"新校长传媒"公众号 2021 年 2 月 16 日）

课程『标』

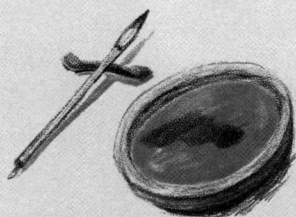

课程是学生成长的跑道。学校课程指校本课程，教师不但是课程的实施者，更是课程的设计者。为了更好地给学生提供成长的教育资源，艾瑞德国际学校一直致力于课程体系的构建，目前已经形成特色的课程群。学校面向未来构建九大课程体系：田园课程、劳动课程、家政课程、研学课程、主题课程、拓展课程、国际课程、故事课程和家长课程，在劳动课程实施方面，拓宽学生的成长路径，育人成果突出，综合实践能力成为学生最突出的核心素养。

"五育"并重发展素质教育

李建华

习近平总书记在全国教育大会上指出，要努力构建德智体美劳全面培养的教育体系，形成更高水平的人才培养体系。要把立德树人融入思想道德教育、文化知识教育、社会实践教育各环节，贯穿基础教育、职业教育、高等教育各领域，学科体系、教学体系、教材体系、管理体系要围绕这个目标来设计，教师要围绕这个目标来教，学生要围绕这个目标来学。凡是不利于实现这个目标的做法都要坚决改过来。

在很长一段时间里，教育中存在不少"不利于实现这个目标的做法"，其主要表现为学校办学思想偏离、片面追求升学率、学生课业负担过重、学生体质下降。为了不输在所谓的"起跑线"上，全民都在想方设法让孩子去抢跑，幼儿小学化、小学初中化。学生、教师，乃至家长被裹挟前行，戴着镣铐跳舞，苦不堪言，无可奈何。

究其原因何在？笔者以为，立德树人作为教育的根本任务没有成为全社会，尤其是学校的共识，社会主义核心价值观没有切实落到学校具体的教育教学行为中，学科教学没有有效对接学生的核心素养，考试评价制度没有得到根本性变革，学校德智体美劳全面培养的教育体系没有形成。

当下，学校应认真研究并建立德智体美劳全面培养的教育体系，特别要求在全面性和实效性上下功夫，扎实提高育人质量。

立德为先，扣好人生的第一粒"扣子"

《左传》载："太上有立德，其次有立功，其次有立言，虽久不废，此之谓不朽。"《管子·权修》："一年之计，莫如树谷；十年之计，莫如树木；终身之计，莫如树人。"党的十八大报告指出，立德树人是教育的根本任务。在全国教育大会上，习近平指出，培养什么人，是教育的首要问题。立德树人，就是对"培养什么人"的一种积极回应。笔者以为，"立德"就是"要培育和践行社会主义核心价值观，弘扬中华优秀传统文化"；"树人"就是要"培养社会主义建设者和接班人"，"培养一代又一代拥护中国共产党领导和我国社会主义制度、立志为中国特色社会主义事业奋斗终生的有用人才"。

学校教育要本着"不忘本来，吸收外来，面向未来"的原则，让中国传统文化成为学生一生的底色。我们尝试从传统节日出发，在节日里，让儿童设计、看见、体验、经历、表达，儿童是节日的主人，节日是儿童成长的"教具"与"道具"，能从中传承精神基因、树立文化自信。

让中国传统文化能够让孩子"看得见，摸得着，记得住，带得走"。我们通过物型化场景营造，让孩子看得见；通过亲自动手、亲身体验，让孩子摸得着；通过主题课程的设计、再造与实践，让孩子记得住；通过传统节日、国学课程、传统文化的熏陶，让孩子带得走。最终成为血脉相连、文脉不断的中国人。

我们将中秋、春节、清明、端午四大传统节日纳入主题课程中，把节日前一周定为节日文化周，让师生共同设计，一起经历，从有意思、有意味、有意境走向有意义。

主题鲜明、课程跟进、活动丰富、师生参与，我们把传统节日过成师生家国情怀的加油站。传统节日是个看得见的担子，一头挑着国，一头挑着家。家国情怀是中华优秀传统文化的基本内涵之一，是主体对共同体的一种认同，其基本内涵包括家国同构、共同体意识和仁爱之情，在增强民族凝聚力、建设幸福家庭、提高公民意识等方面都有重要的时代价值。家是最小的国，国是千万家，每个传统节日都与生命体验紧相连，每个人的生命体验都与家国紧相连。

我们还将立德树人的根本任务具象在学校"干净、有序、读书"的校风建设之中。

课程为重，搭好全面发展的"台子"

学校凝练了"走自然生长教育之路，办有温度有故事学校"的核心办学理念，持守着"每一个孩子都是珍贵的存在，每一个学生都是美丽的不同"的学生观，用丰富多彩的课程为每一个"美丽、不同"的生命搭建全面发展的台子，用课程的台子托起每一个孩子的"珍贵存在"。

学校自建校之日起，就遵循儿童生命生长规律与路径，提出了自然生长教育，并构建了有温度、有故事的自然生长教育课程体系。在开足开齐、保质保量完成国家课程的前提下，正在自主研发田园课程、戏剧课程、拓展课程、研学旅行课程、故事课程、主题课程、劳动课程、家长课程、国际课程等九大课程体系。

以田园课程为例，我们以大自然作为教育载体，具象化地实践"自然生长教育"，课程更具活动化、生活化和趣味化特点。田园课程扎根深厚的黄河文化，以悠久的中原文明为依托，以几千年来华夏文明的结晶——二十四节气为脉络，通过对自然规律的解读，探究生命生长的规律。顺天时、承天道，崇尚自然，学习大自然的秩序、法则及客观规律，培养学生的社会沟通能力和责任承担能力，让孩子的身心都能健康快乐发展。通过拓宽学生接收信息的五感通道，帮助孩子建立一个优质的信息圈，塑造其对外表达的自控自抑能力，培养良好的沟通能力和社会承担能力，使孩子成为具有"独立、勇敢、自约、风度、包容、幽默、合作、忠诚"八大品质的人。

我们以学校的300亩农场为基地，每个班级一亩地，一年四季都种地，贯穿小学整个生涯。将课堂从教室延伸至大自然，将学校从书本带向了田间地头，将儿童的生命生长融在自然界的春夏秋冬、鸟语花香、日月星辰、山川河流中。一亩地、一群儿童、一段时光，滴下了汗水，播下了种子，种下了梦想，让自己的生命生长与自然生命的生长同频共振，悟天地人事，育生命自觉。农场就是课堂，种地就是作业，过程也是课程，田地也是天地。学生、老师、家长一起亲近自然，亲自动手，亲身体验，亲子互动，共同演绎田园课程的美好画卷。

一年级的同学说："我以前不知道麦子是什么样子的，也不知道怎么种，现在，我都知道啦！太有意思了。"家长感慨道："教育如同耕种，从播种到收获，需要我们用爱心和耐心浇灌、呵护，我们期盼着孩子能够在这样舒心的环境中健康快乐，自然生长。"社会人士评价说："脚踩着土地，食人间烟火，普及生活常识、积累生命轨迹中点点滴滴美好的记忆！为这样的教育、这样的坚持点赞。"

生活为源，建好五育并重的"场子"

无论是杜威提出的"教育即生活，学校即社会"，还是陶行知先生主张的"生活即教育，社会即学校"，都是在表达教育与生活、学生与社会的紧密联系。佐藤学认为，学习是相遇与对话，是与客观世界对话（文化性实践）、与他人对话（社会性实践）、与自我对话（反思性实践）的三位一体的活动，也在表达着学习就是"实践"，与生活相连。我们认为，教育＝联系+关系。建构联系，形成关系，是生活即教育的源泉，"德智体美劳全面培养的教育体系"需要源于生活，为了生活，创造生活。

我们探索全科渗透，课程互通，五育兼容，全面营造德智体美劳五育并重的场子。让这样的场子堆满故事，充满温度，以花的念想来培土，以儿童立场来教书，让每一个孩子都被温柔以待。

"学生成长在活动中。"每周一的升旗仪式上雷打不动的"校长讲故事"、每天中午的午休广播故事会、每天晚间入睡的枕边故事，在故事课程中融有德育、智育、美育。每周末的家政课程，既是孩子亲自动手的劳动教育，又把"干净、有序、读书"的校风延伸至家风，它不仅表达了对家长的孝，更培养了孩子内心的善。"相约8：30"的校长电话，在分享孩子在学校德智体美劳成长故事的同时，也营造了家校共育的美好氛围。"吃得干净、吃得优雅"的食育课程，从餐前集会，统一着就餐服，"轻声慢步、轻言慢语、轻拿慢放"的三轻三慢就餐到光盘行动，值日生洗、存、放餐余垃圾的盘子，德智体美劳五育尽在其中。

学校90%以上教师开设微信公众号、简书等自媒体，每天与学生、教育和学校唠嗑与对话，教育场从工作走向了生活。学校还有每学年开学前三天的新生家长课程、开学典礼、十岁成长礼……

习近平总书记指出，"要在学生中弘扬劳动精神，教育引导学生崇尚劳动、尊重劳动，懂得劳动最光荣、劳动最崇高、劳动最伟大、劳动最美丽的道理，长大后能够辛勤劳动、诚实劳动、创造性劳动"。我们一直坚持、坚守劳动教育，学校农场的每个班级"一亩地"，让孩子因为有了"锄禾日当午，汗滴禾下土"的经历，才懂得"谁知盘中餐，粒粒皆辛苦"的珍惜之心。课余时间，教师纷纷丢下了粉笔头扛起锄头，家长、孩子也纷纷加入其中，"一亩地，四方方，大农场，新课堂"，将孩子、老师、家长联系在一起，将田园、课堂、自然联系在一起，将学习、生活、劳动联系在一起，将生命、成长、成人联系在一起，将力量、对话、合作联系在一起，将天、地、人联系在一起。

此外，学校教学楼全由学生保洁，学生低下头、弯下腰，滴下了汗，收获了成长。劳动是儿童与自然的对话和向环境的恭敬。家政课程作业是每周末回家都要完成的"规定动作"。汗水滴过的地方，才成了自然生长的栖息地，才有了儿童生长的诗和远方。

生命为本，用好多元评价的"尺子"

评价是"指挥棒"，集中体现教育价值观，有什么样的评价，就会导向什么样的教育。我们的教育评价是从学生观出发的，"每一个孩子都是珍贵的存在，每一个学生都是美丽的不同"，孩子没有好坏，只有不同，有一千个孩子就有一千把尺子，用不同的尺子量出不同的孩子。

评价的基本原则是"基于发展的激励与评价"，评价从单项走向多元，从考分转向学分，形成了学校自己的学分制评价方案。学分制分三个板块：基于平时的基础学分，基于考试的绩点学分，基于奖励的加权学分，为每一个学生建立学分制评价档案，每学年的优秀学生不再完全是考分高的人，而是学分高的人。

我们让每一个孩子在学校找到存在感、价值感和幸福感。学校设立少先大队委员、学生校长助理等百个校园岗位助手，百佳少年、"百家讲坛"、校园吉尼斯、挑战不可能、读书之星、种地小能手等岗位与项目，每一个都对应一定的学分，每一个都做成精美的奖牌。

习近平总书记提出的"努力构建德智体美劳全面培养的教育体系，形成更高水平的人才培养体系"，应该成为我们发展素质教育、办好学校的指南。我们应不忘初心，牢记使命，写出教育的"奋进之笔"。

（本文发表于《人民教育》2018年第21期）

新时代背景下"四园联动"
劳动教育课程的探索与实践

李建华　杨海威　韩董馨

【摘要】：新时代背景下劳动教育拥有新的内涵、特征与价值，需要通过劳动教育课程的设计、推进完成落地。郑州艾瑞德国际学校基于以劳动培育理想、以劳动发展本领、以劳动历练担当的劳动教育目标，充分发挥校园、田园、家园、社园四个场域的协同联动作用，建构实施"四园联动"劳动教育课程，帮助儿童在真动手、真感动、真创造中实现有温度有故事的自然生长。

【关键词】：四园联动；劳动教育课程；价值链；课程群

随着《中共中央国务院关于全面加强新时代大中小学劳动教育的意见》（以下简称《意见》）的发布，劳动教育被纳入人才培养全过程，如何遵循"把握育人导向，遵循教育规律，创新体制机制，注重教育实效，实现知行合一"来完整理解新时代劳动教育的内涵与意义，把握劳动教育的特征与使命，落实劳动教育的推进与实施，成为我们重新思考的内容。郑州高新区艾瑞德国际学校自建校以来，一直秉承"走自然生长教育之路，办有温度有故事学校"的办学理念，以校园为核心阵地，以300亩田园校区为主要实践基地，以家园、社园为重要延伸场域，展开"四园联动"劳动教育课程的探索与实践，致力于培养"眼中有光、脸上有笑、心中有爱、脚下有力"的"四有儿童"（见图1）。

图1　"四园联动"劳动教育课程目标体系图

一、聚焦新时代，塑造劳动教育价值链

新时代劳动教育的内涵至少表现为三个层面：通过劳动的教育、关于劳动的教育和为了劳动的教育。[①]艾瑞德国际学校在"四园联动"劳动教育课程的探索与实施中，重点关注在劳动实践中使儿童获得锻炼，通过每周劳动生活安排表，有目的、有计划地组织学生参加劳动，让儿童在亲历劳动的过程中低下头、弯下腰、流下汗，这体现了"通过劳动的教育"；借助学科融合和劳动实践活动，强调树立正确劳动观，引导儿童体验并懂得劳动的多维价值，尊重劳动人民，珍惜劳动成果，爱劳动、会劳动，这体现了"关于劳动的教育"；通过社园劳动教育课程，学生走进工厂、单位、社

----

① 曲霞：《新时代劳动教育的三重内涵》，《人民教育》2020 年第 7 期。

区，具备了一定职业劳动经验，有从事某种劳动的打算与志向，这体现了"为了劳动的教育"。

多年的劳动教育实践，促进了我们"四有儿童"培养目标的达成，同时也帮助我们厘清了儿童所需要具备的劳动素养，包括正确的劳动观念、积极的劳动态度、丰沛的劳动情感、充足的劳动知识、适切的劳动技能、活跃的劳动思维、强健的劳动体魄等。基于此，我们将劳动教育目标具体归结为三个方面：以劳动培育理想、以劳动发展本领、以劳动历练担当。

以劳动培育理想：新时代劳动教育是落实立德树人根本任务的重要载体。儿童在劳动中学会尊重劳动者，形成吃苦耐劳、勤俭节约、乐于奉献的意志品质，同时在劳动中体会收获的喜悦和付出的快乐。劳动帮助儿童逐渐认清生活的本质，同时又对未来充满期待，树立正确的人生观、价值观和世界观，拥有积极的理想信念。

以劳动发展本领：未来社会需要有知识、懂技术、会创新、能合作的复合型高素质劳动人才，培养劳动本领，呼应未来成长。所以要关注儿童劳动实践能力的培养，帮助儿童获得一定的劳动技能与方法，使他们从知识、技能、思维上获得扎实本领，应对未来挑战。

以劳动历练担当：在劳动过程中儿童需要学会与环境相处、与他人相处、与自己相处，明白任何成果都来之不易，更深刻地体会到劳动人民的辛苦和社会进步的不易，从而增强社会责任感和历史使命感。在历练中学会担当，在成长中学会尽责。

基于这样的劳动教育目标，艾瑞德建构了校园、田园、家园、社园"四园联动"的劳动教育课程，根据学生年龄特点，分低段、中段、高段三个年级段，依据日常生活劳动、生产劳动、服务性劳动的要求，形成了更具体的课程目标（见表1）。

表1 "四园联动"劳动教育课程目标

	年级段	课程目标	课程类型
「四园联动」劳动教育课程目标	低段（一、二年级）	劳动意识得到启蒙，在劳动中学习日常生活自理的基本技能，体会劳动的乐趣，明白人人都要参与劳动。	校园劳动 田园劳动 家园劳动 社园劳动
	中段（三、四年级）	养成良好的卫生、劳动习惯，做好个人卫生清洁、班级和责任区卫生基本清洁，主动分担家务，愿意在学校和社区进行义务劳动，具备基本的认真负责和吃苦耐劳精神。	
	高段（五、六年级）	形成正确的劳动价值观，懂得如何在劳动中与他人合作，能够在劳动中发现问题并创造性地解决问题。适当参加社会组织的公益劳动，有一定的职业意识，以劳动为荣。	

几年的实践下来，我们的"四园联动"劳动教育课程逐渐形成自己的特色，主要体现在场域联动、学科融合与学段延展三方面。

场域联动，是指校园、田园、家园、社园四个劳动教育场域的组合与联动。校园是儿童每天生活学习的高频场所，是我们实施劳动教育的核心阵地；田园是劳动教育的主要实践基地，艾瑞德拥有300亩田园校区，儿童可在其中过春夏秋冬、观日月星辰、感鸟语花香、摘瓜果桃李；家园是劳动教育重要的发生地，是儿童生长的港湾，同时也是挖掘家长作为教育伙伴的场域，有利于劳动教育的深入推进和落实；社园指向儿童目前生活与未来生活都要面对的社会场景，帮助儿童获得职业体验，并在社会志愿服务和公益劳动中学会处理与不同社会群体的关系，参与社区治理。此"四园"各有侧重又相互补充。所谓联动，既是劳动教育内容在不同场域的贯通，又是劳动素养在不同情景中的迁移，劳动教育要对"四园"有所兼顾，使其协同推进。

学科融合，指"四园联动"劳动教育课程强调多学科融合的综合育人走向。《意见》充分肯定了劳动教育具有"树德、增智、强体、育美的综合育人价值"，在课程探索与实施中，我们也注重劳动教育的综合性、开放性、实践性特点，有机地将劳动教育的内容与其他学科互相渗透、融合，同时打破学科边界。

学段延展，指"四园联动"劳动教育课程在年龄分层上进行上下延展。我们不仅在小学阶段开展劳动教育课程的建构和实施，学前阶段同样有其开展方式和推进路径，例如，"二十四节气田园课程实践丛书"的内容就针对从幼儿园小班到小学六年级所有孩子的需要。面对小升初的衔接，结合初中生的发展特点和所需具备的核心素养，"四园联动"劳动教育课程同样也具有延展的可能性。

我们仔细分析四个板块劳动教育课程和不同学科的价值与意义，以"四园联动"递进培育为总体设计思路，尝试根据儿童认知规律，将课程结构分为基础型、拓展型、进阶型（见图2）。其中基础型指向劳动意识的普及与认知，拓展型指向劳动习惯与生活劳动技能的培养，进阶型趋于高阶劳动素养及劳动价值观的进阶培育。

图2 "四园联动"劳动教育课程结构图

二、拓宽多场域，建构"四园联动"课程群

那么"四园联动"劳动教育课程体系到底如何架构？课程目标是什么？课程内容如何编排？具体推进路径和实施方法是什么？

（一）校园劳动教育课程：以自主管理涵养品德

在艾瑞德国际学校，劳动教育体现在儿童每一天的校园生活中。学校的教学楼没有保洁员，打扫清洁工作全部由学生完成。每学年开学，学校将整个教学楼根据班级数量进行区片划分，每个班级分到属于本班的责任区域，从开学第一天起，学生每天固定在早读前、大课间、午休后、放学后打扫卫生区，他们的每一天从劳动开始、以劳动结束，将"干净、有序、读书"的校风践行在每天的劳动中。每天清晨，校园里不仅能听到琅琅的读书声，还能看到学生擦楼梯的忙碌身影。学生来到教室的第一件事不是立刻读书，而是拿起劳动工具到班级卫生区打扫卫生，用劳动打开一天的美好光景。劳动成为学生的习惯，他们低下头、弯下腰，流下汗水，收获成长。

目前，校园劳动已经建立一套成熟的管理与评价机制。为了激发学生自觉劳动的积极性，学校劳动工作的落实、管理、评价等都由学生完成。

1.学生落实

班级设立"劳动委员"岗位，劳动委员在保证每个学生每周都有劳动任务的情况下，建立小组轮班制。学校设立校园义工岗位（见图3），共同维护校园其他公共区域的卫生。

2.学生管理

值周班级在固定时间对每班卫生情况进行检查，检查结果交由大队委学生干部进行汇总，并对当天卫生情况好的班级，在中午的校园广播站进行表扬。

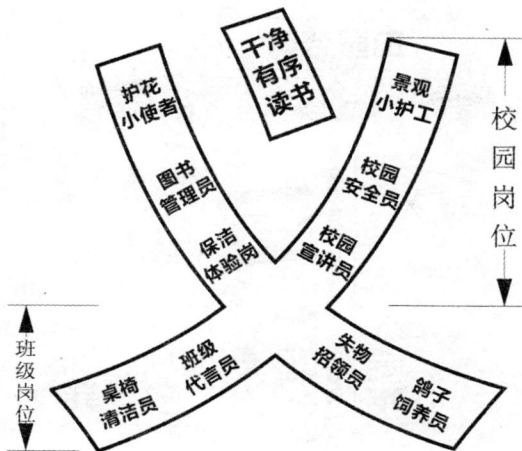

图3　校园义工岗

3. 学生评价

大队委干部根据值周生统计的卫生情况，每两周评选一次"干净流动锦旗"，并在升旗仪式上颁发。由于学校良好的劳动氛围，"干净流动锦旗"是每个学生最重视的一项集体荣誉。

（二）田园劳动教育课程：以亲身体验提升能力

300亩田园校区作为学校第二课堂，是学生重要的劳动教育实践基地。通过田园劳动教育课程，学生得以亲近自然、亲自动手、亲子互动、亲历生长。

1. 班级"一亩田"——学习耕种养收

每个班级从一年级开始分到"一亩田"，从一年级到六年级，学生通过田园劳动学习种、养、收、食、储（见图4）。农场就是课堂，种地也是作业。学生常说，"班级'一亩田'是我们的另一间教室"，"一亩田"将书本知识带到田间地头，让学生所学知识生活化、立体化。

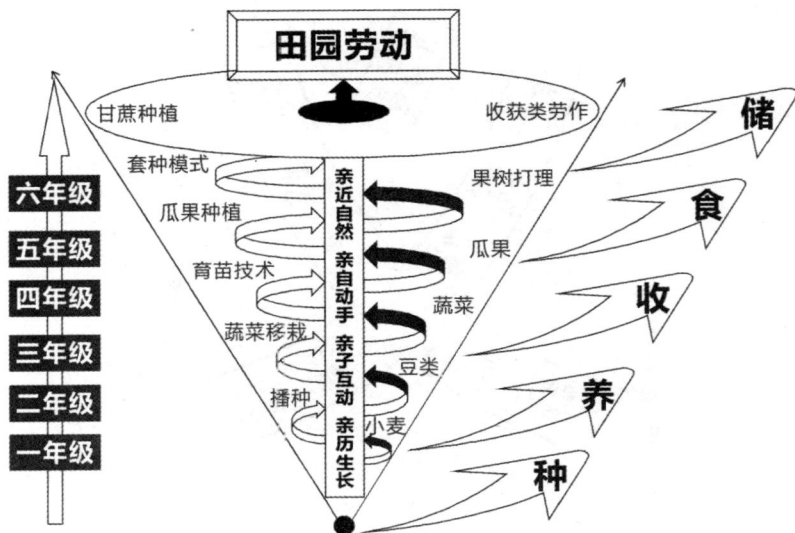

图4　田园劳动递进模型

　　每个季节都有不同班级的"一亩田"收获，收获后，学生们将卷心菜、土豆、玉米、南瓜带回家烹饪。品尝自己种植和采收的食物，滋味是不同的。也正因为有了"锄禾日当午，汗滴禾下土"的经历，学生才懂得了"谁知盘中餐，粒粒皆辛苦"的不易。一年四季，他们用自己的劳动和汗水与这片土地对话，通过劳动懂得耕耘和收获，明白爱和珍惜。学校音乐老师马莉亚曾专为班级"一亩田"谱曲一首，名为《归园田居》，其中这样唱道："一亩田四方方，有你有我的愿望。望星空数着梦，虫鸣鸟叫在耳旁。树儿高梨花香，伴你我自然生长。阳光照水长流，梦想闪闪涌心上。"

　　2. 二十四节气——体悟自然规律

　　田园劳动教育课程立足二十四节气，每个班级根据四季规律种植不同农作物，萝卜、白菜、小麦、大葱……从一年级入学开始，学生依照时令种下农作物，寒来暑往无间断，每一粒种子都撒在学生用锄头扒出的田垄上；农作物需要的每一滴水都是学生用小桶打来浇下；恶劣天气袭来，农作物受损，学生到农场给"受伤"的农作物"医治"；田间杂草学生一根一根拔除，成熟果实学生一个一个采摘。农场里没有配备现代化农具，目的是让学生更多地通过自己的双手劳作和创造。每个班根据季节种植不同农作物，收获的季节已经不仅限于秋天。一个班级在夏季收获了颗粒饱满的向日葵。收获的那一天，班主任在微信朋友圈写道："从惊蛰到小暑，历经4个月，共计一百多天，从倒春寒到炎炎夏日，享受明媚阳光，经历狂风暴雨，我们同向日葵一起经历磨难，现在它们终于成熟了。今天，我们相约艾瑞德田园校区，一起享受收获的喜悦。感天地人事，悟自然生长。"

过程即课程，田地即天地。"周末人亦忙，师生爱农场。种地为作业，田园亦课堂。今日弯下腰，来日挺脊梁。汗滴禾下土，梦中瓜果香。双脚立大地，有诗有远方。无问西和东，自然成篇章。"这首打油诗是这一课程的真实写照。

（三）家园劳动教育课程：以持之以恒培育习惯

家园劳动教育课程是以儿童的家庭日常生活为切入点，以家庭劳动培养儿童自立能力、自理能力和创造能力。学校从 2017 年起，建立家庭与学校长效联动机制，以"干净、有序、读书"的校风带动家风，根据学生年龄特点规定不同的家政项目，让学生每周末完成全校统一的家政作业（见图 5）。一、二年级侧重教师引导，三、四年级侧重家长示范，五、六年级侧重习惯的自主养成。

1. 周周有主题，事事有清单，让劳动成为常态

家园劳动教育课程旨在帮助儿童坚持每周在家劳动，所以每周都有主题。比如学期第一周的主题是"我要整理家里书柜"，第二周的主题是"我为父母整理衣柜"，第三周的主题是"我给爸妈洗衣服"，共 20 周 20 个主题，学生在周末与家长一起完成家政作业单。

家园劳动教育课程以劳动为抓手，帮助学生学会弯腰，学会用双手解

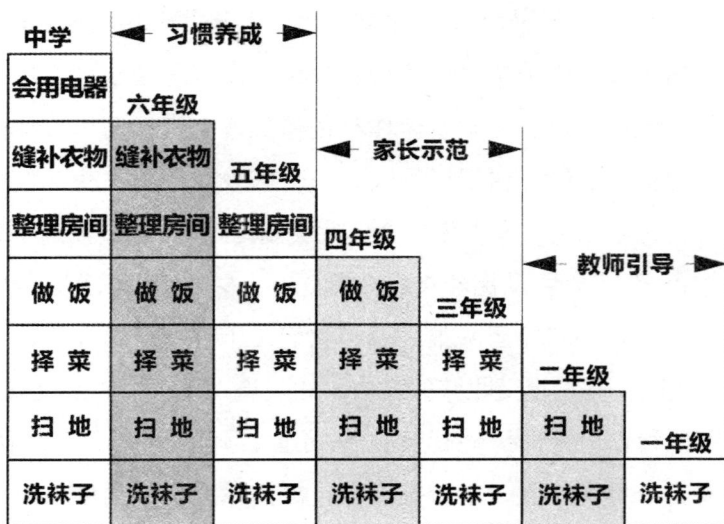

图5 家政作业图示

决问题，体验与困难打交道，感受劳动带来的成就感。有学生说："在完成家政课程作业时，我能感觉到自己长大了，分担家务也是我的责任。"从学科课程到家政劳动教育课程，从在校奋笔疾书到在家弯腰劳动，"做"是智慧的出发，"劳动"是修心的开始，看得见的劳动蕴含着看不见却关乎学生一生的重要素养。

2. 家校联动，合作共育，让坚持成为习惯

除每周家政主题作业外，结合学校实际情况，我们还有意识地开发了一系列家校联动基本方式，用制度保证家园劳动教育的有效推进。（1）家长课堂。每学期老师都会对家长的职业、特长进行统计，结合家长意愿设置"班级家长课堂课程表"，通过家长进班上课，孩子们了解到不同职业的特殊魅力。（2）钉钉班级劳动作业本。每周的家政作业完成情况都会由家长或孩子自己拍成照片、形成文字叙述上传班级钉钉群，通过技术媒介，形成家政作业的发布、实施、反馈、留档体系，让孩子在家劳动的过程和

结果清晰可见。（3）制定《家长工作指导手册》。艾瑞德办学"三观"中的家长观是"每一位家长都是重要的链接"，为更好地同家长在教育上"共识而为之，携手而为之"，我们与家委会共同研制《家长工作指导手册》，其中关于劳动教育明确提出"家长要营造崇尚劳动的家庭氛围，并以身作则，通过日常生活言传身教、潜移默化，让孩子从小养成爱劳动好品质、好习惯"。还发布"学生家庭劳动作业包"，让家长清楚孩子小学阶段要完成的家庭劳动具体内容和指导方法。

艾瑞德始终相信"教育＝关系＋联系"，通过家校联动，学校的教育理念延伸进了家庭，儿童更爱家庭，家长也更理解学校。我们的劳动教育犹如一条隐形的丝带，让学校、学生与家庭之间的关系更加融洽，联系更加密切。

（四）社园劳动教育课程：以联动参与发展素养

儿童终有一天会走进社会，所以小学阶段的社园劳动能够帮助儿童提前接受职业启蒙，感受公益服务，为自己未来的生涯规划奠定基础。为更好发挥社会在劳动教育中的支持作用，艾瑞德有意识、有目的地进行资源链接，与企业、工厂、社区和社会团体保持互动，通过社会多维实践场所，增加儿童的劳动体验方式（见图6）。

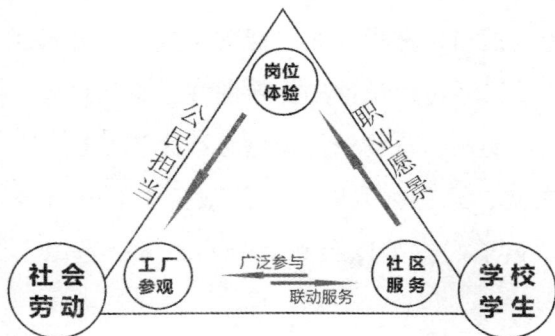

图6　社园劳动模型

1. 单位见习，获得职业启蒙

每个职业都有其背后的光彩与艰辛，儿童通过走进不同单位，体会不同职业属性，感受不同岗位内涵，了解不同行业特点。几年来，我们与儿童一起走进消防大队、派出所、早餐店、制衣厂、银行、牙科诊所等不同单位，孩子们每次都会提前设计调查单和访谈提纲，在实际了解的过程中，进一步明白每位成人从事工作时所需要的综合素质、通识能力及需要具备的特殊劳动知识和技能。通过职业启蒙，儿童自身未来职业志趣逐渐清晰。

2. 工厂体验，感受工匠精神

"走进工厂"系列体验活动是儿童感受工匠精神的有效途径。比如孩子们曾去服装厂的生产车间参观了衣服生产的流水线，知道了每个环节都要格外严谨，每个步骤都要相当精准，唯有认真、细心、钻研才能成就出色的出厂产品。工厂体验结束，孩子们回到班级还会根据看到的流水线模拟"衣服生产"过程，他们体会到了精心制作时对手、眼、脑、心高度专注的要求，更加领会了"工匠精神"的要义，增强了他们对于劳动的兴趣、热爱与担当。

3. 社区服务，培育奉献品格

在社区或者社会团体中的劳动更加能够增进儿童对于他人和社会的情感，产生乐于奉献的品格。比如新冠肺炎疫情期间，儿童能够感觉到自己所居住社区的作为与担当，在学校线上课程中我们就开展了"我能为防疫做点啥？"主题活动。通过讨论得知，除做好自身防护外，有同学主动省下压岁钱同父母一起购买防疫物资，捐赠给社区和学校。此外，我们多次带领学生走进养老院、儿童福利院、社区服务中心进行公益服务，在这样的劳动体验中，孩子们更加体会到生命的高贵正是源于劳动中的无私奉献。

三、注重真实践，培育儿童发展生长树

《意见》要求学校根据各学段特点，把劳动教育作为大中小学教育的必修课，中小学劳动教育课每周不少于一课时。我校根据"四园联动"劳动教育课程的四个项目，以必修加活动的课时组合，将学生每周在校园、田园、家园、社园的劳动融入学生每周劳动生活安排表。其中必修课低、中段每周二课时，高段每周三课时，包括劳动常识学习课、劳动技能锻炼课、劳动精神养成课。劳动实践活动包括：（1）校园责任劳动，如校园义工岗执勤、校园劳动日体验；（2）田园生产劳动，如班级"一亩田"耕种、田园丰收节采摘；（3）家庭生活劳动，如厨房小达人和家务小能手展示；（4）社会公益劳动，如社区志愿服务和"让城市在爱中醒来"主题活动等。其中学生每周校外劳动实践不少于十学时，家务劳动实践不少于五学时。

在课程形式上，以"少讲授、多探究、重实践"为原则。学校在"四园联动"劳动教育课程实施中积极发挥主导作用，教师做好各项劳动教育的安全、流程安排、技术讲授工作，在校内进行开放性校园劳动，把课堂设置在每个校园劳动的现场，以学生自主探究为完成的主要方式。立足家园、田园的劳动教育基础场域，有针对性地设计家园劳动作业项目，综合性开展田园集体劳动。社园劳动在社会广泛支持下，鼓励学生积极参与，重视实践过程，增强劳动价值感。

我们期待通过"四园联动"劳动教育课程，帮助儿童将顺内在生长逻辑，打通个体生长路径，帮助教师更加认识到尊重儿童生命生长规律、遵循儿童生命生长路径的重要性，让儿童能够真正地自然生长。

（一）扎根：真动手，夯实生存基本盘

劳动包括体力劳动和脑力劳动，小学阶段的劳动教育主要以体力劳动为主，注重手脑并用。《意见》指出"有目的、有计划地组织学生参加日常

生活劳动、生产劳动和服务性劳动，让学生动手实践、出力流汗、接受锻炼、磨炼意志……具备满足生存发展需要的基本劳动能力，形成良好劳动习惯"。实践中我们发现，通过劳动中的真动手、真流汗、真出力可以帮助儿童获得身体上的锻炼和意志上的磨炼，获得生存必备能力，主要体现在身体和心理两方面。

1. 体能锻炼，夯实身体基本盘

劳动过程中儿童需要发挥肢体动作的作用，调动身体各部分机能，其粗大动作和精细动作都能得到锻炼。此外，儿童的"五感"——视觉、听觉、触觉、味觉、嗅觉也全面且充分地得到参与。比如儿童在"一亩田"的种植过程中，需要开垦、拔草、播种、浇水、收割、搬运等，这一方面是对体能的锻炼，另一方面也在促进儿童观察、调查、体验、尝试、分析、预测、合作水平的提升，此过程儿童的动手能力、操作技能和基本的生存常识获得长足进步。与此同时，这样的劳动教育课程安排，也让孩子们的身体健康指标持续趋好。据我们 2019 年底的数据统计，艾瑞德国际学校小学部学生的近视发生率为 10.92%，而 2018 年全国青少年总体近视发生率为 53.5%。

2. 意志磨炼，夯实心理基本盘

参与劳动使儿童的心理素质得到提升。孩子们通过劳动发现，这世界上从无不劳而获一说，想要有所收获，就要坚强勇敢、不怕困难、踏实认真、乐于付出、耐心耕耘，这些都是劳动带来的优秀的意志品质。同时，劳动使得儿童学习如何与自然环境相处，如何与社会群体相处，如何与自己相处。他们通过劳动获得了处理人与自然关系、人际关系的方法，从而获得自己内心的和谐与平衡，这对于一个儿童一生的心理健康和长远发展是非常重要的。

（二）萌发：真感动，营造生命温度场

艾瑞德国际学校致力于"办有温度有故事学校"。我们认为温度是教育的底色、磁场、翅膀和力量；故事是教育的实践、经历、艺术和味道。学校课程体系中专有故事课程板块，而劳动教育课程刚好又是故事课程的重要载体和素材来源，苏霍姆林斯基把"关于劳动的教育性故事和谈话"视为重要的劳动教育方法，他认为"随着用言语激发起来的思想和感情在劳动中的日益巩固，孩子们逐渐地参加到更加长期的、真正的生产劳动中去"。[①] 艾瑞德劳动教育的重要理念是在真实践中产生真感动，在真感动中生成真故事，在真故事中生发真情怀，在真情怀中学会爱与被爱……让教育湿润，让生命光彩。

1. 讲好劳动故事，涵养童年

如何发掘劳动中的故事，讲好劳动中的故事，在劳动中创造故事？我们一边摸索，一边总结。比如在学校"校长课程"中，常常通过每天的"校长 60 秒"为同学们带来关于劳动的故事，如 2020 年 5 月 1 日的"校长60 秒"推出的就是一名普通劳动者——学校后勤中心维修工孙彦福师傅的故事。不仅校长讲劳动的故事，老师、学生和教职工都在通过自己的方式发掘、梳理、表达、传播劳动的故事。

2. 传递劳动价值，润泽生命

新时代劳动教育的基本立足点是树立正确的"劳动价值观"。"四园联动"劳动教育课程不仅仅是让儿童掌握知识和技能，更重要的是引导儿童崇尚劳动、尊重劳动、增强对劳动人民的感情，牢固树立劳动最光荣、劳动最崇高、劳动最伟大、劳动最美丽的观念。在艾瑞德"六个一"主题课程中，三年级同学要"懂得一种爱"。基于对劳动教育的重视，我们连续三

---

① ［苏］B.A.苏霍姆林斯基：《苏霍姆林斯基论劳动教育》，箫勇，杜殿坤译，教育科学出版社，2019，第 26 页。

年开展"让城市在爱中醒来"主题活动，三年级全体同学在活动当天于凌晨3点便散布到城市各个地方，如地铁站、公交车调度站、早餐店、学校后厨等，了解我们所在的城市是如何在不同劳动者的辛勤工作中开始每一天的运转的。这样的体验，增强了孩子们对于劳动精神的理解。我们期待，"四园联动"劳动教育课程是对儿童"劳动精神面貌、劳动价值取向和劳动技能水平"的全面建构。

（三）结果：真创造，助力生活马拉松

习近平总书记曾寄语少年儿童："生活靠劳动创造，人生也靠劳动创造。"劳动教育的内容必须面向真实世界，必须基于现实生活，要让儿童面对生活中的真实问题进行探索和解决，这需要儿童在操作、思考中积极创造。当儿童有了"真动手""真感动"之后，"真创造"就成为生长过程中自然而然结出的果实。

1. 以劳促思，创意生活新工具

劳动思维是劳动素养当中的重要内容。以劳促思，帮助儿童在劳动实践中发现真实问题、能够从不同维度分析问题，同时创造性地解决问题，儿童思维的活跃性、迁移性、批判性得以提升。比如，在校园劳动教育课程中，专门负责为校园白鸽喂食的义工同学向后勤部门提出改造鸽子房的建议，即对生活工具的创新与再造；再如在田园劳动教育课程中，孩子与家长创造性地打造了油菜收割流水线。对于生产生活材料、工具、模型的创新在劳动教育中频有发生，这是儿童创新型思维发展的重要体现。

2. 以劳促行，创设生活新环境

个人的成长强调知行合一，劳动教育同样关注"实现知行合一"。通过劳动，儿童学习发挥主观能动性，有意识地对身边的生活环境进行创设。儿童所处的生活环境非常丰富，以距离儿童最近的家庭生活环境为例，就涉及很多可以身体力行加以维护、创新之处，所以在家园劳动教育课程中，

我们有意识地融入个人卫生、居家整理、环境清洁、美工装饰、家植种养、食物烹饪、垃圾处理、物品购置等内容。儿童在参与家园劳动的同时，也使"干净、有序、读书"的校风影响了家风，用实际行动让居家环境更加美好。

3. 以劳促志，创想生活新未来

劳动教育帮助儿童树立劳动最光荣、劳动最崇高、劳动最伟大、劳动最美丽的观念，体认劳动不分贵贱，尊重普通劳动者，在拥有正确劳动观的同时具备积极的人生观、价值观。通过劳动，儿童理解并拥有了积极的人生理想，对于未来，也有了更高层次的志趣畅想和精神追求。近两年来，学校期末综合素养测评围绕关键词"未来"进行，各年级呈现了"学习在当下，努力向未来""预见未来，'职'为等你""畅游'未来乐园'"等测评主题，同学们在现场招标、体验职场、设计图纸、配乐演讲等过程中构思未来，处处彰显着他们的劳动知识、劳动技能、劳动习惯、劳动精神等劳动素养。这使我们看到儿童勇敢面向未来的志向，更使我们相信他们可以通过自己的劳动创造出美好的未来。

新时代背景下的劳动教育，立足于立德树人根本任务，着眼于儿童的终身幸福和全面发展。回首过往，看到劳动教育的"孤独"终于见到了"彼岸"，我们欢欣鼓舞；憧憬未来之路，助力劳动教育在更广阔的教育时空中由"独白"走向"对话"，我们责无旁贷。在劳动教育中坚守儿童立场、涵养温度故事、追寻自然生长……我们期待，在探索新时代劳动教育课程图谱、育人路径的同时，完成劳动、教育与生命的相互成全。

（本文发表于《劳动教育评论》2020年第三辑）

"四园联动"，建构小学劳动教育校本体系

李建华

"有教育但缺少劳动教育，有课程但缺少劳动教育课程，有劳动教育课程但不系统"……针对这些问题，郑州高新区艾瑞德国际学校经过九年的探索实践，初步建构了"四园联动"小学劳动教育校本体系。

真情实景

校园是实施劳动教育的核心阵地，起主导作用；田园是劳动教育的主要实践空间，起基地作用；家园是劳动教育的重要发生地点，起基础作用；社园指向儿童目前与未来场景，起支持作用。学校将"四园"作为儿童第二教室，持续发展劳动教育场域理论，让儿童真正成为场域的主人、劳动的主人。此"四园"各有侧重又相互补充。

校园：以自主管理涵养品行。通过划分班级清洁区、设置校园义工岗、设立校园劳动日和劳动周，每个班的学生都明确知道自己的劳动岗位和职责。

田园：以亲身体验提升能力。学校依托 300 亩田园校区内的少年农学院、家庭小菜园，组织开镰日、采摘周、耕种节。每个班级从一年级开始

就分到"一亩田",田园劳动将伴随学生整个小学生涯。

家园：以持之以恒培育习惯。学校根据学生不同年龄特点设置了不同家政项目，形成家政劳动作业清单，共 20 周 20 个主题。

社园：以联动参与发展素养。主要包括：单位见习，获得职业启蒙；工厂体验，感受工匠精神；社区服务，打造奉献品格。

真做实干

注重深体验，建构"四园联动"课程谱。课程目标上，基于"以劳动培育理想、以劳动发展本领、以劳动历练担当"的劳动教育目标，形成具体年级段的课程目标；课程结构上，根据儿童认知规律，分为基础型课程、拓展型课程和进阶型课程；课时划分上，以必修加活动的课时组合，对学生每周在"四园"劳动的时间做出划分；课程形式上，坚持"少讲授、多探究、重实践"的原则；课程评价上，将"四园联动"劳动教育评价融入学校"学分制"学生综合素质评价体系。

完善全体系，形成管理运行机制轴。形成"四园联动"劳动教育校本体系机制轴，包括组织运行机制、教师发展机制、班级管理机制、学生活动机制和家校联动机制。

在"四园联动"劳动教育校本体系建构过程中，教师教科研水平和课程开发能力有了较大提升，对自然生长课堂探索热情高涨。

真心实意

"四园联动"劳动教育重在让儿童真心实意热爱劳动、学会劳动、尊重劳动人民。通过这样的劳动教育，儿童在真动手、真感动和真创造中捋顺内在生长逻辑，打通个体生长路径，真正实现自然生长。

在校园劳动中，专门负责喂食白鸽的义工同学向后勤部门提出改造鸽子房的建议，这是对生活工具的创新与再造；在田园劳动中，孩子与家长创造性地打造了油菜收割流水线，这是儿童真正深入劳动后有思考、获成长的体现。

九年来，艾瑞德国际学校本着将劳动教育做"真"做"实"的原则，不改初心、不跟热门、不蹭流量，不把课堂局限在教室里，不把学习停留在书本中，不把儿童圈养在围墙内，让温度爬上教育的枝头，将故事别上童年的衣襟，真心希望通过劳动教育促进小学生全面发展，从教育的理想走向理想的教育。

（本文发表于《教育家》2020 年第 10 期）

立足儿童立场，浅谈艾瑞德体育特色课程体系

金　长　刘海涛

【摘要】　立场，是认识和处理问题时所抱的态度和所处的地位，即你是为谁的。不同的立场，表明不同的态度，影响甚至决定着处理事物的方向、方式和结局。儿童的核心素养是现代教育核心价值的定位，儿童的立场也是现代教育的立场。核心素养以培养"全面发展的人"为核心，分为文化基础、自主发展、社会参与三个方面，综合表现为人文底蕴、科学精神、学会学习、健康生活、责任担当、实践创新六大素养，具体细化为国家认同、理性思维等十八个基本要点。体育课程是一门拥有特殊属性的基础学科，以身体活动锻炼、培养儿童身心健康成长为主要教学目标，所以在体育课程中儿童是主体，立足于儿童的立场，尊重儿童生命成长规律，尊重儿童生命成长路径，设计符合当下儿童学习的特色体育课程是时代的需求，让每个孩子都被温柔以待，让教育被慈善以怀。

【关键词】　儿童立场；小学体育；核心素养；特色体育

一、儿童立场和教育的关系

教育是以最有价值的内容，以道德的方式展开的活动和过程。这种道德的方式，就是让受教育者有尊严地生活在教室里和校园里。让受教育者有"尊严"，教育者就得站在他们的立场上，保护他们、想着他们、引领他们。因而，这种道德的方式，是"人"的方式，彰显的是教育者立场的道德，既反映了对教育本质和主旨的深刻认识，又反映了对受教育者在教育过程中地位的准确把握。从某种角度说，儿童立场是教育观的核心和基础，教育观应根植于儿童立场。儿童立场是由教育的本质和主旨所规定的，儿童立场是真正的教育，是良好教育的鲜明标志和成功的根本动因。

教育立场的三条基准线：教育是为了谁，由谁来展开和发展，出发点又是谁。毋庸置疑，教育是为了儿童，教育是依靠儿童来展开和进行的，教育应从儿童出发。这就是教育的立场，因此，教育的立场应是儿童立场。儿童立场鲜明地揭示了教育的根本命义，直抵教育的主旨。

儿童立场的命题也使我们想起教育中的主体。教育这种活动的主体究竟是谁呢？这就要考察活动的"发出者"是谁。教师是教育的策划者、设计者和组织者，但是真正"发出"教育需求的却是儿童，是因为儿童焕发生命活力的诉求才有了教育活动，儿童是教育活动的发出者，因此，儿童是教育的主体，那么，以儿童为主体，教师就应站在儿童立场上。儿童立场是主体教育的题中应有之义，是必然的、合理的。

二、小学体育课程的核心素养问题

何谓"核心素养"？是指学生应具备的，能够适应终身发展和社会发展需要的必备品格和关键能力，是关于学生知识、技能、情感、态度、价值观等多方面要求的综合表现，是每一名学生获得成功生活、适应个人终生发展和社会发展都需要的、不可或缺的共同素养，其发展是一个持续终身的过程，可教可学，最初在家庭和学校中培养，随后在一生中不断完善。

长时间以来，体育课程重点都放在了培养学生体育技巧方面，极少展开相关的素养培育。从学生发展的角度讲，这样不利于学生素质培养和人格塑造。在当前教育新时期，体育教学应该顺应时代发展趋势，将核心素养有效融入体育教学活动中，以此革新教学模式，让体育教学更好地帮助学生全面成长。

体育教学如何开展核心素养涉及了多个不同的方面，这需要体育教师形成有效统一的认识。第一，健康意识。体育锻炼的一个重要目标，就是让学生形成健康的体魄，具备良好的身体素质。在教学过程中，就需要对学生的健康意识进行有效的培养，让学生切实理解健康的内在含义，形成良好的健康意识。第二，体育文化。体育包含了体育技能和体育文化两个方面，对于小学生的体育教学，在培育其基本技能技巧的基础上，也需要对他们展开体育文化的教育，使其形成良好的文化内涵。第三，身体素质。在体育教学中，身体素质也是一个重要的核心素养，这就是指小学生的基本身体能力水平，涉及运动能力和健康水平两个方面。第四，锻炼意识。体育教学，还需要对学生的锻炼意识进行培养，让学生对体育锻炼形成有效的理解，并且能够形成良好的锻炼习惯，切实参与到体育学习当中。

三、构建艾瑞德特色体育课程体系（3 级课堂 +1 课程模式）

随着新课标改革步伐的不断加快，创建高效课堂、培养学生科目学习兴趣已经成了所有教师探索的目标。在小学的教学阶段，学生的任何一个科目对学生的成长都有很大的积极作用，尤其是体育科目。体育科目不仅能锻炼学生的身体素质，还能够培养学生的体育精神，它的价值在于提高学生的体质和健康水平，使学生成为一个全面发展的人。

1."小课堂"——体育课：温度 = 高效

温度是教育的底色，教育的磁场，教育的翅膀。体育课是学校体育教学的基石，虽然小学体育课的地位得到了提升，但是目前的小学体育教学课堂教学现状仍不容乐观。首先就是教师的教学观念存在问题，教师对体育课的作用认识不足，在体育课程设计、体育器材配备、体育活动开设等方面都没有很好地创新，导致学生的参与度低下、体育课堂的实效性差。其次就是教师的教学方法过于单一，在体育课上，教师仍然只是简单地让学生做一个活动就让学生解散，既没有达到教授体育技巧、知识的教学任务，也没有培养学生的体育活动兴趣，更缺乏教师和学生在学习过程中的交融，让整个课堂显得比较冰冷，极大地降低了体育课存在的意义。

高效体育课堂的构建措施：

①转变教学观念，精心设计课程。体育教师应从思想上重视体育课，并且制定好体育教学的目标。教师开展体育课的目的是培养学生的体育精神、锻炼学生的身体健康，而非刷课时。教师要根据自己的教学目的，精心设计教学课程。教师要明确每一个阶段想要锻炼学生的什么体育能力，根据不同的教学阶段，制定不同的课程目标，从而满足学生的学习需要。

②丰富教学手段，吸引学生兴趣。可以采用游戏教学法进行教学，通过游戏达到锻炼学生的目的，并且在游戏中培养学生的各种精神，如团结精神、竞争精神等。

③注重沟通交流，创建和谐关系。体育教师必须注意保持和学生之间的朋友关系，而非拉远与学生的距离。教师在课堂上要采用幽默、鼓励的语言对学生进行教学，既活跃课堂气氛，又能够增加学生的参与度，让学生有信心、勇气参与到体育活动中来。

④在国家课程目标的基础上，优化三个水平阶段课程内容。水平一、二、三阶段的孩子年龄、身体发育程度及运动需求都不相同，但阶段目标在现代教育环境下相对有些滞后、单一，学校可以根据教师配备实际情况

优化设计课程内容。水平一重点发展学生运动兴趣，水平二强化学生身体素质，水平三提高学生专项技能，为终身体育打下良好基础。

2."中课堂"——阳光大课间：丰富

阳光体育大课间活动是不断提高我国青少年体质健康水平，促进学生全面发展，提高中小学校体育工作质量的一个项目，同时也是现阶段中小学体育教学工作中的重要任务之一。

①在设计活动形式及内容时，应将体操、舞蹈、身体素质练习、趣味游戏、特色活动、球类活动等六大类都考虑在内。将活动时间分为三个阶段：热身、年级特色活动、放松，年级特色活动应结合学生年龄的不同，科学安排活动内容及运动量，针对小学低年级学生，应多运用体育游戏，重视对学生的智力开发，设计钻山洞、丢手帕、单脚跳等项目。而对于高年级学生，则可以设计一些具有挑战性、竞技性的运动项目，如球操、长绳里跳短绳等。

针对天气因素不能到室外进行体育大课间活动的情况，可设计 1～2 套室内体育活动操，在编排活动操时应将场地、运动量、学生年龄、兴趣、节奏等因素考虑在内，让学生乐于参与、主动参与。

②加强安全管理力度。安全问题是阳光体育大课间活动形式内容设计时必须考虑到的一方面，应切实保障学生的运动安全，尽可能避免受伤情况的出现。

3."大课堂"——运动校队：实践＝故事

故事是教育的实践、教育的经历、教育的艺术。学生课余训练和竞赛是学校体育工作的重要组成部分，对活跃学生课余文化生活，促进学校体育工作开展、发挥学生特长，具有重要的意义。努力提高课外体育活动的质量，组织丰富多彩、形式多样的小型竞赛活动，不仅能够活跃学生的校园文化生活，更是学生和教师故事的源泉。

①根据学校体育教师配置专项，组建足球、篮球、田径、乒乓球、武术、软垒球、健美操、太极、游泳九大校队，针对性选拔适合运动员入队。教练员科学合理制订训练计划，组织队员训练，提高学生身体素质的同时强化运动技能。

②组织年级比赛活动，以校队队员结合水平三教学任务，带动班级学生参与比赛活动，从而引领更多学生参与运动，增强集体荣誉感。

4. "+1" 课程——游泳课

利用学校特有场馆设置特色课程。目前多数学校没有游泳设施，而我校建有室内游泳馆并配备了三名游泳教练员，在此基础上完全可以开发学校特色校本课程。游泳是生存必备技能之一，同时也是当下体育教学重要教学任务。

①游泳常规课程实效化，结合学生运动技能、学习规律优化课程学习时间，根据学校学生人数、水平阶段目标制定游泳学习时长及周期，例如：根据学年目标集中学习时间，将全校对应年级划分几个学习时间段。

②课程设计专业化，要明确三个水平阶段的教学目标和教学任务，合理科学制订相应的教学计划，优化教学方案。

四、综述

综上所述：时代在飞速发展，现代教育也要跟得上时代发展的步伐，1.0 模式我们是教学生、2.0 模式我们是爱学生，现在我校已经到了 3.0 模式——我们要懂学生。教是知识的传递，爱是情感的表达，懂是心灵的沟通，所以懂比爱更重要！有一种初心叫学生为本，儿童立场，人在中央。体育教育应立足儿童立场，以儿童为主体，以发展核心素养为基本任务，培养未来全面发展的人为最终目标。立足儿童立场，培养儿童有责任担当、实践创新的社会参与能力，拥有人文底蕴、科学精神的文化基础，懂得学会学习、健康生活的自主发展能力。每一个学生都是美丽的不同，作为艾瑞德教师，有责任有义务结合学校实际情况，设计具有艾瑞德特色的课程，与儿童共同成长，随着儿童一起"长大"，与儿童分享"长大"的快乐。

参考文献

［1］成尚荣.儿童立场：教育从这里出发［J］.中国教育出版网，2012.

［2］单群燕，付敏.核心素养视域下小学体育有效教学策略［J］.华夏教师，2019，125（05）：25-26.

［3］周洁.怎样创建小学体育高效课堂［J］.当代体育科技，2017（07）.

［4］倪丹丹.构建小学体育高效课堂的有效研究［J］.考试周刊，2014（81）.

［5］廖晓玲，邱新华.阳光体育背景下中小学大课间体育活动组织探讨［J］.课程教育研究，2016，（32）：190-191.

［6］郭会丽.中小学阳光体育大课间活动形式内容的设计原则探析［J］.青少年体育，2014，（4）：26-27.

（本文发表于《中小学教育》2020年第30期）

劳动是教育的密码

翁文千　李建华

劳动教育是教育体系的重要组成部分，是培养德、智、体、美、劳全面发展人才的重要一环。但在今天，劳动教育被不少学校忽视，劳动教育缺位，学生只能在"纸上"完成所谓的成长。

"如果学生只知享用由社会创造并提供给学校的那些物质和精神财富，就不可能产生真正的教育"，苏霍姆林斯基认为，社会的进步性和道德进步，取决于组成这个社会的人们如何对待劳动，把劳动看作什么——仅仅是获取物质福利的手段，还是有充分价值、丰富内容而又有趣的精神生活的条件。

可见，劳动的本质是创造价值的活动，劳动是"产生真正的教育"的密码。习近平总书记在全国教育大会上指出，要在学生中弘扬劳动精神，教育引导学生崇尚劳动、尊重劳动，懂得劳动最光荣、劳动最崇高、劳动最伟大、劳动最美丽的道理，长大后能够辛勤劳动、诚实劳动、创造性劳动。

面对时代新发展、新要求，河南省郑州艾瑞德国际学校自建校起就以"走自然生长教育之路，办有温度有故事学校"为办学理念，"德、智、体、美、劳"五育并重，并把劳动教育放在突出位置，以田园劳动课程、家政劳动课程、校园劳动课程为依托开展劳动教育，用劳动打开学生自然生长的教育之门，用劳动开启有温度、有故事的教育之门。

田园劳动课程，每班都有"一亩田"

《论语·微子》中写道，"四体不勤，五谷不分，孰为夫子"。不劳动，缺乏基本生产知识，哪里称得上是老师呢？新时代背景下，学生再也不能停留在只通过书本认识世界的阶段了。

艾瑞德国际学校秉承自然生长理念，将学校的 300 亩农场作为第二课堂，开展以劳动教育为基准的田园课程。每个班级从一年级开始分到"一亩田"，这"一亩田"将伴随学生整个小学生涯。在这里，学生、教师、家长通过劳动亲近自然，度过春夏秋冬。

农场就是课堂，种植也是作业。学生常说，"班级'一亩田'是我们的另一间教室"，农场将书本知识带到了田间地头，让学生所学知识立体化、生活化。

田园课程立足二十四节气，每个班级根据四季规律种植不同农作物，萝卜、白菜、小麦、大葱……从一年级入学开始，学生依照时令种下农作物，寒来暑往无间断，每一粒种子都撒在学生用锄头做出的田垄上；农作物需要的每一滴水都是学生用小桶打来浇下；恶劣天气袭来，农作物受损，学生到农场给"受伤"的农作物"医治"；田间杂草学生一根一根拔除，成熟果实学生一个一个采摘。农场里没有配备现代化农具，目的是让学生更多地通过自己的双手劳作和创造。

每个班根据季节种植不同农作物，收获的季节已经不仅限于秋天。四年级（4）班在今年夏季收获了颗粒饱满的向日葵。收获的那一天，班主任项兆娴在微信朋友圈写道："从惊蛰到小暑，历经 4 个月，共计一百多天，从倒春寒到炎炎夏日，享受明媚阳光，经历狂风暴雨，我们同向日葵一起经历磨难，现在它们终于成熟了。今天，我们相约艾瑞德教育农场，一起享受收获的喜悦。"

每个季节都有不同班级的"一亩田"收获，收获后，学生们将卷心菜、土豆、玉米、南瓜带回家烹饪。品尝自己种植和采收的食物，滋味是不同的。也正因为有了"锄禾日当午，汗滴禾下土"的经历，学生才懂得了"谁知盘中餐，粒粒皆辛苦"的不易。一年四季，他们用自己的劳动和汗水与这片土地对话，通过劳动懂得耕耘和收获，明白爱和珍惜。

学校有寒暑假，但农场的劳动无假期。田园课程需要家长参与其中，每个周末和假期，学生和家长以轮班的形式到农场"一亩田"进行劳动。一位家长说："以前看到下雨就担心，害怕家里的窗户没有关紧；现在，一看到下雨就开心，因为'一亩田'里的玉米有水'喝'了。"

观日月星辰，感鸟语花香，摘瓜果桃李……小小"一亩田"，连接着每个家长的心。

农场即育场，过程即课程，田地即天地。

识五谷方能敬畏天地，四体勤才能立身明德。从设计"一亩田"到自然知识的运用，从辛勤的劳动到团队的合作，从播种下希望到收获果实，学生捧土地为书，执农具为笔，用劳动书写着别样童年。

家政劳动课程，劳动润泽校风和家风

我国自古就有家政教育的传统，总结形成了蒙学课本，如《女诫》《颜氏家训》《朱子家训》等。艾瑞德国际学校的家政课程是以学生的家庭日常生活为切入点，以家庭劳动培养学生自立能力、创造能力。学校从 2017 年起，建立家庭与学校长效联动机制，以"干净、有序、读书"的校风为导向，让校风带动家风。学校根据学生年龄特点规定不同的家政项目，让学生在每周末完成全校统一的家政作业。

学校不仅开设专门的课程，而且坚持每周做、每周有主题。比如本学期第一周的主题是"我要整理家里书柜"，第二周的主题是"我为父母整理衣柜"，第三周的主题是"我给爸妈洗衣服"，共 20 周 20 个主题，学生在周末与家长一起完成家政作业单。

现在，学生周末在家不是懒洋洋地看电视，而是津津有味地做家务，用自己的劳动让家庭环境变得更美好。本学期开学第三周，六年级家政作业是"给妈妈做一顿饭"。一个从来没有做过饭的学生，从买菜到和面，为妈妈做了一碗手擀面。当孩子将面条端到妈妈面前时，妈妈哭了，"没想到，昔日嗷嗷待哺的婴孩，已成为独当一面的少年"。

"我们基于学生成长的需要，立足少年应具备的品质，把一件好事长久地坚持，坚持久了，好习惯就养成了。"六年级年级主任陈琳认为，"学生的双手不仅要用来做功课，还要用来劳动，一双小手，牵起校风和家风，室雅人和，家政课程真正成为'通过双手获得智慧'的载体。"

家政课程以劳动为抓手，帮助学生学会弯腰、学会用双手解决问题，体验与困难打交道，感受劳动带来的成就感。有学生说："在完成家政课程作业时，我能感觉到自己长大了，分担家务也是我的责任。"

从学科课程到家政劳动课程，从在校奋笔疾书到在家弯腰劳动，"做"是智慧的出发，"劳动"是修心的开始，看得见的劳动蕴含着看不见却关乎学生一生的重要素养。

校园劳动课程，以自主管理涵养学生品德

在艾瑞德国际学校，劳动不仅仅存在于农场和家庭，劳动教育更是体现在学生每一天的校园生活中。

每学年开学，学校将整个教学楼根据班级数量进行区片划分，每个班级分到属于本班的责任区域，从开学第一天起，学生每天固定在早读前、

大课间、午休后、放学后打扫卫生区，他们的每一天从劳动开始、以劳动结束，将"干净、有序、读书"的校风践行在每天的劳动中。

目前，校园卫生工作已经建立一套成熟的管理与评价机制，为了激发学生自觉劳动的积极性，学校劳动工作的落实、管理、评价等都由学生完成。

学生落实：班级设立"劳动委员"岗位，劳动委员在保证每个学生每周都有劳动任务的情况下，建立小组轮班制。学校设立八大学生校园志愿者岗位，共同维护校园其他公共区域的卫生情况。

学生管理：值周班级在固定时间对每班卫生情况进行检查，检查结果交由大队委学生干部进行汇总，并对当天卫生情况好的班级，在每天中午的校园广播站进行表扬。

学生评价：大队干部根据值周生统计的卫生情况，每两周评选一次"干净流动锦旗"，并在升旗仪式上颁发锦旗。由于学校良好的劳动氛围，"干净流动锦旗"是每个学生最重视的一项集体荣誉。一个学生在习作中这样写道："今天的升旗仪式颁发了流动锦旗，获得流动锦旗的班级都很开心，但是我们班落选了，很失落。老师说，今天花落别家，一定是因为我们还有不足之处。在劳动的过程中，我们其实已经有收获了。老师说得对，在我们参与劳动的过程中，我们已经有收获了。"

每天打扫卫生是校园生活的一部分，每个学生都很重视这项工作。曾经，一个二年级学生因为生病请假，但当天他是值日生，为此，这个学生联系同桌帮他值日，并详细交代了值日细节。

每天清晨，校园里不仅能听到琅琅的读书声，还能看到蹲在地上用抹布擦楼梯的学生。学生来到教室的第一件事不是立刻读书，而是拿起劳动工具到班级卫生区打扫卫生，用劳动打开一天的美好光景。劳动成为学生的习惯，他们低下头、弯下腰，流下汗水，收获成长。

离开劳动，不可能有真正的教育。劳动创造了人，也丰富了我们的教育。教育的本质是培养人，劳动的本质是创造有价值的活动，只有劳动与教育相结合才能培育出全面发展的人。教育之门上有一把密码锁，密码是"劳动"。我们将继续以"中国儿童自然生长的栖息地，让每个孩子看得见诗和远方"为愿景，培养学生对劳动的热爱，用劳动打开教育之门。

（本文发表于《中国教师报》2018 年 12 月 5 日）

成长的力量

杜　静

　　同样是这样铅灰色的天，同样是在这样一个静谧的午后，同样是这样一种清净且美好的心境，我在键盘上一点点敲击文字，心中的情感似山间清溪，汩汩流出……

　　九年的时间过去了，我已经从初登讲台的青涩、紧张中走了出来，一改初时的惶恐，变得更加坚定，更加有力量，也有了自己的教育梦想，这要感谢当初一个不经意遇见了《中国教师报》，一个小插曲，有了一段缘分，一份小坚持，有了一路的成长助力。

　　素来喜欢读书，进入艾瑞德，读书广场是我最爱去的地方，一天之中，无论工作忙碌与否，心情舒畅抑或烦闷，到读书广场长长短短的时间中都能让我立刻安静下来，如一尾畅游在大海中的鱼，浑然忘却天地万物，就在那时，《中国教师报》进入我的视野。

　　恰在当时，刚刚读完手头上的一本书，颇有感悟，遂尝试写下一篇小文，不想，被学校领导投到《中国教师报》，过了一段时间，居然收到了样刊，在我内心，这是一份非常大的触动。

　　从此以后，我开始有意识地阅读《中国教师报》，一期一期读下来，名师带班经验介绍，班级文化展示高效课堂实践操作层面背后的价值支撑，理论依据，让我重新审视课堂，思考教师在课堂内外应该扮演的角色。

当时在领导以及同事的帮助下，进行课堂改革，但是一路也遇到不少问题，有些问题自己可以根据以往经验进行修正，也可以在出现问题之后思考更好的解决办法。但是，还有一些问题是在改变课堂组织形式之后我始料未及的，也没有成熟的经验可供参考。这时候，《中国教师报》推进的系列课改报道，如《课改新论》《教学系统》《评价系统》《文化系统》《小组建设》《学案编制》《流程设计》《展示策略》《课堂评价》等文章如迷雾中的灯塔给我指明了前进的道路。

改变从来都是困难的，尤其是对结果没有清晰明确把握的情况下。经过两年的尝试，班级课堂形态终于从个别学生的展示台，沉默的大多数变成了"蛙声一片"的稻花田。展示即分享，同学们在展示中暴露问题，让我洞悉出错同学思维的盲点，继而进行点拨指导，帮助同学从概念获得走向迁移运用。

从 2015 年自己尝试课堂变革到 2017 年三年期间，班级学生不仅成绩优异，且对语文学习有着浓厚的兴趣。2018 年，六年级新学期开学时，班级来了一名新生，初次测验仅考了 7 分，但经过一年的学习后，在小组同学的帮助下，在课堂上不断地思考及改进自己的学习方式中，他以 70 分的成绩顺利毕业，为自己的小学生涯画上了圆满的句号，也让我坚信了课堂改革之路——因为新课改最重要的宗旨就是要让每一个学生都获得发展。

《中国教师报》不仅助力我的课堂教学改革，还促进了我的专业发展。究竟什么样的课是一堂好课？究竟怎样的课堂设计才算完美？一节课中三维目标应该如何落到实处？有效的课堂评价立足点是什么？这些一直困扰我的问题终于在 2019 年 5 月 23 日学校组织的"同课异构"活动中，找到了答案。当时，我有幸代表学校和李冲锋博士、特级教师杨树亚及高新区教研员王明霞主任一起执教部编版教材四年级上学期的一篇文章《小田鼠弗雷德里克》。在那一节课上，虽然每位老师都有自己对教材的不同解读，但是大家都依据课标，尊重学生的主体地位，重视语文要素的落实。

在之后的专家点评环节，褚清源主编对我的课进行了点评，肯定了课堂组织形式，肯定了我的学生观，也赞扬了艾瑞德学子课堂上大胆质疑、勇于表达自己观点的学习态度。这一次的肯定大大激励了我继续进行课堂变革的决心。

随后，执教《小田鼠弗雷德里克》的教学反思也有幸在《中国教师报》上发表，让我内心再次泛起涟漪。将两张报纸放在一起，回望来路，在时间和空间的交错中，我清晰地看到了自己的成长。

《中国教师报》的办报宗旨是"全心全意为教师服务""零距离贴近教师"，从自己的阅读经验来看，《中国教师报》一直坚持初心，让每一篇文章都立足课堂改革、教学评价、学生成长。无论是迫切需要经验指导的新教师还是稳中求变的老教师，都可以在《中国教师报》中寻觅到前进的方向，获得成长的力量。

（本文发表于《中国教师报》2020 年 12 月 30 日）

用劳动教育扣好人生的第一粒扣子

李建华

2018 年 9 月 10 日，习近平总书记在全国教育大会的讲话指出："要在学生中弘扬劳动精神，教育引导学生崇尚劳动、尊重劳动，懂得劳动最光荣、劳动最崇高、劳动最伟大、劳动最美丽，长大后能够辛勤劳动、诚实劳动、创造性劳动。"2020 年 11 月 24 日，习近平总书记在全国劳动模范和先进工作者表彰大会上，再次对弘扬劳模精神、劳动精神、工匠精神进行了系统深入的阐释。

新时代的劳动教育以全国教育大会的精神为指导，遵循《中共中央国务院关于全面加强新时代大中小学劳动教育的意见》（以下简称《意见》）和教育部的《大中小学劳动教育指导纲要（试行）》（以下简称《纲要》）的文件要求，开展劳动教育。

华东师范大学叶澜教授说过："教天地人事，育生命自觉。"艾瑞德国际学校自 2011 年创办以来践行劳动教育，基于"走自然生长教育之路，办有温度有故事学校"的核心办学理念，把人的生命和自然的生命紧紧融合在一起。学校在创办的时候就有两个校区，一个校区是孩子们日常学习的地方，另外一个校区是 300 亩的田园校区。我们重视劳动教育，通过劳动教育帮助学生扣好人生的第一粒扣子。

《纲要》明确指出，新时代的劳动教育必须让学生"动手实践、出力流汗"，"接受锻炼、磨砺意志"。笔者就劳动教育对学生品格养成的作用谈两个方面。

一、品格养成是劳动教育的题中之义

劳动教育牵手"四育"，起到树德、增智、强体、育美的作用，那么，在学校如何具体落实呢？

在我们的田园校区，有一个班级在一亩地上种出了"中国"二字。劳动教育最重要的是培养学生热爱劳动、尊重劳动的品格。当孩子们用心在土地上种下"中国"两个字的时候，他们内心升腾的一定是对这片土地、这个国家的热爱。

习近平总书记提出要培养"有理想、有本领、有担当"的时代新人，我们把它校本化为艾瑞德"三有"儿童：眼中有光、心中有爱，脚下有力。"眼中有光"是指学生必须掌握劳动知识，培养灵活的劳动思维；"心中有爱"是指学生要有正确的劳动态度和积极的劳动精神；"脚下有力"是指学生要有健壮的劳动体魄和熟练的劳动技能。最终形成勤俭、奋斗、创新、奉献的劳动精神。

二、劳动教育是品格养成的必由之路

学校劳动教育以"四园联动：劳动教育校本体系的实践探索"为主线，以此来培养学生的劳动品格。四园是指校园、田园、家园和社园。

校园劳动旨在自主管理，涵养品性。我们学校设置有100多个义工岗，教学楼里是没有保洁工的，都是孩子们在打扫。教育不就是校长、老师往后退一点，让孩子朝前走一点吗？一个就餐值日生在一篇文章中写道："看到丢了一个馒头，心会痛一下。"这时教育就发生了。除了就餐值日生，我们学校还有"瑞德快递""瑞德银行""瑞德购物中心"，其目的就是让孩子们体验并明白，未来要成为劳动者和建设者。

田园劳动旨在亲身体验，出力流汗。《纲要》反复强调劳动教育必须让孩子亲身体验。我们每个班级认领一亩地，每年班级开镰日的时候，学生全部去种地，人人必须出力流汗。如此，孩子们懂得了收获的来之不易。

家园劳动旨在持之以恒，培养习惯。每个学期，学生都会拿到一个家政作业清单，这个清单里的作业不是一次的，而是一学期的。低年级学生没有家庭作业，但是必须做家政作业。这么做就是为了把劳动的校风逐步延伸到家风当中去。学校是劳动教育的主阵地，起主导作用，要用这样的"主导"来影响家庭。

社园劳动旨在联动参与，发展素养。每年学校都会组织"让城市在爱中醒来"劳动主题活动，这是三年级的必修课。在每年 11 月底或 12 月初，凌晨 3 点，三年级全体师生走进了郑州市的公交站、医院、消防大队等地方，去感受"是谁让城市在爱中醒来"。让学生从活动体验中懂得尊重普通劳动者。

劳动教育具有四个特点：综合性、实践性、开放性和针对性。综合性指学科综合、"五育"融合，实践性强调动手实践、出力流汗、接受锻炼、磨炼意志，开放性是指场域开放、教与学的方式开放，针对性指要因地制宜、就地取材、结合校情学情。

我们针对小学低、中、高段特点，依据《意见》和《纲要》精神，明确了设立三段的目标：小学低段，劳动意识得到启蒙，在劳动中学习日常自理的基本技能，体会劳动的乐趣；小学中段，养成良好的卫生、劳动习惯，做好个人卫生清洁、班级和责任区卫生，主动分担家务，具备认真负责和吃苦耐劳的精神；小学高段，学生形成正确的劳动价值观，懂得如何在劳动中与他人合作，能够在劳动中发现问题并创造性地解决问题。

我们还结合二十四节气开展节日主题活动、德育主题活动等，把劳动与教育紧紧融合在一起。在劳动教育中，我们始终遵循"鼓励积极参与，重视实践过程，增强劳动价值感"的原则。扎根中原文明，培养学生的劳动意识和劳动能力。

　　劳动教育评价是个难题，我们做了一些探索，采用学分制评价。基于基础学分、绩点学分和奖励学分来评价，这样的评价不是简单的打分，是要把孩子劳动的过程通过记录可视化，让孩子知道他的劳动综合素养评价结果是如何得到的。

　　一个周六的下午，我来到田园校区，发现很多家长、孩子都在劳动，我有感而发，即兴吟出一首诗："周末人亦忙，师生爱农场。种地为作业，田园亦课堂。今日弯下腰，来日挺脊梁。汗滴禾下土，梦中瓜果香。双足立大地。才有诗远方。无问西和东，自然成篇章。"

（本文发表于《河南教育》2021年第3期）

劳动课不应零敲碎打，
这所学校的体系化设计有意思

李建华　杨海威　韩董馨

"周末人亦忙，师生爱农场。种地为作业，田园亦课堂。"

每年的 5 月，郑州艾瑞德国际学校田园校区都是一派丰收繁忙的景象。

上个礼拜，一年级同学和家长一起开心地收割了他们照看半年的油菜，爸爸收割、妈妈挑拣菜籽空壳，孩子们搬运，这种丰收的快乐多少分数都换不来。

对于参加劳动的每个孩子，学校最后都会送出一份礼物——将油菜籽压榨后分装成瓶的菜籽油礼盒。

这仅仅是艾瑞德劳动教育进入新常态其中一个小小场景。由于从建校开始，学校便自带 300 亩田园校区，学生可在其中过春夏秋冬、观日月星辰、感鸟语花香、摘瓜果桃李，这里自然变成了我们劳动课程的主要实践基地。

随着《关于全面加强新时代大中小学劳动教育的意见》（以下简称《意见》）的发布，劳动教育被纳入人才培养全过程。如何完整理解新时代劳动教育的内涵与意义，把握劳动教育的特征与使命，落实劳动教育的推进与实施成为我们重新思考的内容。

新劳动教育价值链在哪里？

新时代劳动教育有了哪些新含义？

多年的劳动教育实践帮助我们厘清了儿童所需要具备的劳动素养，包括正确的劳动观念、积极的劳动态度、丰沛的劳动情感、充足的劳动知识、适切的劳动技能、活跃的劳动思维、强健的劳动体魄等，基于此，我们将劳动教育目标具体归结为三个方面：以劳动培育理想、以劳动发展本领、以劳动历练担当。

以劳动培育理想：在劳动中学会尊重劳动者，形成吃苦耐劳、勤俭节约、乐于奉献的意志品质，同时在劳动中体会收获的喜悦和付出的快乐。劳动帮助儿童逐渐认清生活的本质，同时又对未来充满期待，树立正确的人生观、价值观和世界观，拥有积极的理想信念。

以劳动发展本领：小学阶段开始，就要关注儿童劳动实践能力的培养，帮助儿童获得一定的劳动技能与方法。未来社会需要有知识、懂技术、会创新、能合作的复合型高素质劳动人才，培养劳动本领，呼应未来成长。所以使儿童从知识、技能、思维上获得扎实本领应对未来挑战也是劳动教育的重要目的。

以劳动历练担当：在劳动过程中儿童需要学会与环境相处、与他人相处、与自己相处，明白任何成果都来之不易，更深刻地体会到劳动人民的辛苦和社会进步的不易，从而增强社会责任感和历史使命感。在历练中学会担当，在成长中学会尽责。

搭建"四园联动"的劳动课程

确立了这样的劳动教育的目标，怎样联动学校各个维度，让劳动教育贯通在不同场域，在不同情景中发生迁移呢？

基于300亩田园校区的实践，和学校一直秉承"走自然生长教育之路，办有温度有故事学校"的办学理念，我们开始思考建构校园、田园、家园、社园"四园联动"的劳动课程，场域联动、学科融合与学段延展，这样劳动教育就打破了边界，和学校的各个"学习场"融通联动了起来。

再细分，我们根据学生年龄特点，课程设计分低段、中段、高段三个级段，依据日常生活劳动、生产劳动、服务性劳动的要求，形成了更具体的课程目标。

综合四个板块劳动课程和不同学科的价值与意义，我们尝试着根据儿童认知规律将课程结构分为基础型、拓展型、进阶型。其中基础型指向劳动意识的普及与认知，拓展型指向劳动习惯与生活劳动技能的培养，进阶型趋于高阶劳动素养及劳动价值观的进阶培育（见 P137 图 2）。

课程系统搭建起来，那么劳动课程体系到底如何介入实施呢？课程内容如何编排？具体推进路径怎样协同实施方法呢？以下便是我们的探索与实施。

校园劳动课程：以自主管理涵养品德

在艾瑞德国际学校，劳动教育体现在儿童每一天的校园生活中。每天清晨，校园里不仅能听到琅琅的读书声，还能看到蹲在地上用抹布擦楼梯的学生。学生来到教室的第一件事不是立刻读书，而是拿起劳动工具到班级卫生区打扫卫生，用劳动打开一天的美好光景。

我们学校的教学楼的打扫清洁工作全部由学生完成。每学年开学，学校将整个教学楼根据班级数量进行区片划分，每个班级分到属于本班的责任区域，从开学第一天起，学生每天固定在早读前、大课间、午休后、放学后打扫卫生区，他们的每一天从劳动开始、以劳动结束，将"干净、有序、读书"的校风践行在每天的劳动中。

目前，校园卫生工作已经建立一套成熟的管理与评价机制，为了激发学生自觉劳动的积极性，学校劳动工作的落实、管理、评价等都由学生完成。

学生落实：班级设立"劳动委员"岗位，劳动委员在保证每个学生每周都有劳动任务的情况下，建立小组轮班制。学校设立校园义工岗位，共同维护校园其他公共区域的卫生情况。

学生管理：值周班级在固定时间对每班卫生情况进行检查，检查结果交由大队委学生干部进行汇总，并对当天卫生情况好的班级，在每天中午的校园广播站进行表扬。

学生评价：大队干部根据值周生统计的卫生情况，每两周评选一次"干净流动锦旗"，并在升旗仪式上颁发锦旗。由于学校良好的劳动氛围，"干净流动锦旗"是每个学生最重视的一项集体荣誉。

"低下头、弯下腰，流下汗水，收获成长"，劳动已经成为学生的习惯。

田园劳动课程：以亲身体验提升能力

300亩田园校区作为学校第二课堂，是学生重要的劳动实践基地。通过田园劳动课程，学生得以亲近自然、亲自动手、亲子互动、亲历生长。

1. 班级"一亩田"，学习耕种养收（见P140图4）

每个班级从一年级开始分到"一亩田"，伴随学生整个小学生涯。农场就是课堂，种植也是作业。学生常说，"班级'一亩田'是我们的另一间教室"，"一亩田"将书本知识带到了田间地头，让学生所学知识立体化、生活化。

每个季节都有不同班级的"一亩田"收获，学生们将自己种植、照料的卷心菜、土豆、玉米、南瓜带回家烹饪。品尝自己种植和采收的食物，滋味是不同的。也正因为有了"锄禾日当午，汗滴禾下土"的经历，学生才懂得了"谁知盘中餐，粒粒皆辛苦"的不易。

田园劳动课程家长也参与其中，每个周末和假期，学生和家长以轮班的形式到"一亩田"进行劳动。学校有寒暑假，但田间的劳动无假期。一位家长说："以前看到下雨就担心，害怕家里的窗户没有关紧；现在，一看到下雨就开心，因为'一亩田'里的玉米有水'喝'了。"

一年四季，他们用自己的劳动和汗水与这片土地对话，通过劳动懂得耕耘和收获，明白爱和珍惜。

2. 二十四节气，体悟自然规律

过程即课程，田地即天地。立足二十四节气，每个班级根据四季规律种植不同农作物，萝卜、白菜、小麦、大葱……

从一年级入学开始，学生依照时令种下农作物，寒来暑往无间断，每一粒种子都撒在学生用锄头做出的田垄上。

为了让学生更多地通过自己的双手劳作和创造，农场里没有配备现代化农具，农作物需要的每一滴水都是学生用小桶打来浇下；恶劣天气袭来，农作物受损，学生要到农场给"受伤"的农作物"医治"；田间杂草由学生一根一根拔除，成熟果实由学生一个一个采摘。

不同季节种植不同农作物，收获的季节已经不仅限于秋天。

家园劳动课程：以持之以恒培育习惯

劳动习惯的养成一定离不开儿童的家庭日常生活，从 2017 年起，艾瑞德学校建立了家庭与学校长效联动机制，根据学生年龄特点规定不同的家政项目，让学生每周末完成全校统一的家政作业：一二年级侧重教师引导，三四年级侧重家长示范，五六年级侧重习惯的自主养成。

1. 周周有主题，事事有清单，让劳动成为常态

家园劳动课程旨在帮助儿童坚持每周在家劳动，所以每周都有主题。比如学期第一周的主题是"我要整理家里书柜"，第二周的主题是"我为父母整理衣柜"，第三周的主题是"我给爸妈洗衣服"，共 20 周 20 个主题，学生在周末与家长一起完成家政作业单。

家园劳动课程以劳动为抓手，帮助学生学会弯腰、学会用双手解决问题，体验与困难打交道，感受劳动带来的成就感。有学生说："在完成家政课程作业时，我能感觉到自己长大了，分担家务也是我的责任。"

从学科课程到家政劳动课程，从在校奋笔疾书到家里弯腰劳动，"做"是智慧的出发，"劳动"是修心的开始，看得见的劳动蕴含着看不见却关乎学生一生的重要素养。

2. 家校联动，合作共育，让坚持成为习惯

除每周家政主题作业外，结合学校实际情况，我们还有意识地开发、形成了一系列家校联动基本方式，用制度保证家园劳动教育的有效推进。主要涵盖：

（1）家长课堂。每个班级的家长来自各行各业，利用家长资源对学生进行职业教育是很好的途径。每学期老师都会对家长的职业、特长进行统计，结合家长意愿设置"班级家长课堂课程表"，通过家长进班上课，让孩子们了解到不同职业的特殊魅力。

（2）钉钉班级劳动作业本。每周的家政作业完成情况都会由家长或孩子自己拍成照片，形成文字叙述上传班级钉钉群，通过技术媒介，形成家政作业的发布、实施、反馈、留档体系，使孩子在家劳动的过程和结果清晰可见。

（3）制定《家长工作指导手册》。"每一位家长都是重要的链接"，为更好地同家长在教育上"共识而为之，携手而为之"，我们与家委会共同制定

了《家长工作指导手册》，其中关于劳动教育明确提出"家长要营造崇尚劳动的家庭氛围，并以身作则，通过日常生活言传身教、潜移默化，让孩子从小养成爱劳动的好品质、好习惯"。并发布"学生家庭劳动作业包"，让家长清楚孩子小学阶段要完成的家庭劳动具体内容和指导方法。

这样，劳动教育犹如一条隐形的丝带，让学校、学生与家庭之间的关系更加融洽，联系更加密切。

比如，六年级家政作业有一项是"为妈妈做一顿饭"。一个从来没有做过饭的学生，从买菜到和面，为妈妈做了一碗手擀面。当孩子将面条端到妈妈面前时，妈妈哭了，"没想到，昔日嗷嗷待哺的婴孩，已成为独当一面的少年"。现在，学生周末在家不是懒洋洋地看电视，而是津津有味地做家务，用自己的劳动让家庭环境变得更美好。

我们始终相信"教育＝关系＋联系"。

社园劳动课程：以联动参与发展素养

儿童终有一天会走进社会，所以小学阶段的社园劳动能够帮助儿童提前接受职业启蒙，感受公益服务，为自己未来的生涯规划奠定基础。为更好发挥社会在劳动教育中的支持作用，我校有意识、有目的地进行资源链接，与企业、工厂、社区和社会团体保持互动，通过社会多维实践场所，增加儿童的劳动体验方式。

1. 单位见习，获得职业启蒙

每个职业都有其背后的光彩与艰辛，儿童通过走进不同单位，体会不同职业属性，感受不同岗位内涵，了解不同行业特点。几年来，我们与儿童一起走进消防大队、派出所、早餐店、制衣厂、银行、牙科诊所等不同单位，每到一个单位，孩子们都会提前设计调查单和访谈提纲，在实际了解的过程中，进一步明白一名成人从事工作时所需要的综合素质、通识能力及需要具备的特殊劳动知识和技能。通过职业启蒙，儿童自身未来职业志趣逐渐清晰。

2. 工厂体验，感受工匠精神

"走进工厂"系列体验活动是儿童感受工匠精神的有效途径。比如孩子们曾去服装厂的生产车间参观了衣服生产的流水线，知道了每个环节都要格外严谨，每个步骤都要相当精准，唯有认真、细心、钻研才能成就出色的出厂产品。工厂体验结束，孩子们回到班级还会模拟看到的流水线进行"衣服生产"，他们体会到了精心制作时对手、眼、脑、心高度专注的要求，更加领会了"工匠精神"的要义，增强了他们对于劳动的兴趣、热爱与担当。

3. 社区服务，打造奉献品格

比如新冠疫情期间，儿童能够感觉到自己所居住社区的作为与担当，在学校线上课程中我们就开展了"我能为防疫做点啥？"主题活动，通过讨论了解到，除做好自身防护外，有同学主动省下压岁钱同父母一起购买防疫物资，捐赠给社区和学校。此外，我们多次带领学生走进养老院、儿童福利院、社区服务中心进行公益服务，在这样的劳动体验中，孩子们更能体会到生命的高贵正是源于劳动中的无私奉献。

通过劳动课程，我们欣喜地看到孩子们作为校园义工穿梭在不同岗位的身影，看到在田园校区收获班级"一亩田"果实时的喜悦神情和全家总动员参与家务劳动的温馨场景，看到在"让城市在爱中醒来"主题活动中孩子们眼睛里流露出的对城市不同职业工作人员的敬佩。

深入泥土，完成扎根：课程实施的其他细节

1. 课时怎么安排？

《意见》要求学校根据各学段特点，把劳动教育作为大中小学教育的必修课，中小学劳动教育课每周不少于1课时。我校根据"四园联动"劳动课程的四个项目，以必修加活动的课时组合，将学生每周在校园、田园、家园、社园的劳动时间做出课时划分。

低年级学生年龄小，居家时间长，对学生劳动教育的比例上侧重为校园劳动和家园劳动，内容以劳动认知为主；中年级学生校外参与时间增多，课时上田园劳动和社园劳动的比例按照中段学生年龄特点加大；高年级学生居家时间减少，学科综合能力加强，课时比例侧重在社园劳动和校园劳动上。

我们注重劳动中的真动手、真感动和真创造。在我们看来，如果将儿童的发展看作一棵生长中的树，那么"真动手"便在帮助这棵树深入泥土，完成扎根；"真感动"帮助这棵树完成内在养分循环，助其萌发；"真创造"帮助这棵树开花结果，有所收获。

2. 课程形式怎么开展？

"少讲授、多探究、重实践"，在这种课程原则之下，学校积极发挥主导作用，教师做好各项劳动教育的安全、流程、技术的讲授，在校内进行开放性校园劳动，把课堂设置在每个校园劳动的现场，以学生自主探究为完成的主要方式。

我们期待通过"四园联动"劳动课程，帮助儿童将顺内在生长逻辑，打通个体生长路径，让儿童能够真正地自然生长。

3. 课程如何变得有"温度"？

"办有温度有故事学校"，艾瑞德一直认为温度是教育的底色、磁场、翅膀和力量；故事是教育的实践、经历、艺术和味道，怎样将多件事情完美整合呢？

学校"校长课程"中，李建华校长常常通过他每天的"校长60秒"为同学们带来关于劳动的故事，在一个个故事里，我们听到后勤中心维修工的辛劳、学生劳作的喜悦、老师辅助成长的收获、家长为孩子亲手做的"一碗面"感动……

不仅校长讲劳动的故事，老师、学生和教职工都在通过自己的方式发掘、梳理、表达、传播劳动的故事。

4. 课程评价怎样落地？

近两年来，我校期末综合素养测评围绕关键词"未来"进行，各年级呈现了"学习在当下，努力向未来""预见未来，'职'为等你""畅游'未来乐园'"等测评主题，同学们在现场招标、体验职场、设计图纸、配乐演讲等过程中构思未来，其中无不彰显着他们的劳动知识、劳动技能、劳动习惯、劳动精神等劳动素养。这使我们看到儿童勇敢面向未来的志向，更使我们相信他们可以通过自己的劳动创造出美好的未来。

回首过往之路，看到劳动教育的"孤独"终于见到了"彼岸"，我们欢欣鼓舞；憧憬未来之路，助力劳动教育在更广阔的教育时空中由"独白"走向"对话"，我们责无旁贷。

在劳动教育中坚守儿童立场、涵泳温度故事、追寻自然生长……我们期待，在探索新时代劳动教育课程图谱、育人路径的同时，完成劳动、教育与生命的相互成全。

（本文发表于"新校长传媒"公众号2020年6月2日）

教学『力』

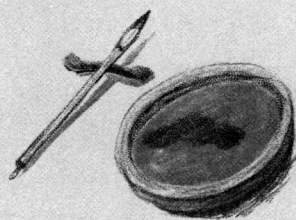

艾瑞德国际学校对"自然生长课堂"做深度探索，以原生态的课堂为对象，以多角度、多层面的把脉引领，形成新课堂理念下的课堂生态和课堂文化。遵循并践行"自然生长课堂五要素"，即基于关系的相遇与对话，基于自主的探索与发现，基于合作的互动与体验，基于理解的分享与表达，基于发展的激励与评价。

　　此外，以发展教师专业能力的"代表课"、新教师亮相课、产假教师返岗课等一系列教学研讨活动呈现了周周推进、每日听评课的常态，引领各学科间的连接，加强教师学科整合的能力，大胆试水跨学科教学的实践探索。

武术教育走进中小学的实践探究

李莉娟

【摘要】 中华武术作为中华民族传统文化的瑰宝，历史悠长、博大精深。如今青少年身体素质不高，加上外来文化的影响，我国优秀的传统文化难以得到传承和弘扬，其发展举步维艰。中小学阶段是培育学生德智体美劳全面发展的最佳时期，青少年学生担负着传承和发扬我国优秀传统文化的重任。因此，中小学武术教育不仅有助于锻炼学生的身体素质，更有助于增强学生的心理素质，对弘扬中华文化、提升民族自豪感也有积极的促进作用。

【关键词】 中小学；武术教育；武术校队；武术拓展课

培养一门兴趣，从小"抓起"自然是最好的选择，武术的培养亦不例外。因此，在中小学生中开展武术教育应成为继承与弘扬中华武术文化的重要一环。随着互联网的发展与影视文化的传播，中华武术瑰宝获得了更多的曝光机会，也获得了更强的生命力。对武术充满热情的人群，遍及全国甚至海外。此外，人们对于武术的认知不再仅停留于格斗与强身阶段，而是上升到了文化阶段。习武人群也从中老年人慢慢过渡到了年轻人，甚至是中小学生。习武年龄逐渐下降的趋势恰恰印证了中华传统武术的魅力。

为了让作为中华传统文化瑰宝之一的中华武术得以传承，在中小学开展武术教育是一种重要的方式。学习传统武术，是让学生感受中国传统优秀文化的切实而直观的途径，让他们在亲近传统文化的同时激发他们热爱祖国、热爱民族的自豪感。

郑州艾瑞德国际学校在武术教学中初见成效。目前，武术进校园工作取得阶段性的进步，学校领导重视、体育组工作得力、教学目标清晰等使得学生锻炼成效明显，学校武术氛围较浓厚。接下来，笔者将对艾瑞德国际学校武术进校园的实践进行相关分析。

一、武术进课堂激发学生对武术的兴趣

降低武术难度，普及教学。学生刚开始学武术的时候，笔者会给学生播放关于武术的电影，如《叶问》《少林寺》《唐山大兄》等，在观看电影的过程中，学生认识到武术是中国的传统文化，承载着中国人的智慧和精神，学生的心中也会种下一个"英雄梦"，从而激发学生对武术的好奇心和兴趣。在上体育课的时候，笔者把武术融入体育课堂，让学生学习简单的手部动作，比如：冲拳、推掌、勾手、穿掌等，使每个学生都能学会这些基本动作。接着，笔者逐步教学生基本的步型，比如：弓步、马步、虚步、仆步等。在教学过程中，为了让学生练好武术基本功，教师会严格要求学生将动作做到位，同时要适当表扬刻苦训练的学生，增强他们的自信心，锻炼他们刻苦拼搏的品质。

采用课堂情境设计，增加武术器材，运用丰富多彩的教学方法。武术电影中除了有各种各样的拳式之外，更有五花八门的武术器材，这也是学生感兴趣的地方，所以在课堂中加入一些武术器材十分必要；但是有些武术器材对于刚学武术不久的学生来说存在潜在的危险因素，所以教师一定要选取一些简单的、安全的、适合学生的武术器材，比如：功夫扇、木剑、短棍等。

二、在校园开展丰富的武术活动

武术观赏价值高，在表演或者比赛中，都是人们聚焦的中心。我们在各地文化场所可以看到精彩的"南拳""北腿""刀枪锤棍"，无一不让人紧张聚目，身心愉快。同理，作为表演者，对于自己阶段性的武术锻炼成果，大家的肯定和赞许无疑能极大地增强习武者的自信心。所以，我们在学校中开展了一系列武术活动，为学生提供展示自我的平台，在宣传和弘扬中国武术文化的同时，锻炼学生的身体和心理素质。艾瑞德国际学校通过校运会、元旦晚会演出等平台，让更多学武术的学生得到展示自我的机会。在表演中，既让小学生得到更多的自我肯定，也让学生保持了学习传统武术的热忱和毅力。此外，武术活动也使学生有一个阶段性的总结，并且对下一阶段的武术锻炼保持更高的期待。

三、成立武术校队，开展武术拓展课

为了让武术可以成为学生的一技之长，武术校队的学生每天下午放学都会到体育场集中训练一个小时，他们平时的训练强度和难度都会比上武术体育课的难度更大。每次训练完，学生都是满头大汗、气喘吁吁。对于学生来说，虽然武术训练很辛苦，但也能从中体验到练武的快乐与成就。带领校武术队参加省、市、区的武术比赛也是学校的一个重要目标。让武术教育"走进来"，让学生"走出去"。我相信他们在获奖的时候是幸福的、开心的，更重要的是能得到别人的肯定和自我肯定。武术比赛是学生切磋武艺、增进情谊的方式之一，在比赛中能让学生克服自己的害羞与胆怯，通过公众表演，让他们形成良好的心理素质，让他们敢于表现、敢于交流，这也为他们今后成才打下坚实的基础。

四、学校大课间加入武术元素，增强武术氛围

传统的学校大课间活动都是广播体操，较为简单与固定。因此我校根据一些武术基本动作，编排了武术健身操，我校编排的武术健身操与广播体操相比，动作多样，变化更多，锻炼方法突破原有体操形式，能更有效地锻炼中小学生的身体柔韧性、协调性、灵活性及节奏感。通过武术健身操，让所有学生感受武术文化，并且在每天的武术音乐与动作的熏陶下，学生在健身的同时又学会自卫技能，慢慢培养学习武术的兴趣，有助于传承优秀传统文化、弘扬武术精神。

体育教师根据学生的特点选编了一套由武术的基本动作组成的功夫扇健身操，配上《中国功夫》的音乐，使全校学生武动起来，再打一套能放松身心的武术太极——八段锦。学生在练习武术健身操的过程中，锻炼了身体素质，在入门接触武术、接纳武术的过程中，对武术产生兴趣，使其进一步从被动转为主动地参加武术锻炼。比如，进入武术课堂或者武术校队、武术拓展课，进行更加系统的训练。目前该武术操取得了良好的效果，更多的家长和学生开始认同武术进课堂、进校园，参加武术校队的人数与日俱增。

综上所述，武术进课堂，有利于学生的身心健康发展。从身体上看，提升了学生的身体素质，给后期漫长的求学生涯打下健康的身体和心理基础，合乎中小学生"德智体美劳"全面发展中"体"的发展要求；从精神上看，可以锻炼学生坚毅的个性，有利于提升其成长过程中的抗压能力，让学生在与同学的协同训练过程中，提升学生的协作与社交能力。此外，武术进校园，对弘扬中华文化、提升民族自豪感也具有正向的引导作用。

（本文发表于《中小学教育》2020年第24期）

新课程理念下小学语文自主学习模式的构建

李晓岚

【摘要】 自主学习相较于传统接收学习而言是种更为现代化的学习方式，它可以是学习主体较为明确的学习目标，也是对学习内容和过程极具自觉意识、反应的学习形式之一。针对语文学科而言，教师需要将教学观念及时更新，积极转变学习模式，助力学生确定学习目标，有效引导合作学习，推动小学生养成良好的学习习惯和提升能力。

【关键词】 新课程理念；小学语文；自主学习

引 言

新课程理念强调了学生课堂主体地位，自主学习是现代化学习模式的一种，极大地区别于传统学习模式。自主学习让学生的主体学习地位被摆在第一位，对学生的自主分析能力、探索能力和创造性学习能力加以锻炼，进而切实完成学习目标。整个小学教育里，学生自身思维较为活跃，极富想象力和好奇心，有利于培养学生自主思考能力和创造力。

一、新课程理念下创设游戏课堂，丰富学生知识体验

整个语文课堂教学实践里，识字和字词教学比较无聊，也不是学生感兴趣的内容，教师需要思考怎样才可以让学生发挥主动性。笔者认为，重点就在于教师需要在教学实践里合理展开引导。小学阶段，教师可以在课堂上展开游戏活动，提升课堂吸引力，主动将学习内容转化为自身能力，整体提升学生自身的学习成效。

比如在《爬天都峰》教学实践内容讲解时，教师需要根据识字规律，使得学生能够充分认识到字形构造，形成一个具体而又形象的认知。在此基础上，应当让学生可以对字词有比较适配的记忆。整个写字练习中，学生怎样在有限的时间内最大限度地记忆文字，最为合理的方式就是进行字词游戏，在游戏的有效驱动之下，学生能够投注饱满的热情到实践学习中，深入提升识字、字词等学习成效。小学生的特性决定了他们更适合进行游戏教学，在语文课堂上展开识字、字词教学时选定适配的游戏活动，能够促进学生主动吸收知识，让自身的学习成效提升。

二、新课程理念下把握学生心理，融入生活情境教学

生活是知识产生的源泉，语文也不例外。在教学实践中对语文和生活的关系合理把握，可以行之有效地将学生的学习兴趣调动起来，将学生自主学习的欲望激发出来。所以在语文教学中，教师应当侧重于将生活化的情境合理地融入语文教学实践里。

比如在《争吵》内容教学的时候，教师可以选择生活中同学们十分常见的矛盾作为话题设定课题引入，学生不会对此话题感到陌生，乃至于可能此前课堂上发生过相似的事情。所以，教师应当尽可能以生活化的话题适当引入，可以合理激发学生的阅读兴趣，推进学生充分体会文本中伙伴

之间、同学之间遇上矛盾时的心路历程，进而让学生可以随着文本内容的变动而了解到自身的不足和问题，进而积极主动地改进自身错误。学生心理的把握对于课堂教学十分重要。教师展开适配的教学更多是要了解学生，对症下药。所以选定融入生活情境教学模式，把握学生心理，能够助力学生夯实知识基础，提升整体语文素养。

三、新课程理念下创设阅读课堂，加强学习情境体验

随着科技发展和现代教育技术的进步，教师在语文教育教学实践中，可以恰如其分地采用教育媒体，积极创设出生动且有趣的学习情境，可以适当地激发出学生的学习兴趣，显著提升学生学习成效。具体课堂上，教师应当创设出阅读情境，让学生在充分学习体验下促进自身语文知识学习。

比如《北京的春节》学习全过程里，语文教师运用多媒体积极创设出春节的节日氛围，罗列出南方的蒸糕、北方的蒸花馍、炸油果、瓜子和花生等美食，进而给学生一种过年的热闹氛围，让学生可以在生动的学习情境里详尽地获悉本地的节日特性，在积极学习实践里下意识地对比本地特色和北京春节，让学生可以更为自主地投入到学习实践里去。转变思想观念，在充分感受北京城的过节气氛之后，做好种种丰富准备，使得学生学习氛围被有效激发，至此显著提升了学生自身的学习成效。教师根据文本内容设定适配的教学模式和氛围，让学生能够从良好的阅读氛围中充分感受文本内容，加深理解，至此，学生可以在深入了解的基础上更好地学习知识，提升语文成绩。

四、新课程理念下开放课堂空间，实现学习过程自主

要构建真正意义上的自主学习模式，教师要开放课堂空间，就不能畏

手畏脚。只比传统课堂多给学生几分钟时间是没有效果的，是假的自主。教师应有勇气完全打破经验和传统。如果怕学生在课堂上跟你抬杠，怕学生未经允许就和同学交流，怕学生在课堂上"喧哗"，那自主课堂就建不起来。不要怕课堂像个"菜市场"，只要激趣做得好，保证学生的思维聚焦在学习上，就没什么可担心的。

教师允许学生在课堂学习过程中随机发言，对自己没有理解的、有疑问的知识即时发表意见或向教师、同学提出问题。如果我们要求学生只有在教师允许的情况下，只有在教师安排好的互动环节才可以发言，学生就会错过一些"闪念"。比如在教《赠汪伦》的时候，学生在读到"桃花潭水深千尺"（夸张手法）的时候，会想"桃花潭的水真的有那么深吗？"如果他这时不直接提出问题，等让他提问的时候，可能早就把这个一闪而过的问题忘掉了。这就错失了把握诗歌写作手法的一次好时机。

全体学生一起探究时间上不利于学生充分表达或思考，独立探究又因形式呆板、个体思维空间局限而效率不高。小组合作式探究则既活跃开放，又能保证每名学生的参与度。比如学习《看不见的爱》，我让学生探讨"文章中所说的'看不见的爱'是指什么？"如果让全班同学一起说，一是比较乱，二是还没等大部分同学发言，正确答案就出来了，就失去了表达的机会。而让大家四五个人一组，探究的质量和参与度就比较高。

结　语

现阶段，我国新课程理念背景下强化教学中的自主学习教学形式很重要，尤为看重模式创新和运用。因为培养自主学习能力是一个持续性的工作，同时也和课堂教学形式联系紧密。如此，既要求教师能够强化教学理念、教学形式等创新，同时也可以促进学生自我约束、自主探究等良好习惯的养成，进一步提升学生的学习能力、创新能力等。

参考文献

［1］陈芬.自主学习 合作交流——新课程理念下的小学语文微课互助课堂教学模式应用［J］.小学时代，2020（07）：17-18.

［2］区杏湘.新课程理念下小学数学课堂自主学习模式的构建［J］.创新创业理论研究与实践，2019，2（07）：111-112.

［3］冯秀梅.新课程理念下小学语文自主学习模式的构建［J］.青春岁月，2010（22）：269.

（本文发表于《中小学教育》2021 年第 5 期）

找到属于自己的独特阅读感悟

杜　静

《小田鼠弗雷德里克》是美国作家李欧·李奥尼写的一个童话故事。故事讲的是小田鼠弗雷德里克收集阳光、颜色和词语，在寒冬来临时为同伴带来温暖与快乐，告诉我们在生活中不仅需要物质的储备，还需要精神的力量。

结合本单元的语文学习要点"阅读时尝试从不同角度去思考，提出自己的问题"，在设计本课时，我重点围绕课文关键语段对学生进行朗读的练习、提升、感悟与语言品味，引导学生从读中悟、读中思，一方面尝试针对课文内容提问，一方面针对全文提问，并尝试在反复品味语言的过程中，找到那份属于自己的独特阅读感悟。

通过自己的教学实践，课后我做了如下反思：

本单元的练习重点是学会提问，结合文章特点，在教学时，我鼓励学生在熟读课文的基础上，针对全文提出一个有价值的问题，并在小组内对问题进行整理，最后把各小组的问题张贴在黑板上，让学生进行归类，进而发现大家提问的角度不一样，启发他们提问可以有多个角度，并注意甄选问题的价值，从而提高自己的问题意识和解决问题的能力。爱因斯坦曾说："提出一个问题，往往比解决一个问题更重要。因为解决问题只是运用已知的生活学习经验而已，而提出新的问题却需要创造性的想象力。"学生在这个过程中慢慢掌握提问的策略，实现部编版教材本章节"学会提问"的单元学习目标。

《义务教育语文课程标准》指出：各个学段的语文教学都要重视朗读，并加强对阅读方法的指导。李欧·李奥尼的语言充满了诗意和韵味，适合在具体的语境中进行朗读训练，以情导读，以读促悟。在一遍遍读的过程中，学生加深了对课文的理解，增进了语感，拓展了想象，对主人公弗雷德里克与众不同及充满诗意的生活状态有了深切的体悟。

课堂上，深入进行小组合作学习，"基于关系的相遇与对话"体现得较为明显。师生之间围绕着同学们提出的关键问题"弗雷德里克为什么是一个诗人"展开深度对话，紧扣课文，层层抽丝剥茧，进而从自己的阅读感悟中明白，原来意境深远的文字和丰富瑰丽的想象让弗雷德里克成了一个诗人。学生和作者之间围绕课文言浅而意深的语言反复品读，去理解作者想要告诉我们的道理：物质储备和精神储备同等重要，如果我们没有留心收藏快乐的片段，构筑坚实的精神防备，在困难降临时，内心将失去力量，难以为继。学生和学生之间围绕大家共性的关注点"课文为什么以弗雷德里克命名，弗雷德里克和大家究竟有什么不同"展开讨论，在相互碰撞中体会独特是弗雷德里克的身份标签，独特的价值值得思考，独特性是故事写作的一种方法。

培养和发展学生的想象力是开发智力，培养学生创新能力的重要途径，也是新课程标准的重要目标。《小田鼠弗雷德里克》这一课学习过程中，在熟读课文的基础上，我及时提出问题引导学生展开想象。例如，弗雷德里克收集的阳光带给大家的感觉，五彩缤纷的田野都有哪些景象，既培养了学生的想象力，又加深了学生对课文内容的理解。

统编教材的双线结构，单元主题都在鼓励学生读整本书，从一篇文章认识一位作者，进而亲近他的作品。我在执教《小田鼠弗雷德里克》一文的过程中，注重培养学生的发散思维，鼓励学生通过学习本篇课文走近作者，并读懂作者笔下生动有趣又富含哲理的一个个故事，以及所蕴含的道理。

　　一节课下来我发现，课堂学习目标基本实现，学生参与度较高，学习的兴趣一直很强烈。但是我也注意到，在这篇课文的学习过程中，由于学习时间的分配存在一定偏差，学生的自学时间不够充分，对话交流不够深入。此外，各个环节的衔接还不够流畅，这些都是以后需要改进的地方。

　　　　　　　　　　　　（本文发表于《中国教师报》2019 年 10 月 16 日）

指向习作的阅读教学

——巧用叠词

杜 静

作文教学是小学语文课堂教学中的重要组成部分，是检验小学生语文知识积累与运用最直接的方式。作文教学在语文课堂教学中占有很重要的地位，是语文教学的重点，但也是需要突破的难点。不少学生在习作时会出现畏难情绪，迟迟不敢下笔，在不断受挫的过程中，最终得出一个错误的结论——我不会写作文。

小学生学习习作确实需要老师的帮扶，指导他的老师需要帮他们完成一个一个技巧的突破，不能急于求成，语文书中的每一篇文章都堪称典范，我们如何挖掘教材文本的价值，让学生反复练习，进而获得熟练的技能，一点点建立习作的自信呢？我们可以从叠词在习作中的运用这一点作为例子举例说明。

一、深挖教材的教学价值，一课一得落到实处

六年级上册《匆匆》一课的语言文字很美，作者擅长运用短句，意象

的选择也是明媚而富于跳跃性，再加上叠词运用得恰到好处，读起来富有韵律感且朗朗上口。这篇文章有很多亮点可以学习，叠词就是其中值得师生深入探讨的一个教学点。

（一）什么是叠词？

叠词又叫"迭音词""迭字""重言""复字"。它是将相同音节重叠起来使用以加强描写效果的一种语言表达方式。它有两个要素：组成词的单个字是同一个字；单个字的组成部分也要是同一个字或偏旁。例如：黄澄澄、沉甸甸、红彤彤、白蒙蒙、黑黝黝、黑乎乎等。

（二）叠词的来历

追溯起来，叠词最早出现于《诗经》，打开《诗经》，首篇之作即是历来为人所称道的《关雎》。上至八十岁老翁，下到五岁幼童，只要接触古典文学，一定会顺口说出"关关雎鸠，在河之洲"。"关关"即状摹雌雄二鸟相和答的声音的叠词。

《诗经》中大量叠词的使用对后世文学有深刻的影响，例如屈原的《离骚》，大量的叠词更是用得已臻化境。我们读起来，山之巍巍，水之泱泱，芳草袅袅余香仿佛尽数在眼前，不得不说，叠词起到了很大的作用。到近代的散文，朱自清的《匆匆》可谓奠定了散文的基础，奠定了散文语言的规范。

（三）叠词的作用

在文章中使用叠词可以使描绘的景色或人物更加形象，富于艺术魅力；除此之外，既可摹声，又可摹色，使表达的意象更加确切；还可以使音律和谐，读起来朗朗上口，听起来声声悦耳。

朱自清的《匆匆》一文叠词大量运用，在文中，阳光是"斜斜"的，时间去得"匆匆"，还能够"轻轻悄悄"地挪移，"伶伶俐俐"地跨过，"我"

也跟着"茫茫然"旋转，甚至"头岑岑""泪潸潸"，将时间和生活中具体可感、可视的景联系在一起，将内心深处幽微的感情体验描写得淋漓尽致，让人读来深受感染。

二、指向写作的阅读教学，叠词如何运用

教师能够在研究文本的时候留心到叠词，就算把握到一项文本的教学价值，如果再能够有意识地教学生使用叠词，多加练习，直到熟练掌握，学生就完成了从概念获得到技能掌握的过程。

（一）叠词在小学阶段的出现学段

小学语文课本第一册《小小的船》一文中，课后习题"读一读，照样子说一说"中，有"小小""弯弯""蓝蓝""闪闪"等词。一年级下册《荷叶圆圆》课后练习题，让学生"读一读，写一写"："荷叶圆圆的，绿绿的。苹果＿＿＿，＿＿＿。"学生在老师的指导下联系生活可以仿写词语，由此，学生初步对叠词有了一个概念。

在这个阶段如果老师足够敏感，能够系统地看待语文教学，就可以引导学生有意识地尝试使用这些叠词进行句子训练，为看图写话及接下来的写作打下基础。

（二）叠词在小学高段的练习运用

《匆匆》一文的课后练习题非常明确地给出了一个提示：仿写课文第三自然段，第三自然段正是大量叠词运用的段落，学生既要联系客观实际，又要尝试表达主观情感，有一定难度，难免会出现词不达意或者牵强附会现象。这个时候，教师可以相机点拨，帮助学生掌握叠词在作文中的运用技巧。

（三）叠词在习作中出现的问题解决策略

从概念获得到练习使用，差错归因，跳出陷阱，最后能够熟练运用，不是一蹴而就的。当教师以范文为例，引导学生使用叠词进行习作时，最常见的问题是，学生第一缺少积累，第二未能留心观察生活，所以骤然练习，会出现生硬照搬、不符合实际的情况。教师可以提前提供叠词词库，让学生有意识地去识记，在脑海中储存词汇，再一点点引导，尤其需要注意的是，在指导的过程中，第一步，学生能去尝试就需要去肯定，接下来再指导语言的规范使用，从扶到放，一点点提升学生习作的热情，练习使用叠词的信心。

叠词充分利用了汉语语言音节的特点，把字音复叠所具有的表情达意的作用，提高到了十分完美的境界，运用叠词还有助于生动、细致地描绘人物的情感或神态，使人物的形象栩栩如生，跃然纸上，从而令读者如闻其声，如见其人，达到真切感人的修辞效果。教师在执教高段的时候，要有高度的语言文字敏感度，合理指导学生使用叠词，使文章鲜活生动，富有韵律美感。

（本文发表于《小学教学》2020 年第 12 期）

自主学习能力培养五步法

张文丹（笔名：凤歌）

自主学习是学生在教师指导下，充分利用各种资源，能动地确定学习目标，自主分配学习时间，选择学习策略，管理学习进程，评价学习表现的独立的、有选择的、创造性的学习活动。

会学的本质不是掌握知识，而是掌握获取知识的方法，进行自主学习。拥有较高的自主学习能力对每一位学生都很重要。为了培养学生的自主学习能力，我采用了五步走的方法，取得了较好的效果。

第一步　激发好奇，提高兴趣

对事物的好奇是学习的开始，当学生对所学内容有强烈的好奇心时，学习就会自然地发生。在教学中，我与任课教师商定，引入学科项目化学习的相关要素。

首先，在教授新的学习内容之前，先设置一个驱动性问题，学生如果想解决这个问题就必须掌握相关知识。有了驱动性问题的指引，学生就能够较投入地学习相关知识。

在学习《比尾巴》一课之前，引入驱动性问题：为什么有的动物没有尾巴？学生带着这个问题回家查找资料或询问他人，第二天在课堂上分享，当有学生提到不同动物尾巴形状不同时，再进入当天的课文学习。

其次，让学生经历有意义的学习实践。如上文提到的《比尾巴》一课，要求学生课下设计一种动物，并给这种动物设计一条合适的尾巴，向他人讲解自己设计的理由。这一作业中涉及探究性学习、艺术设计和社会性实践，与生活联系紧密，也能够激发学生的学习兴趣。

第二步　明确目标，家校共育

有了学习兴趣之后，就要明确学习目标。在以往的教育中，教师很清楚学科目标，对学生的知识地图和需要达到的学习目标也了如指掌。然而学生本人和家长都不知道自己应该达到什么样的学习目标。

盲目学习的效果必然不佳。因此，作为教师，要将每节课的学习目标清晰地告知学生，学生根据自己的实际情况，在统一目标的基础上再设立自己的学习目标。如此一来，学生的学习会更有方向，也能及时检查自己离目标还有多远，从而更能坚持下去。

另外，作为班主任，不仅要对自己所教学科的学习目标非常清楚，还要及时跟任课教师沟通，了解学生各科学习目标。对于在学校无法自主达成学习目标的同学，要及时跟家长沟通，让家长明确学生学习目标，并及时辅导学生，实现家校共育。

在实际操作中有一个非常好用的方法：每位同学准备好一个学习目标计划本，用来记录每周或每天的学习目标，同时也可以作为检查目标达成的依据和家校沟通的媒介。

第三步　制订计划，安排时间

学生明确学习目标，能够有效激发其达成目标的愿望，但要靠自主学习达成目标还需要一定的学习方法和策略。其中最重要的就是制订学习计划。学习计划包括三个部分：学习目标、具体学习内容、时间控制。

刚开始，班主任可以在班会课上分享如何制订行之有效的学习计划。比如，给每位同学发一张学习计划表，将语文学科当天需要达成的目标填进去，为了达成目标需要进行哪几项内容的学习，在每一项内容后面标注清楚是老师讲授还是自主完成，最后明确自己在哪个时间段可以自主完成学习内容。

这种训练看起来很烦琐，但在学生熟练之后，往往几分钟便能完成。计划训练最好在每门学科中都进行 1 ~ 2 次，让学生明晰不同学科制订学习计划的特点和细微差别。经过一段时间的训练之后，学生就可以利用自己的学习目标计划本来自主规划自己每天、每周，甚至每月的学习计划了。

当然，计划做好之后，最重要的是学生要训练自己严格按照时间表规划完成学习内容。

第四步　小组合作，群体激励

优秀的伙伴，良好的班风，都能对学生的自主学习能力产生影响。因此，将自主学习与同伴合作结合起来，更能激发学生的学习意识，也更能发挥群体效应，互相学习、共同进步。

首先，教师可以根据学生特点进行分组，让自主学习能力强的同学在小组中占主导，同时每一位小组成员都有机会发挥自己的优势，感受到被需要。

其次，有意识地布置一些需要小组合作才能完成的作业，并引导学生研究任务目标，合理划分任务职责。

最后，给小组合作展示的机会，让每一位同学看到自己努力的成果。

第五步　交流分享，共同进步

作为班主任，要及时利用班会课组织学生交流学习心得，并引导学生将好的学习策略总结出来，加以运用。

其实，除了老师教授的自主学习方法以外，很多学生在实践中会有自己的学习心得和有效的学习方法。"独木不成林"，鼓励自主学习能力强的同学分享自己的学习方法，不仅能让其他同学受益，更能激励自己总结学习方法，有意识地运用好的学习方法。

当班级每位同学都有较高的自主学习能力时，良好的班风便形成了，每一位同学都能从自主学习中受益。

自主学习能力不是孩子天生的，指导学生提高学习兴趣、明确学习目标、制订学习计划，学会利用资源、小组合作互助，是每一位老师的责任，更是班主任工作的重要内容之一。

（本文发表于《班主任》2021 年第 1 期）

自然生长五要素下的小学英语
"同课异构"教学研究

刘美玲

【摘要】 随着以学生为中心这一教学模式在教育界的发展，身在一线的老师们开始利用各种方法实现真正意义上的翻转课堂，优化以生为本的课堂教学活动。针对小学英语学科学习的基础课堂，文章结合自然生长教育理念，就如何利用"同课异构"课堂教学实现小学英语的翻转课堂，以及怎样在课堂教学过程中明确师生的角色转型等问题进行了探究，从而做到将课堂归还给学生，让学生成为学习的主人，提高学生学习的积极性。

【关键词】 自然生长；同课异构；以生为本

每一位教师的教学行为都是受一定的教学理念支配的，没有科学的教学理念，就没有科学的教学行为，而教学理念是随着时代的发展而变化的，它是与时俱进的，艾瑞德国际学校提出的自然生长五要素，即"基于关系的相遇与对话，基于自主的探索与发现，基于合作的互动与体验，基于理解的分享与表达，基于发展的激励与评价"，合称"自然生长课堂五要素"。五要素更全面地描述了自然生长课堂的特点和主张。

"同课异构"是指选用同一教学内容，根据学生实际、现有的教学条件和教师自身的特点，进行不同的教学设计。该方式有利于比较不同的教学设计所产生的不同教学效果，进而促使教师贯彻"以生为本"的理念，转变观念，更新方法，创造性地实施新课堂，提高教学质量。不同老师有不同的风格，有的老师春风化雨，有的老师循循善诱，有的老师思维缜密，有的老师飘逸自如。每个人的性格、语音、语调，形成了独特的教学魅力。结合自己的性格特点和教学风格，我定下了以游戏教学、思维导图、小组合作为主的上课方式，尽力做到课堂高效而不拖沓。具体做法如下。

一、吃透教材

　　教材，历来被视为课程之本，教师不仅是教材的使用者，也是教材的建设者。吃透文本，明晰课时学习目标，分析学生学情，进行新旧知识和前期经验或情感的连接。笔者静下心来，认真思考如何使枯燥的文章通俗易懂，让学生乐于参与和拓展呢？

　　课例选自 Get smart 3 Unit 9 My dairy 第一课时内容，通过主人公回忆度假中美好的一天写成日记。课程目标为基础目标，生词短语有 find，shells，look at stars，buy postcards。让学生领会全文脉络，绘制思维导图，活学活用动词过去式的肯定与否定表达。

　　小组合作，根据抽签所得的时间、地点、人物等信息绘制小组思维导图，并能够仿写 My dairy。根据绘制思维导图并清晰准确地用过去式和过去式的疑问、否定形式表达。笔者对教材做了如下处理：首先大胆起用"小老师"，让班级上程度较好的学生和我共同来担任老师，进行师生之间的合作学习。"小老师"是不固定的，只需要自荐和提前备课以熟悉教材内容及重难点。这样一来可以调动全班同学被动变主动的积极性，另一方面，"小老师"和同学们有着平等的关系，沟通学习起来更加顺畅。

其次课程采用思维导图为核心设计。思维导图又形成两个梯度：第一梯度，以问题为导线举全班之力，理清文章脉络及知识点之间的逻辑关系，完成整个课程的思维导图板书设计。第二梯度进行思维导图的再升级，也就是小组通过抽签进行随机分配，加入本课学习的重点动词、过去式及动词过去式的否定形式来讨论生活中 What things can we do？ 进而促进课堂的生机，以学生为中心的理念得到了很好的体现。

二、换位思考

学生是学习的主体，学生的发展是英语课程的出发点和归宿，教师首先要全面了解学生，不仅知道要教给他们什么，更要知道他们已经掌握了什么，以及正在形成的发展知识与能力有哪些。既要了解学生的程度，同时要从学生的身心发展规律出发，把学生作为重要学习资源，用他们的经验和知识积累去补充课本，有血有肉地读活课本。老师要从教授者变成引领者、点拨者、帮助者、评价者，充分体现"以生为本"的理念。

三、教学反思

这节课的容量非常大，融听、说、读、写于一体，对于小学生来讲，确实有点难，但学生们整节课都学得非常投入。尤其是拓展学习内容，六个学习小组全部完成了思维导图，并且能够很好地应用新知识。感慨学生能力超强的同时也使我意识到：应将课堂真正地还给孩子，他们才是课堂真正的主人。

经过整节课堂教学过程，作者更是对自然生长五要素有了深刻的认识。师生间的相遇与对话，生生间的相遇与对话，师生与文本间的相遇与对话，师生与环境时空的相遇与对话，形成了愉快的英语学习场。这就形成了基于关系的相遇与对话。

从培养学生个体的自主性，到培养小组的自主性，再到培养班级的自主性，是一个逐步升级的过程，也是一个同步推进的过程。自主、合作、探究是新课标倡导的与传统相对的三种新的学习方式，也是基于自主的探究与发现。

丰富多彩的板书式导图能够搭建起学习支架，帮助学生厘清文章脉络，有助于学生把零散、孤立的知识点联系起来，将其组成一个完整真实的情境，这就是基于合作的互动与体验。

英语实际上是一种文化和传播。根据英语《新课程标准》，分享式教学也就是"互学"，可以使每个学生都是活动学习的主人和创造者，老师从传授者转变为指导者、参与者、观察者。在小组分享过程中，同学之间水平相当，地位平等，每个人都参与表达，这都是增强学生语言交际自信心的基础，使学生有机会切磋求解，互相合作。从而实现了基于理解的分享与表达。

自主的课堂参与是为了促进学生的自主学习。而学生的学习过程是在锻炼自主学习的能力。老师们只有认识到这一点，"相遇与对话"才会有效促进良性关系，"激励与评价"才会有效促进学生发展。

（本文发表于《科教导刊》2019 年第 28 期）

南宋山水画"边角之景"探析

钱　珂

【摘要】　宋南渡后，山水画"边角之景"兴起，人才辈出，其中李唐完成了从"全景山水"到"边角之景"的转变，刘松年将山水发展成为小景山水，马远、夏圭将"边角之景"推至南宋时期的主流风格，使山水画完全成熟，达到了南宋山水史上的又一高峰。

局部特写、边角构图、大幅空白便是"边角之景"的最主要特点，它所呈现的形式美和诗意美对后世产生了深远的影响，甚至远播东瀛。本文主要通过分析边角山水形成原因、主要代表画家之间的共性与个性，来深层次地认识南宋山水画"边角之景"。论文主要分为三大部分：

第一部分：概述南宋山水画"边角之景"，分析其形成原因并介绍主要代表画家。

第二部分：从构图样式、笔墨与意境表现这三个方面代表画家的个性，从差异中分析"边角之景"的发展过程。

第三部分：分析总结刘松年、马远、夏圭三人画风的相同点，从他们的绘画共性中深层次挖掘"边角之景"的风格特征。

第四部分：简述边角山水的艺术价值。

【关键词】 边角之景；李刘马夏；共性与个性；艺术价值

前　言

五代两宋时期，山水画逐渐发展并步入成熟的阶段，这期间涌现出大量出色的山水画家，他们在笔法、章法、墨法等方面有着巨大的成就，形成了山水画史上的两个高峰。山水画发展中的第一个高峰，画面大多用壮丽、丰实、气势雄伟的全景式构图，展现山川水流的全貌。南宋建立后，"边角之景"取代了"全景山水"，独特的边角式构图和大斧劈皴在山水画中的纯熟运用，使山水画达到了又一高峰，史上称"李、刘、马、夏又一变也"。

"边角之景"是南宋时期山水画的主流风格，明代的《格古要论》曾为之定性："全景不多，其小幅或峭峰直上，而不见其顶；或绝笔直下，而不见其脚；或近树参天，而远山低，孤舟泛月，而一人独坐：此边角山水也。"与北宋的全景山水相比，"边角之景"特立独行，采用截景特写的方式，留下大片空白，在构图上非常简洁，但不显空洞；画中物象虽然有所取舍，但是在构图上不会有残缺的感觉；画家细致地刻画各个部分景物之间的微妙比例关系，使画面更加统一。

"边角之景"主要由李唐、刘松年、马远、夏圭发展而来，他们不断丰富山水画的表现手法，在笔墨与章法等方面也是硕果累累，他们的绘画风格对后世画坛有着巨大的影响，甚至远播东瀛。本文正是通过对主要代表画家各方面的分析比较，总结其共性与个性，更加深入地探究南宋山水画"边角之景"风格。

一、南宋山水画"边角之景"概述

（一）"边角之景"成因分析

任何一种画风的形成都不是偶然的，它是在多种因素的推动和影响下发展而来的，"边角之景"也不例外，在这里主要从三个方面进行分析。

1. 社会环境的影响

靖康之变，赵构称帝，宋南渡，定临安为都城，与金对峙。宋高宗为保帝位，偷安东南，对金不断妥协，甚至打击抗金力量，助长金的气焰，使金的侵略加剧。在半壁江山摇摇欲坠的情况下，宋人的爱国情绪愈加激切沉痛，岳飞的"壮志饥餐胡虏肉，笑谈渴饮匈奴血"，辛弃疾的"沙场秋点兵"，陆游的"但悲不见九州同"等，无一不是爱国热血在沸腾。在这样的社会环境下，唯有画院中的画家才能安心作画，虽然必须迎合王公贵族的审美趣味，粉饰太平，表现安逸富贵的场景，但画面中却透露出画家面对现实的痛苦感受。他们笔下的画作风格大多都发生了转变，从柔弱、清秀、飘逸的线条，变为宁折不屈、抑扬顿挫、猛烈的大斧劈皴；构图也从上留天下留地的"全景山水"转变为"残山剩水"式的"边角之景"，从此，南宋绘画打上了时代的烙印。

2. 地域环境的变化

"中国的文化中心因为南宋的建立而发生了转移，表现在山水画家的画面中主要是从重点描绘山转移到描绘水。江南的水域大多开阔平静，站在远处，会有水天相接的感觉，这种景色经过画家的内化，又以空白的形式表现在山水画中，别有一番趣味。"南宋画家在青山绿水柳荫片片的西子湖畔长期生活，这水多山少、景色秀美的江南景色熏陶着画家，使他们开始排斥北宋时"一统江山"的满格局，追求清新淡雅、秀美温婉的小山小水之景，这就为南宋"边角之景"的形成打下了很好的基础。

3. 艺术的发展规律

画风的转变也是艺术发展规律的需要。北宋时期，画家将全景式山水的表现方法发挥得淋漓尽致，如"李成之遒劲，范宽之博大，王诜之幽深，燕文贵之缜密……"。南宋山水画家要想有所成就，就必须另辟蹊径，进行创新。"边角之景"的出现，彻底颠覆了全景山水，它的"近观其质"取代了全景观照的"远观其势"，用笔精练，构图概括简洁，以小观大，以有称无，使山水画的意境美取代了物象美，一跃成为南宋山水画的主流风格。

（二）主要代表画家简介

明人王世贞曾在《艺苑卮言》中论述："刘、李、马、夏又一变也。"这里的一变，标志着山水画的一次飞跃，也意味着边角山水的形成。论述中的"刘、李、马、夏"即李唐、刘松年、马远、夏圭，是南宋时期山水画"边角之景"最有代表性的画家，在绘画史上被称为"南宋四家"。

1. 李唐——"边角之景"的先行者

李唐，字晞古，河阳（今河南孟州市）人，宋徽宗政和年补入画院。他完成了全景山水与"边角之景"的衔接，被认为是南宋山水画新画风的标志。李唐的画作题材非常广泛，以"南渡"为界线，他的山水画呈现出两种迥然不同的风格。他前期的作品，大多反映了崇古思想，画作属于北方画派的全景山水，后期的作品，则显示了他的独创精神，后期画作中塑造的局部景观，打破了北宋时期"满天地"的全景构图，开创了南宋山水的新画风。

《江山小景图卷》就展现了他的创新，特写局部景色。李唐晚年采用截景特写方式创作的《清溪渔隐图》，是全新的南宋式山水画的典范，画卷没有完整地描绘树木和山石，只选取了部分场景，完全突破了全景山水的形式。比较其前后期山水画的风格差异，我们可以看出，其前期的作品景物具体繁复，后期描绘景物概括简洁；前期所画山石，笔墨藏于皴法之中，而后期注重笔墨，将皴法隐于笔墨。从李唐传世的画作来看，前期具有代表性的画作《万壑松风图》，后期则以《江山小景图卷》《清溪渔隐图》为代表。

2. 刘松年——小景山水

刘松年，钱塘人，画风继承董、巨，后师法李唐，效法其构图。他的笔墨精妙娴熟，比李唐的画法细致，他舍弃李唐后期随性、狂放的画风，表现山水更为收敛和严谨，他参照李唐前期的画法，变李唐的雄健奔放为典雅，着色妍丽。刘松年画作多描绘清秀的西子湖风光，因其取材多为园林小景，人们称他的画作为"小景山水"。

刘松年受李唐后期画风影响，舍弃北宋时层峦叠嶂的全景式构图，勾勒边角山水，截取风景局部进行特写，描绘细节，以有限的景物展现无限的风光，营造诗意的意境。最能展现其风格的作品是《四景山水图》，这幅四景山水图卷，分别以春堤踏青、夏塘纳凉、秋斋观山、冬院赏雪四个场景来表现四时的变化，描绘当时贵族在西子湖畔的闲逸生活，画面风格秀丽温婉，他在画面中用适当的空白表现远景和虚处，虚实对比，突出主景，意境深远。明代书画收藏家张丑曾在诗中赞赏他的画，说刘松年画作中描绘的西湖景色，到今天看来仍是秀色可餐。《四景山水图》已经略微显露出"边角之景"构图的精华，但其仍未突破李唐的风格，线条、皴法及渲染技法等皆是效仿李唐。

3. 马远——一角山水

马远，号钦山，原河中（今山西永济）人，"南宋四家"之一，出身于丹青世家，他历任三朝画院的待诏，是位全能的画师，擅长花鸟、人物和山水，其中以山水画最为出色，《图绘宝鉴》中称马远"种种臻妙，院人中独步也"。

马远的山水画线条刚劲，墨法苍润，构图简洁，对景物概括提炼，特写一角，留下大片的空白，但画面不显空洞，意境深远，因而获得"马一角"的雅号，这种"以小观大"的艺术手法，使画面充满诗意。这一点在他的《寒江独钓图》中得到充分展现，画中寥寥数笔就勾画出老翁垂钓的形象，船所在的江面，则留下了大片的空白，虽是空空如也，却给人以汪洋辽阔、无边无际的感觉，让人惊叹不已。就像司空图在《二十四诗品》中写的："不著一字，尽得风流。"他对诗歌创作的理论，与马远的画有异曲同工之妙。日本的坂井犀水氏评《寒江独钓图》道："全幅茫茫之江上，中央几笔之线面作水，极尽浩渺之壮观，孤舟渔父垂钓江心，寂寞之天地，渺茫之天地也。"

他的笔法刚劲简练，下笔严整，多用焦墨作树石，画山石善用大斧劈皴兼钉头鼠尾皴，造型皆方硬挺拔；画松则圆润随意；远景喜用湿笔渲染，反衬烟岚的虚无，区分近远景，设色淡雅清润；大片的留白引人无限遐想，极富诗意。《格古要论》中说他的画"全境不多，其小幅或峭峰直上而不见其顶；或绝壁直下而不见脚；或近山参天而远山则低；或孤舟泛月而一人独坐，此边角之景也"。作为南宋山水画的标杆人物，马远的画风对后世影响深远，至今日画坛仍余风不绝。其传世作品有《踏歌图》《寒江独钓图》《山径春行图》《水图》卷等。

4. 夏圭——半边山水

夏圭，字禹玉，钱塘（今杭州）人，因其与马远同是继承李唐，并且其画与马远构图类似，都是多用边角的取景，对一隅特写，所以在美术史中并称为"马一角、夏半边"。夏圭善画长卷，用精练概括的笔墨和巧妙的裁剪结构来描绘景色，他的十二段长卷《山水十二景》（今只留存"遥山书雁""烟村归渡""渔笛清幽""烟堤晚泊"四段），清晰具体地展现了他的这种成就。

他的水墨技法高超，善用焦墨以秃笔点染，多用"拖泥带水皴""泥里拔钉皴"来表现山石，将水与墨充分融合。《菊花集》中提到，夏圭的水墨运用无人能敌，他寥寥数笔就能将山水的远近浓淡画出来，这高度赞扬了夏圭的水墨技法运用；《图绘宝鉴》亦称夏圭"自李唐以下，无出其右者也"。夏圭的艺术风格灵活多样，作品形式也很丰富，典型的"夏半边"作品则主要是小品画，如《烟岫林居图》《遥岑烟霭图》等。

5. 其他画家

南宋山水画家除了李唐、刘松年、马远、夏圭对后世影响深远以外，还有一些画家也有着显著的成就，如贾师古、朱锐等，甚至还出现了"禅画"，这些画家的浓墨淡彩也需要我们好好品读。

二、从山水画差异看"边角之景"的发展

南宋山水画"边角之景"最具代表性的画家为"南宋四家"，其中，刘松年、马远、夏圭皆是师法李唐，刘松年变李唐的雄强为典雅、严谨不苟，更符合贵族的趣味。"他是想把李唐向后拉，马远、夏圭的画风比李唐更加苍劲，更加简括，他们把李唐向前推。"在他们几人画风形成的过程中，"边角之景"也逐步发展至成熟。本文主要从以下几个方面来分析三人的差异。

（一）构图样式的差异

刘松年的构图界于全景与边角之间，他常常将画面中近景的山石树木等置于画面一角，远景则为全景风光。如作品《四景山水图》中的冬景，刘松年将近景的坡石、树木、院落集中在画面的左角，远山和小桥则是全景风貌；马远多是对角线构图，即以对角线为界，将画面一分为二，主体景物集中在其中一角，其中典型的例子是他的《山径春行图》，独特的一角构图，其余画面空白；而夏圭采用一边式构图，即从横向或者纵向将画面划分，主体景物偏放在一边，如《烟岫林居图》的布局，画面景物都集中在下半部，上半部虚化处理。刘松年的作品多表现一段景色，形象丰富具体，画面完整，常取材于园林小景，《四景山水图》就描绘了西湖畔四季的

一隅；马远善概括截景，擅长描绘山之一角或者水之一涯的局部，以展现无限的空间。其作品《梅石溪凫图》描绘了小溪旁山石的突出的一角，几枝梅花伸出来，从这有限的景物呈现，我们可以联想到宽广的水域和高大的山石。他的《山径春行图》也是局部特写的典例；而夏圭描绘景色较刘松年简洁但比马远丰富，在他的很多作品中都可以看出来。

（二）笔墨表现的差异

刘松年的作品严谨精细，用笔刚劲有力；马远则较之奔放随意，用笔尖细，笔法简朴犀利；而夏圭的画作更为率性些，善用秃笔，笔法苍润，比马远的运笔丰富。举例说明，刘松年表现山石，先用刚劲线条勾勒，再加斧劈皴，亭台楼阁多用界尺，线条严谨精细，他的《四景山水图》中所画亭台，工整细致，严谨整洁，山石轮廓刚劲分明，斧劈皴与水墨的结合将山石真实表现；马远画山石则先用笔进行皴擦，刚猛犀利，线条粗且清晰明了；而夏圭表现山石有模糊湿润之感，这与他的"拖泥带水皴"有着密切的关系，他所画亭楼皆是信手随意而就，不用界尺，更显飘逸之感。墨法方面，刘松年较拘谨，近景用线条勾勒再渲染，远景直接用淡墨涂抹，浓淡对比，突出主景，水墨与青绿兼收，使其扬名；马远则喜用焦墨，大斧劈皴大笔皴擦，湿墨渲染，奔放自如，"如他画树干常用焦墨，'瘦硬如屈铁'，而画树的枝叶却用水墨，'披拂如柔丝'"，这一点在他的《山径春行图》中有展现，画中柳树的描绘正是刚与柔的完美结合；夏圭较之两人，墨法更加纯熟，他用焦墨点染，用"泥里拔钉皴"和"拖泥带水皴"来表现山石，将水与墨充分融合，表现出烟雾迷蒙的模糊感，在他的很多作品中，都体现了这种水墨技法。

（三）意境表现的差异

宋代郭熙在《林泉高致》中说："山有三远：自山下而仰山巅，谓之高远。自山前而窥山后，谓之深远。自近山而望远山，谓之平远。高远之色清明，深远之色重晦，平远之色有明有晦。高远之势突兀，深远之意重迭，平远之意冲融而缥缥缈缈"。刘松年在作品中多描绘小景山水，《四景山水图》皆是以平远取景，突出小景的秀美；马远则擅长深远取景，表现深远辽阔空灵的景色，也常在边角山水中画点景人物，通过点景人物的朝向，将观者的目光引向虚无的地方，让人无限遐想，最典型的要数《山径春行图》，主体人物面向的无限空白空间，给我们无尽的想象空间；夏圭擅长长卷作画，《溪山清远图》就是其长卷的代表，他也以平远取景，描绘清旷安逸的江南美景。

通过比较分析我们可以看出：在构图方面，构图样式的差异，正体现了南宋画家在山水画构图方面的摸索前进，经李唐开启边角构图之门，完成了从全景式构图到边角构图的转变，刘松年师法李唐，将边角构图加以应用，至"马一角""夏半边"，将边角构图发展至完全成熟，"边角之景"被推至南宋主流风格，对后世产生了巨大的影响。在笔墨方面，三人个性抒发方式不同，在笔墨运用上各有特点，他们的差异使南宋山水画大放异彩，推动着"边角之景"笔墨的发展和创新。在意境表现上，"三远法"的应用，丰富了"边角之景"，使其发展途径更为广泛，让边角山水展现出不同形式的美。

三、从共性呈现看"边角之景"的风格特征

（一）物象选择偏好相同

刘松年、马远、夏圭都是南宋院体画家，在江南长期生活，刘松年和夏圭皆是钱塘人，更是与江南有着千丝万缕的联系。刘松年本就是钱塘人，自然对江南风光情有独钟，他笔下的形象也多取自江南，比如他的《四景

山水图》，描绘的就是江南一带的风光；马远多在作品中描绘江浙一带的山水，尤其钟爱钱塘和西湖的风光，他的十二幅《水图》描绘的就是对江南各个江、湖、海的概括总结；夏圭也喜爱描绘西湖景色，作品中多出现钱塘江一带的烟雾迷蒙的江岸河滨的景观，他的《山水十二景》所描绘形象就是西子湖畔十二景。由此看来，画家在物象选择上偏好于自己所处的地域或生活环境中的因素。

（二）构图样式相同

刘松年、马远、夏圭的作品中，大多都将景物集中在画面一角或者一边，通过对自然景观的概括总结，选取一小部分进行特写，以小见大，其余的部分留白或者虚化处理，通过实景与虚境的对比，更加突出主景，虚化远景，表现出辽阔的空间，给人一种"无画之处皆成妙境"的感觉。在刘松年的《四景山水图》中，皆是将主体形象如山石、树木集中在一角，远山与近景之间用大片空白分隔开，形成雾气升腾、云雾缭绕的景象；马远的作品也多采用边角构图，他的《山径春行图》，就是典型的边角构图；夏圭也同样采用边角构图，他的《烟岫林居图》中，将景物置于边角，其余部分留白或者虚化处理，引人联想，回味无穷。此三人类似的边角式构图，很好地表现了虚实之境，对后世影响深远，甚至远播东瀛。

（三）笔墨精神的内涵相同

三者皆师李唐，线条、皴法、渲染皆从李唐中来，他们将大斧劈皴的笔墨效果发挥得淋漓尽致。刘松年师法李唐，但比李唐的画法内敛精细，在他的《四景山水图》中，以春景为例，画面中山石用刚劲的线条勾勒出轮廓，加以斧劈皴皴擦表现；长堤用淡墨横抹；树叶用点笔，用浓淡墨分出层次；远山亦用淡墨渲染。整幅画面中，墨的浓淡干湿掌握得恰到好处，将春景完全展现出来。马远也是师法李唐，作品《踏歌图》中笔墨的运用体现了他的水准，画中亦是用刚劲线条勾出山石的结构，加以大斧劈皴，用笔的自然飞白表现山石的质感；远山则先用刚性线条画出大致轮廓，再用淡色墨渲染，但是不冲击线条，可见，马远的笔墨运用也很成熟。夏圭笔墨与马远类似，但笔墨运用较之马远更加出神入化，《溪山清远图》中笔墨的表现是夏圭笔墨运用的缩影。画中山石的皴法多样，不完全用大斧劈皴，还运用了小斧劈皴、长条皴、点子皴、拖泥带水皴等，笔墨清秀飘逸，水与墨的熟练运用，使他所画山石有苍润模糊之感。三者笔墨运用皆精练纯熟，共同将南宋山水画"边角之景"推向高峰。

（四）对意境的追求相同

刘松年、马远、夏圭三人皆生活在动荡的时代，统治者的偷安和金的加剧侵略，使他们内心痛苦而无奈，此时，他们常常借助作品来表达自己的愿望和心情，通过山水来抒发胸中逸气，在画作中皆体现在通过画面的点景人物，把观者的目光引向辽远开阔的空白空间，意境幽远，发人深思。他们对意境的共同追求使他们给客观的自然景物赋予感情色彩并加以突出，极大地丰富和发展了山水画的风格。

通过分析总结刘松年、马远、夏圭的共性呈现，"边角之景"的风格特征也就跃然纸上：在构图方面，采用边角式构图，将主景物集中在画面的边角，其余大部分留白或作虚处处理，以有限观无限；在物象选择上，"边角之景"多描绘江南的秀丽美景一隅，形象简练概括；在笔墨运用上，以刚劲清新的斧劈皴的新型笔法表现温柔恬静的山水，水与墨充分融合，浓淡墨交叉运用，使画面富有层次感；在物象表现上，"近观其质"，截取局部特写、美化，用"计白当黑"的手法，虚实相生，达到"无画之处皆成妙境"的艺术效果。《格古要论》曾为之定性："全景不多，其小幅或峭峰直上，而不见其顶；或绝笔直下，而不见其脚；或近树参天，而远山低，孤舟泛月，而一人独坐：此边角山水也"。

四、结语

边角山水的艺术价值主要体现在：第一，独特的图示语言——截景式山水"边角之景"的形成，变革了以前的全景构图，独树一帜。第二，刚猛奔放的写意大斧劈皴开创、发扬了"水墨苍劲"的笔墨精神。第三，南宋画家观照方式的转变，从突出外在表现转为更注重内心的阐释和情感的抒发，通过象征性的符号与图式，彻底地回归到内心。第四，诗意化的呈现，以小观大，以白当黑，山水画、诗画相融。"一花一鸟、一树一石、一山一水都负荷着无限的深意、无边的深情；一丘一壑、一花一鸟中发现了无限，表现了无限。"从技巧上说，这就是以一角之"有"，反衬出全境的"无"，由有限通无限，虚实相生，无画之处皆成妙境。

南宋山水画"边角之景"是一种诗意的表达，它以全新的构图模式、创意的皴法、深远的意境美形成了独有的风格，这种画风对后期画坛影响极大，甚至远播日本。

参考文献

［1］王世贞.艺苑卮言［G］/中国画论类编.北京：人民美术出版社，1998：116.

［2］于安澜.画史丛书·南宋院画录［M］.上海：上海人民美术出版社，1963.

［3］蒋勋.美的沉思——中国艺术思想刍论［M］.上海：文汇出版社，2005.

［4］陈炎.中国审美文化史［M］.济南：山东画报出版社，2007：443.

［5］童书业.唐宋绘画谈丛［M］.中国古典艺术出版社，1958：93.

［6］曹昭.古物要论［M］//厉鹗.南宋院画录.杭州：浙江人民美术出版社，2016.

［7］王艳超.马远艺术风格分析——从马远《踏歌图》《寒江独钓图》为例谈起［J］.文物鉴定与鉴赏.2010（12）.

［8］陈传席.中国山水画史［M］.南京：江苏美术出版社，1988：351.

［9］于洋.悉其精能 造于简略——南宋马远的生平与画风研究［J］.荣宝斋.2009（01）.

［10］邵洛羊.李唐［M］.上海：上海人民美术出版社，1980.

［11］于安澜.画史丛书·林泉高致［M］.上海：上海人民美术出版社，1963.

［12］李鲁鄂.以马远、夏圭的作品为例谈南宋时期山水画的时代风格［J］.美与时代（中旬）.2010（03）.

［13］笪重光.画筌［M］.北京：中华书局，1991.

［14］丁玲玲.论南宋山水画的空灵与诗意追求［D］.石家庄：河北师范大学，2007.

［15］宋晓雨.浅析南宋山水画的风格特征［D］.南京：南京师范大学，2007.

［16］曹爱华.南宋"边角山水"画风成因浅说［J］.盐城师范学院学报（人文社会科学版）2010.12.15.

［17］陈协志.虚实相生，无画处皆成妙境——谈鲁迅小说的间空艺术［J］.龙岩师专学报，1989，（3）.

（本文发表于《美与时代》2019 年第 782 期）

我在"云端"等你，
这个新学期我们一起线上学习

李建华

新型冠状病毒感染的肺炎疫情，让庚子鼠年有些措手不及。一城生病，举国同在。从一线城市到地方村落，一场没有硝烟的战役，将全国人民紧紧地团结在一起。河南省的硬核防疫，给了我们坚定的信心，我们终将会取得这场战役的胜利。

根据河南省教育厅"关于进一步开学延迟的通知"文件的指导意见，我市各级各类学校开学时间不得早于 2020 年 2 月 17 日 24 时，具体开学时间视疫情状况而定。这个特殊的新学期，我们也制订了特殊的开学方案，利用钉钉"云课堂"开展网络学习。希望孩子们在家里开展学习，并能有所收获。

写给学生：

亲爱的家长朋友，当您读到这篇文章时，能猜到屏幕那边的您，心情一定是复杂的。

不断攀升的数字和突如其来的工作调整让我们难以平静，同时您也一定会有疑问，延期开学，孩子这段时间做什么？他们能

○ 成长的抛物线：艾瑞德国际学校教师论文集 ●

在这段时间里学有所乐、学有所获吗？当传统的学校形态、常规的班级模式、可亲的师生关系都因为时空的隔断而暂时难以保持常态时，一种新型的学习方式是否就会应运而生呢？

一周以前，校长室、学部、行政部数次牵头召开干部会议、年级会议、教研组会议，老师们时刻在线，用集体教研的智慧让我们的课开在云端，让孩子们的"延学"通过云上连线有序进行。

把班级建在云上，把课堂建在云上，把学习建在云上，把学校建在云上，甚至把校长也放到云上，让学习变成一种全新的存在。

或许，这样一场疫情将催生出用技术去推动教育，让教育主动拥抱技术教与学的变革。云端、终端和客户端的泛在化，让新的学习形式在一场我们并不希望到来的疫情中成为一种可能。好与坏，有时候就是一枚硬币的两面，当年的文学名著《十日谈》、牛顿经典力学的诞生都与大的疫情相关。我们的孩子或许能在云端课程中获得新的体验，看见自己新的可能。

几点要求：

1. 请每天早晨提醒孩子们进行晨检（8:00前量体温），如有特殊情况请及时联系班主任；

2. 为保证孩子的云端课程顺利进行，并解放您的手机，建议大家为孩子准备一台笔记本电脑，并提前下载好软件；

3. 云端课程不同于常规课程，艾瑞德云端课程以项目制为主，知识与乐趣同在，在课程之后请多给孩子鼓励，鼓励孩子学会坚持，尝试突破；

4. 请您和孩子一起在书本中获得乐趣，也可以趁机陪孩子做游戏；

5. 心情平和是最好的抵抗力，您是一个家庭的定海神针，让我们在这段日子里，用平和的心态面对，让居家的日子安宁平和。

祝您健康、平安。

写给学生：

亲爱的孩子，窗外分外安宁，你是不是特别想早点见到小伙伴？是不是想念多日不见的老师？老师也是同样的想法。可是疫情汹涌，你我此时束足在家，就是身为小小公民的大贡献。

孩子们，为了把课堂搬到云上，为了让你们在延长的假期里学有所获，老师们的激情在云端被点燃，科学、游戏、绘画等的学习形式与内容明显不同于以前了。这样的新，一定是你们所欢迎的，这样的方式也是一种新的学习方式，当老师和你在云中相遇时，师生关系是否会发生微妙的变化呢？我们是网友了，是朋友了，是共同学习的伙伴了。

项目化、研究性、主题式、开放型，你们的学习资源和课程很丰富很新颖，我们相信，新生的东西才能触发好奇心。

另外，老师想借助这个机会和你探讨一个小话题：你有自己的兴趣爱好吗？如果有，那么请你为自己的兴趣爱好做些什么吧，兴趣不是一时的一动念，它更需要你坚持不懈的行动，请你抓住这延长的假期，在课程之余为自己围出一亩兴趣"方塘"，收集资料、勇敢尝试、写下记录，也许这段时间，就是你兴趣扎根的时光。若干年后，当你的兴趣发展为你的专业，你应该会回想起这样一段珍贵的时光……

几点建议：

1. 坚持每天晨检（8:00前量体温），温度异常时第一时间告诉爸爸妈妈。

2. 勤洗手（你知道洗手七字要诀吗），注意做好个人卫生。

3.邀请你做家庭健康监督员。孩子们，爷爷奶奶、外公外婆接收信息的渠道可能没有你充分，你愿意拿起电话，经常给他们报平安、提示他们不要外出吗？相信他们最喜欢听见你的声音、最乐意听到你的建议，同时，也期待把你每天所学成果发给他们，让老人安心、开心。

4.请同学们收拾出"我的学习空间"。准备好书桌、练习本、课本、铅笔、尺子、水彩笔等，并和你的学习空间完成自拍，发到班级群，晒一晒未来"延学"日子里，你精耕的"一亩三分地"。

5.2月10日8：30，升旗仪式暨新学期线上课程开课典礼将会和你见面，届时我们将会评选第一周瑞德少年及"阅读之星"，孩子们，抓紧时间完成假期作业，并花更多的时间在书本里，在此，预祝你成为"阅读之星"。

祝你健康，进步！

（本文发表于"中小学管理"公众号2020年2月9日）

德育『光』

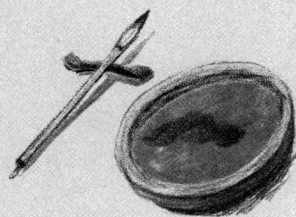

德育是学校工作的"一双明眸"，它致力于对学生思想品德和人格素质的培养。艾瑞德国际学校把"立德树人"作为教育的根本任务，立足新时代的历史方位，紧紧围绕"培养什么样的人、如何培养人"的问题，在办学实践中始终坚持"儿童立场，自然生长"，始终坚持德育课程化、教育生活化，以"每一个学生都是美丽的不同"的学生观，坚持用花的念想来培土，用孩子的念想来教书，让师生被温柔以待，让教育被慈善以怀，培养艾瑞德学子成为"眼中有光、脸上有笑、心中有爱、脚下有力"的"四有"儿童，帮助和引导学生在小学阶段扣好人生的"第一粒扣子"。

我用故事记住你的名字

陈　琳

　　餐后，站立在餐厅二楼西楼梯口处，向每一个孩子问好。孩子们走过来，有的敬礼，有的鞠躬，面带笑容说道："陈老师好啊。"

　　我赶紧拉着每一个面熟却对不上名字的孩子："孩子，请你问我：'陈老师，你知道我的名字吗？'"孩子们哈哈大笑，如是问，我就说："对不起，我还不知道，那你可以告诉我吗？"不一会儿，我记住了好几个孩子的名字。

　　但是，孩子们并不知道，我之所以一直站在这里不离开，是因为我还在等一个人。

　　他就是孙一斐。今天早晨，蔺老师拉着我说，这个孩子评"免试生"落选了。他还不知道这个消息，怕孩子伤心，问我可不可以跟孩子先聊一聊。

　　正想着，突然，孙一斐迎面走来，他说："老师好。"我拉着他，说："听蔺老师说你参选了免试生，感觉怎么样啊？"他说："是啊，老师，我可激动了。"

　　看着孩子满眼放着光芒，真不忍心告诉他结果。但基于事实的沟通是必要的，于是，我把他拉到一边，说："可抱歉的是，这一次免试生你没有被选上。蔺老师和其他老师都知道，这段时间你进步很快，但是最终的评定是基于数据的，希望你不要伤心。"

瞬间，泪水溢满了这个孩子的眼眶，我心里很难受，于是对他说："孩子，你这段时间的进步我们都看得到，但是，我们不能因为一时进步不被嘉奖就停止进步呀。我们要咬牙坚持，摆出长远的进步姿态，争取下一次的荣誉，好吗？"

孩子点点头。

我又问："孩子，那你会不会因此就气馁呢？"

他说："老师，不会，我会保持进步，好好复习。"

是啊，比获得荣誉更重要的是，与心仪的事物擦肩而过时，我们还能拥有等待再次遇见的乐观心态与持久努力的良好姿态。

经历这件事情后，我真正记住了这个孩子的名字。一个故事，就能记住一个名字，就能走近一个孩子。

孩子，我会站在你常常走过的地方，与你遇见，等着分享你的故事，参与你的故事，记录你的故事，让我用故事记住你的名字。

（本文发表于《中国教师报》2018 年 6 月 20 日）

"长"在教室

陈　琳

二年级时，由于班级事务多，学生年龄也小，我常常在办公室和教室之间奔忙。每当办公室有人问："陈老师去哪里了？"就会有人说："她'长'在教室啦。"

到了三年级，孩子们渐渐长大，班级事务也捋顺了很多。可是不知为何，我还是愿意长时间窝在教室里，只有那样才感觉踏实。

四年级时，索性把办公桌拉到教室，书籍和水杯一放到桌子上，孩子们就围过来，叽叽喳喳地问："陈老师要在教室里办公吗？"

我说："是啊。"

孩子们一个个开心地蹦了起来，拽着我转来转去。

去年，孩子们五年级了，与他们在教室里朝夕相处，见证了一个又一个成长的故事。

今年六年级换教室时，我依然第一时间把办公桌放在教室里。把这些安放在教室，我就安了心。

我要一年一年地"长"在教室，我要做一个"长"在教室里的老师。

因为"长"在教室，所以三步两步就站在了"儿童中央"。

因为"长"在教室，孩子们的开心能够第一时间分享。

因为"长"在教室，所以侧耳就能听见孩子们的小心思。

因为"长"在教室，可以在孩子眼泪掉下来之前接住忧伤。

"长"在教室，接近儿童。

因为"长"在教室，孩子们会随时帮我整理办公桌。

因为"长"在教室，孩子们会把晚春落红采集放在桌上，说要把春天送给我。

因为"长"在教室，孩子们会趴在我耳边说悄悄话。

因为"长"在教室，孩子们会在游戏时算我一个。

"长"在教室，接近幸福。

为何要"长"在教室？因为这里离孩子最近。

贴近孩子，就有幸福。

（本文发表于《中国教师报》2018 年 9 月 19 日）

班级管理重在有"力"

龚　涛

班主任是一个班级的重要负责人，不同班主任会把班级带出不同的风格。班主任在教育教学活动中的身份是多重的，如导师、伙伴、鼓励者、观察者、顾问、组织者、评估者、辅助者、教练员等。

作为影响学生心灵最深的人之一，班主任在不同组织、不同场景担任着不同的角色，而"导师"是需要许多班主任重点思考的一个角色。

作为班主任，如何能够成为学生的导师，这需要不断修炼。班主任要思考在学生的学习生活中，如何做好指导、引导、导知、导言、导行。从某种意义上说，班主任角色的准确定位和切换，也是班主任自我生命富足丰盈的完善。

爱的"魔力"

一校一风景，一班一世界，爱是班主任工作的底色。作为班主任，需要无条件接纳自己工作中遇到的每一个生命，把每一个孩子当作自己的孩子，并且用自己的生命影响每一个生命。

有人说"没有爱就没有教育"。这句话成为许多班主任的教育信条或座右铭。因为爱可以让学生勇敢，也可以让学生独立；爱可以让学生坚强，也可以让学生柔软；爱是班级管理的强大教育力量。

我校校长李建华用"教育等于爱与被爱"来表达自己对教育的理解，这也引发了一些教育同行的共鸣。

爱与被爱是班主任需要具备的能力，同时也是班主任的一种教育情怀。记得一位诗人曾写道："黑暗允许开出一方光明，我在光明上，播种完整的春天，陪你踏青远去……"这首动人的诗，仿佛也在描述着每一位班主任平凡而又不平凡的工作。

班级文化建设的"磁力"

班级文化建设会促使一个优秀班集体的形成。班级文化是班级的一张名片、一种风尚和行为指南。

美好的班级愿景和共同的奋斗目标是班风建设的有效形式，经过班级所有成员的讨论，建立共同的学生生活约定，为共同的班级愿景创造氛围和行动的印证。

学生处于一个班集体中，就是在学校文化、班级文化中浸润着，我们需要通过一种可视化的形式来呈现班级学习生活的氛围和风格，更重要的是搭建一个平台，让每个孩子在这个平台上锻炼，呈现自己和集体的生长亮点。

通过描绘班级愿景、演绎班规、诵读班诗、唱响班歌、展示班徽、宣读誓言等多种形式的班级文化解读，通过童谣、拍手歌、礼仪操、形体艺术、情景剧、朗诵等多种方式的演绎，用学生的"集体行为"和"个体行为"展示班级的精神面貌，将班级文化内化为学生对班级的情感认同。

班级文化建设的落地生根会让班级成为"美丽的不同"。智慧型班主任都会在班级文化建设方面下功夫，因为"渠成水自来"，这也是教育的有效路径之一。

在班级文化建设中，班主任需要把握"三个一致性"：一是注重与学校教育理念的话语体系保持一致性。班级文化是学校文化的诠释、印证、延伸与升华，通过师生的展示让学校文化更有生命力、感染力；二是班级文化内涵的一致性。个性化班名、班呼、班诗、班歌与班级愿景需要成为一个统一的整体，要挖掘其背后的内涵与意义，用文字的形式进行呈现，赋予其教育力量；三是班级愿景和班级生活的一致性。在班级建设过程中，有了美好的愿景，就需要班主任在真实的班级生活中不断推进，不能只喊口号，说一套做一套。这就要求班主任要有切实可行的计划、具体可操作的方法，还要不遗余力地用心坚持。

班级文化建设可以用思维导图工具形成思路，用"主题课程"的方式进行构建。如原本的 11 班、12 班、13 班等行政化班名，在班级文化建设中可以转变思路，突出"温度和故事"，进行个性化班名的论证和确定。班名的确定需要从学生的真实学习生活出发，同时从班名的寓意中衍生出班呼、班歌、班徽，甚至小组名，保持文化内涵的一致性。比如，小海豚班——包容组、合作组、勇敢组、幽默组、风度组、智慧组、有序组、干净组。班歌：《海豚之歌》，班徽：海豚造型……在班级环境：创设"海豚主题馆"——悬挂"水晶海豚""海螺""海星""贝壳画"等。

一个优秀的班集体，往往就是在一个富有教育内涵的个性化班名基础上逐渐形成的。

家校协作的"合力"

家长是班主任的教育合伙人。智慧型班主任非常注重家校协作，因为激活家长群体可以增强班级教育的力量。

班主任可以明确家校协力的具体事项，通过"学校常态活动落实、班级重要活动文案、班级特色学习方案、社区特色活动"等途径，有计划地推进家校合作形式。

如何形成家校关系的新常态？班主任可以通过共同学习、共同做事、共同研究等方式，形成与家长群体的教育合力。家长是班主任可利用的有效教育资源，班主任要主动引领而不能被动等待家长为班级做什么。

班主任可以将自己定位为"引领者"的角色，将家长团结在一起，为班级育人服务。班主任可以采用滚雪球式、主动申请式、人人互动式、随时招募式等与家长共同经营班级事务和重要活动，把一些优质家长资源运用到课程共建中，把有热情、有时间的家长用在课程保障中，把有特殊工作经验的家长用在班级学习中，把有领导力的家长用到顶层设计中，牢记心态放平、道理讲清、不求速成、逐步带动，最终让班级的家长群体成为精神同向、实践同行的教育合伙人。

班级自治的"活力"

班级自治是一种教育思想，更是一种教育实践。"自治"是创新班级管理的一种方式，能激发学生主动参与班级管理的意识，构建自主共享的班级成长共同体。采用"事事有人做，人人有事做"的管理形式，能够让每一个学生都以主人翁的心态参与班级管理。

班级自治实施方案内容大致包括班级制度或班级公约、班干部队伍及职责分工、班级班务具体事项及规范标准、积分量化体系及评价等方面。在实施自治的过程中，所有的班干部或班级事项负责人一定要在公平、民主的基础上竞聘上岗。

班级自治的核心理念不是事务的分配与承担，而是让班级每一个成员有积极参与班级管理的意识和行动，激发每一个学生的责任担当，形成班级管理的共识力，唤醒学生生命成长的自觉，让班级充满生命成长的味道。

当然，无论采取什么样的方式，班级管理都是为了教育的核心目的——学生能力的锻炼、习惯的养成、品质的培育及人格的完善。

班本课程的"张力"

班本课程是以班级为单位，师生及家长、社会力量共同开发的、富有班级特色的课程。班本课程是班级文化建设中有思想、有内涵、有体系、可操作的系列特色育人活动。

班本课程的开发凸显了班级文化对学生的教育影响力及以核心素养为指向的教育资源整合。针对班级学生的特点、现实需要、发展方向，充分利用各种资源，开发并实施适合班级学生发展的个性化课程，将形而上的教育理念同具体、可实施的教育形式和内容相结合，把班级建设成一个学习场、生活场和精神场。

班本课程的开发设计会经过酝酿、涌现、蜕变、系统 4 个不断递进的阶段。比如，酝酿阶段是一个讨论、搜集、整理思路的过程，班主任根据治班理念和教育主张形成班本课程的定位。比如把一个班级建设成一个艺术手工坊、一个儿童文学馆、一个村庄或田园主题馆，在此基础上设计具体的教育活动，积极整合学校、家庭、社会等教育资源，用课程把班级打造成别有洞天的教育风景。班本课程彰显了本班学生兴趣与爱好的独特性，呈现了本班学生个性发展的空间，聚焦了学生素养的生长点。

始于问题，终于课程。班本课程开发以"生"为本，立足以学习本身为中心、以城市生活为中心、以资源共享为中心、以发展学生素养为中心的课程开发原则，关注学生的个性发展，探索学生素养的生长路径。它可以根据具体面对的问题开始，继而找到解决的路径，最终以课程实施的形式落实，这样就能有效发挥班本课程的育人功能。

例如，如何让学生爱上读书？如何让学生平衡膳食？如何让学生爱上手工制作？如何让学生爱上运动……在这些问题之下，根据每学期、每周的班级工作，就可以设计班级的特色活动。在这个过程中会涌现出许多问题，遇到许多困难，也会连接许多资源，但在尊重学生、安全运行的环境中，会浮现出有逻辑结构的班本课程。

班本课程的形成不是一蹴而就的，应该用一定的土壤来悉心培植。有一个诗意的教育梦想，有一份别致的教育情怀，有热切的渴望、坚定的信念、有效的行动，在班本课程的实施过程中，会遇到教育的美好。

梁启超曾言，人生须知负责任的苦处，才能知道尽责任的乐趣。有人说，一个班主任最大的乐趣，一定在于自己负责任地带出了一个让学生流连忘返、一生不忘的班级。

愿你和我一样有这样一份教育的情怀，借助多重的教育力量，建设一个充满自然生长力量的班级。

（本文发表于《中国教师报》2018 年 10 月 24 日）

与"熊孩子"的相处艺术

龚　涛

　　班级是学生诗意生活的栖息地，是学生健康成长的乐园。但每一个班级总有几个调皮捣乱、让人头疼的学生。对于"爆发力"特别强的"熊孩子"，班主任应该怎么办？我总结出三条教育策略。

　　一是无条件接纳学生的行为和情绪。

　　学生身上发生的许多棘手问题，其实只是他们成长过程中的必然事件。对错与否许多时候只是成人世界的评判、分析、猜测，这让我们产生了"立场、观点与看法"，失去了以"中立"的态度看清问题、处理问题的能力。

　　从某种意义上说，教育等于爱与被爱。对于"特殊学生"的事件处理要先讲"情"后说"理"。当学生接收到班主任传递的"被爱"力量时，许多事情就会缓和下来，进而师生可以一起努力寻找解决问题的办法。

　　无条件接纳学生的行为和情绪，就是在可控的范围内，班主任要允许一些"意外情况"的发生，不要急于评判对错、批评教育，而是要做到接纳和允许，这是对生命的尊重与理解。

　　二是看见学生行为背后的心理需求。

　　"寻求关注、宣示权利、报复、自暴自弃"是"特殊学生"4个常见的不恰当或错误行为的产生"原因"，其实学生是想通过这些特殊的行为获得归属感和价值感。所以，理解孩子行为背后的心理需求就显得非常重要。当学生有需求时，班主任是"满足需求"还是用自己的观点说服、要求、强制学生的行为发生改变？显然，前者是基于尊重、理解为前提的教育行为，更有利于学生获得内心持续的充盈而收获"全人成长"。

班主任在处理棘手问题时，首先要表达对孩子感受的理解，然后表达对学生的同情和认同，这也就是常说的"共情"。在此基础上说出自己的感受，让学生关注问题的解决，事情往往便迎刃而解了。例如，学生闹矛盾之后因愤怒委屈而哭泣，作为班主任，给学生一个拥抱远比厘清事实更重要，然后再寻求具体问题的解决之道。

三是以爱之名达成共识，坚持正向激励。

以花的念想来培土，以学生的念想来教书。当学生被温柔以待，"天使"还是"魔鬼"全在一念之间。只有爱，才会看见更多的天使，也只有爱，班主任才会触摸到学生内心最柔软的地方，从而使双方达成共识。

对学生的教育引导，是一个长期坚持的过程。正向激励是一种持续不断影响学生的方式，能够使他们产生兴奋、自豪的正面情绪从而获得价值感。正向引导，多发现孩子的闪光点，结合21天养成好习惯的规律，及时鼓励并加以巩固和强化，我们肯定会欣赏到生命的美丽。

学生的改变需要师者"润物细无声"的支持，需要"静待花开"的耐心，更需要一个"安全着陆滑行"的过程。班主任需要修炼第三只眼睛，即"智慧之眼"。在班级管理过程中，用智慧之眼去看、去想学生有什么需求，背后又有一份怎样的期待。当我们真正看到学生行为背后的期待时，我们的内心也会溢满爱与温暖。

（本文发表于《中国教师报》2019 年 3 月 20 日）

班级规则之美

龚　涛

"无规矩不成方圆"，班规是班级制度文化的一种有形体现，是经过师生共同讨论、所有成员达成共识的班级行为规范和准则。其主要目的是引导学生行为习惯和优良品质的养成，呈现学生生命生长的秩序和力量。但许多班主任在班规的制定过程中存在一些误区，比如仅仅把班规当成对学生行为的限制和约束，当成一种工具来使用。但他们最终会发现，仅靠班规是没有办法经营出一个优秀班级的。

我校班主任工作坊多次研讨"班规"话题，比如规定桌子椅子对齐、桌面桌斗整齐、周围地面干净。在这个班规内容的表述中，需要把握"具体化、可量化、可视化"3个原则，用学生能够理解的语言文字清楚明白地阐述，还可以通过"涂鸦班规"的活动进行宣传，深化学生对班规的理解和认同。

班规是师生行为的具体指向，比如不同班级有不同的班规说明：尊重环境——在教室轻拿慢放学习工具，小声讲话不打扰他人，活动时不跑、不跳；学会等待——集体活动需要排队，前后保持一臂的安全距离；提前5～10分钟到校或进班，守时不迟到；上课发言要举手，积极抢答时，机会留给没有发言的同学……师生尽量一起把班规细化到日常活动的细节处，让学习生活因规则而更加美好。

在班规制定过程中，需要把握"有效性、必要性、引领性、前瞻性"4个原则，避免出现"千班一规"。就班规而言，需要从"学生家庭背景、成长经历、年龄特点、班级氛围、班级愿景、发展目标"等整个班级的全面情况进行深入分析，在一段时间里及时对班规进行动态调整。

在制定班规前，班主任可以引导学生深入讨论和分析班级现状，共同描绘美好的班级愿景，从而达成共识，确定班规具体内容。除此之外，班规不仅需要硬性规定，也需要人文关怀。对于打破班规的学生，需要用正向的力量引导，以正向的方式弥补。错误是学生成长的资源，矛盾是班级发展的起点，要让错误成为成长的力量。

有人很疑惑，班级规则还可以很"美"？是的。

班级规则之美，美在师生共同遵守和成长。班规制定的事项一定要包含规范教师行为的具体内容，这是建立民主型班级、培养未来中国人不可忽视的一部分。不仅学生要遵守班规，教师也要遵守，班级任何成员不能凌驾于集体规则之上，这也是师生平等的一种体现。如果教师说一套做一套，学生很快就会知道自己的老师言行不一，试想，这在学生的心灵世界会播下一颗什么样的种子呢？李镇西说，从某种意义上讲，教育就是师生心灵的和谐共振、相互感染、相互影响、相互欣赏的精神创造过程。让教育有更多的民主，有更多的平等，成为师生共同成长的精神历程。

班级规则之美，美在保护而不是限制。班规的制定是饱含温暖和关怀的，它是为了让师生共同建设有秩序和平等的班集体环境，让这个环境中的每一个成员获得尊重，保护每一个学生的根本利益，让所有学生享受班级赋予自己的权利，这是制定班规非常重要的前提。班规绝不能成为班级管理过程中控制学生的工具，特别是在执行班规时，应该充满帮助和指导的温情，而不是充斥着惩罚和泄愤。它是集体对规则的尊重，而不是对规则的"独裁"，班规理应成为师生情感的向心力。

班级规则之美，美在共建秩序和拥有内在力量。班规是实现教育长远目标的保障之一，当班主任带着学生踏踏实实地按照规则生活时，每一个人所收获的就是一段美好的经历。当"人"和规则融为一体时，呈现出来的就是爱的力量，这种力量学生是可以感受到的，而且这种力量是可以传递的。学生在这样的生活经历中明白了内在精神世界和外在世界的界限，从而会获得成长的力量。

当班规尊重了学生的自由和其他需求，明确了师生双方的行为方式时，教育的影响便会自然发生。

（本文发表于《中国教师报》2019 年 5 月 22 日）

班级是德育课程的主阵地

龚　涛

　　德育课程一体化是学校行政管理力量形成合力的表达方式，是学校德育的着力点，更是学校对班主任育人工作的顶层规划。郑州艾瑞德国际学校以德育课程为切入口，将班级建设纳入学校整体德育规划之中，使全校班级工作一体化取得了很好的育人效果。

　　"学校啊，当我把我的孩子交给你，你保证给他怎样的教育？今天清晨，我交给你一个欢欣诚实又颖悟的小男孩，多年以后，你将还我一个怎样的青年？"

　　每次读到台湾散文家张晓风的这段文字，心中都会有所触动。这不仅是对学校教育质量也是对教师教育情怀的叩问。我校德育课程尊重儿童身心发展规律，以"温润一米之内，而非千里之外"作为德育课程的切入口，班主任具体落实是德育课程进班级的核心力量。

基本盘：班级德育的保障

　　基本盘在这里指作为班级发展的教育元素组成，以及其在德育领域发挥的作用。

班级文化与班本课程。个性化班名是创建班级文化的小切口。通过师生共同参与拟定的个性化班名、班歌、班徽、班旗、班诗、班志，将班级文化进行可视化展示，潜移默化影响学生，增强学生的情感认同，班级就拥有了美好愿景。

从班级文化到班级活动、学科课程、社区活动等领域，从而逐渐生长成特色的班本课程。我校"向日葵班"班级文化就是从"解说、演绎、展示"到"种植、观察、绘画、分享、售卖"等一系列向日葵主题课程，同时延展到"绘画、朗诵、写作、创作"，班级就成了学生的学习场、生活场。

班会与习惯养成。习惯的养成是日积月累的，也是一种强大的力量。班会是落实学生习惯养成的重要途径，根据共性的德育内容和个性的班级情况，班会因班而变、因人而变，引导学生积极参与、自主策划、集体讨论，充分体现自我管理、自我服务、自我提升的能力。

班级自治与班级建设。班级自治是一种教育思想，更是一种教育实践。"自治"创新了班级管理方式，驱动了学生的主动参与性。班级自治采用"事事有人做，人人有事做"管理原则，每个学生都秉持主人翁心态参与班级建设。班级自治实施方案内容大致包括班级公约、班干部队伍及职责分工、班务事项、积分量化标准及评价等内容。班级自治的核心理念不是事务性的分配与承担，而是让班级每一个成员有积极参与班级事务的意识，激发每一个学生的责任担当，形成班级建设的共识，唤醒学生生命成长的自觉，让班级充满成长的味道。

家委会与家校共识。家长是班主任的合伙人，智慧型班主任非常注重家校沟通工作。家委会是推动班级民主建设的重要力量，激发家长活力可以增强班级教育的力量和成效。班主任可以明确家校共育的具体事项，通过各种活动有计划地推进家校深度合作。

班主任要以引领者的心态将家长团结在一起，为班级育人服务，最终让班级的家长群体成为班级"精神同向、实践同行"的坚实力量。班级管理中，基本盘是师生情谊的载体。一位优秀的班主任不仅要爱学生而且要懂学生，因为"爱"是以我的方式来爱你，"懂"是以对方能接受的方式来爱你。

结构环：班级德育的定海神针

我校实施"班级联动、年级协同、家校互通"的管理机制，将级部的共性教育事项和问题形成年级协同的局面并逐一落实到班级，形成德育一条龙实施体系。

我校依据学生不同年龄阶段开展特色德育课程。一、二年级的"启学"课程以"八大习惯、八大品质"为主要内容，以新学期"开学之门"为起点对新生进行入学教育。在"开学之门"处，家长向老师鞠躬，老师还礼，家长把孩子交给老师，老师拉着孩子在国旗下接受全体学生的欢迎，整个会场庄重而温馨。

三、四年级的"礼仪之门"课程围绕"主题班会启动十岁成长礼、家长为孩子制作一本成长相册、亲子共读一本书、亲子共做社区公益、家长讲述孩子成长故事、学生制作家庭树、班级读书分享会、一次爱的惊喜感恩活动、写一封感恩父母的信、班级拍摄创意十岁集体照"十个主题活动，扣人心弦，令家长受益匪浅。

五、六年级的"启志"课程以"家国情怀、志存高远"为教育内容，以"梦想之门"回顾小学六年校园生活的点点滴滴，心中满是对母校的热爱和眷恋。

如何让更多学生参与学校管理、服务学生群体？设置岗位是德育部门思考的课题。学校学生干部群体有学生校长助理、大队委干部、中队委干部、瑞德少年、百名校园志愿者，庞大的学生干部群体如何建立有效管理机制？学校做了这样的尝试：采用"公平竞争、民主选举"的方式产生学生干部，组建"学生干部社团"，聘请社团指导老师。全校学生干部群体有13位大队委干部牵头负责年级、班级、校园岗位的活动开展，德育部门领导及学生干部社团与老师一起开展工作，实现了"一根针穿千条线"的学生干部管理机制，民主化的学校管理生态就形成了。

生态圈：班级德育的文化场

"人文化"和"场文化"构成了无形的生态圈，可感知又可触摸的生态圈融入了知识、教育、艺术，而生态圈形成了学校开展德育工作的文化场。这样的氛围和精神影响着全体师生的思想意识、言谈举止，成为学校共同的行动纲领，这也是一所学校的文化之力。

瑞德少年榜、学生校长助理墙、教师形象墙、家长委员会展示墙等设计无不在表达着"每一位教师都是珍贵的存在、每一个学生都是美丽的不同、每一位家长都是重要的链接"的办学理念。学校"瑞德少年奖章、阅读奖章、百名志愿者岗位牌、干净有序读书流动锦旗、习惯手册、阅读手册、学生综合素养手册"的荣誉体制，在有形与无形中助力学生的成长，其核心意义是育人导向和文化影响。

一所学校在学生毕业时到底能给学生留下什么？校长李建华说："想得起童年、记得起恩师、忆得起母校、看得见分数。在校时，留下的是热爱；离校后，留下的是眷念。"我想，这应该是教育最诗意的表达。

（本文发表于《中国教师报》2020 年 10 月 21 日）

孩子，让我们来聊一聊生命

韩董馨

傍晚，窗外小区的树上挂满了彩灯，各种颜色在一片静默中闪烁，我在寂静里想你们。艾瑞德校园里的你们，有三岁的，有十岁的，年龄个头儿不同，但让人挂念的是相同的，那是你们眼中的光、脸上的笑。隔空的想念应了那句——相聚的时光像烟火，布满天空却转眼消失；思念的心情像种子，埋在心底慢慢发芽。

眼前是至亲，远方是奋战在防疫一线的医务工作者，疫情蔓延的这段时间里，无论我们知与不知，人间五味都在上演，当中有善良与关爱，也有凄苦与无奈。孩子，我想，这时我们应该来聊一聊生命。

我们都会怕死，所以才拼命好好生活

一个二年级的男孩和老师视频，他非常严肃地告诉老师："我听到冠状病毒就紧张，我很害怕我会死掉，一想起来我的手都是颤抖的。"这个男孩非常勇敢，他能够大胆说出自己的感受，这是一种再正常不过的心理反应。对自己的生命不轻慢，这种警醒会促使我们想办法保护自己，从而引发进一步的思考：为什么会发生这场疫情？人类从中能学到什么？

真正的平和来源于清醒的自知，及早脱离生命的混沌会让我们未来生活得更加笃定。

悄悄告诉你们，其实很多大人也对死亡有恐惧，这里面不乏我们认为的"大人物"。比如秦始皇就怕死，那么英明神武的一个人，却因为怕死而不断求仙问道，吃了很多自认为能长生不老的"仙丹"，但最终还是没能阻止生命的终止，听起来是不是很可笑。生老病死是自然法则，我们左右不了这种规律，但是我们不能因此而消沉，因为生活有太多美好，它值得我们为之滴下汗水、洒下热泪。

好好生活，需要我们练就一项本领——学会让自己快乐起来。这是一项非常重要的本领，它能带着你穿越恐惧、抵挡忧伤、战胜孤独。要想学会这项本领，你需要拥有自己的爱好，交几个真正的朋友，并拥有一颗勇敢、好奇的心。

每次读到《小窗幽记》里的"佳思忽来，书能下酒；侠情一往，云可赠人"，都激动得不行。人间值得，生活太美！

一生不狂妄——人和自然的关系建立于彼此的敬畏与尊重

中央电视台综合频道有个节目叫《秘境之眼》，每天一期，时间非常短，每期只有 1 分 40 秒。这个节目以我们国家上万个保护地隐蔽布设的红外相机和远程摄像头拍摄的珍贵动物视频为素材，让观众有机会看到祖国绿水青山中的一个个活泼的动物面孔。然而这个节目打动我的，是片尾总会出现的一句话：秘境之眼，不被打扰的相逢。

生命和生命之间相逢的方式有很多种，但是所有"胜却人间无数"的相逢都建立在同样的前提下：于彼此尊重中互相倾心。什么叫尊重？不将自我的意志强加到另外一个生命个体而使其产生违背其生命自觉的行为就是尊重。自然有轮转的秩序，也有承载的边界，人的生命实践活动要在尊重、敬畏自然法则中才能顺利开展。

人类历史上的很多次疫情，都跟野生动物有关，或者说跟人类对野生动物的狂妄有关。在你们长大之后，或许也会和自然之间、和动物之间有这样的瓜葛，关乎欲望的、利益的，但希望你们记得，建立在杀戮和贪婪之上的拥有是危险的，枪响之后没有赢家。

在艾瑞德 300 亩田园校区中，你们可以亲近大地，播撒耕种，观虫逗鸟……田园课程告诉你们的，应该是在"感天地人事"中感悟生命坚强和脆弱的统一，从而意识到人很渺小，也很伟大，然而超越伟大的，应是人类对伟大感到茫然。

超越了生命的，是爱和良知

"哪有什么白衣天使，不过是一群孩子换了一身衣服，学着前辈的样子，治病救人，和死神抢人罢了……"你问这世上有没有超越生死的？我想用史铁生的一句诗来回答：生死是困境，谁也逃不过，唯有爱才能温暖死亡。

90 岁的母亲守在 64 岁确诊感染的儿子的病床前为儿子加油打气；丈夫为医院工作的妻子写下家书："我能做到的就是保护自己，带好孩子，照顾好老人，给你一个稳定的后方。"武汉女作家池莉代表重疫区的小区业主向配送公司、快递小哥、物业人员说："对不起，给大家添麻烦了！"……

感动、心碎、恸哭……是的，有些感情让我们柔软，却也让我们变得干净、强大。我们在这些深沉而复杂的故事里摸索出人生真正的义理。冯友兰先生在论述人生四境界中的道德境界时说，自觉到人作为类而存在，并努力使"小我"融汇于"大我"之中，这是道德境界，是对社会意义的觉解。如果用一个字来予以概括，那就是"义"。义在哪里？饮鸩的苏格拉底，自沉汨罗的屈原，断头台上的谭嗣同，零丁洋上的文天祥，还有我们的钟南山、李兰娟院士，义在他们的脊梁上。

希望你们记得，良心是这世上最好的枕头。

孩子们，春天不在别处，就在我们心里。民国一个小学生写过一篇春天的作文，送给当下的你们，愿早日相逢——

> 某月某日，校中放假。课余在家，殊无聊赖。闻街外有卖花之声，遂知春日已至。披衣外出，不觉步至山下，牧童三五，坐牛背上，吹笛唱歌。再前行，青山绿水，白鸟红花，杨柳垂绿，桃梅堆锦。仰望白云如絮，俯视碧草如毡。见有茅亭，乃入座。未几，炊烟四起，红轮欲坠，乃步行而回……

（本文发表于《新校长》2020 年第 3 期）

这是姐姐的学校啊

王彦月

2017 年 8 月 28 日，伴随着孩子们"我要找妈妈""我要回家"的哭喊声，新学期开始了。小一班的瞳瞳也升入了中一班，瞳瞳的弟弟帆帆也开始走进幼儿园的大门，成为一名小班的小朋友。与众不同的是，面对哭得撕心裂肺的小伙伴，帆帆的表现似乎很淡定，该吃饭吃饭，该玩耍玩耍，丝毫不受小朋友们哭声的影响。

每天早上，校门口都会看到一个个被爸爸背着、被妈妈拉着、被爷爷奶奶抱着还不愿意入园的小宝贝；在小班教室门口，家长准备离开时，一个个小朋友哭得惊天动地，家长也心情低落……对此我已经习以为常，所以，这回发现了入园后一直很"淡定"的帆帆，感觉有点意外。于是特意坐在帆帆身边，和他聊了起来。

"帆帆，你知道这是哪里吗？"

"这是姐姐的学校啊，现在我也可以在姐姐的学校上学了。"帆帆眨巴着小眼睛，开心地说。

原来，到姐姐的学校上学一直是帆帆的小梦想啊！听到这么开心的回答，我猜想，可能是上学前爸爸妈妈在家给他做过不少工作。带着好奇和疑问，在一次放学时间，我见到了来接两个宝贝的妈妈，便和妈妈聊了起来，也把心中的疑问和妈妈说了。妈妈便和我分享了家有两个宝贝的趣事，以及两个宝贝在成长过程中的小故事：

故事一：

弟弟出生前，家里只有瞳瞳一个孩子，好吃的、好玩的都是瞳瞳的，所以，瞳瞳也就养成了不爱分享的习惯，每次有其他小伙伴想要玩一下她的玩具或分享一点点心，瞳瞳都不愿意。瞳瞳一岁时，弟弟的到来让这一现象得到了改变。每次有好吃的，瞳瞳都会往弟弟的嘴巴里喂，一直到现在，姐弟两个一直保持着爱分享的好习惯，每次带瞳瞳或帆帆出去买东西，他们都会拿两份，一份给自己，一份给姐姐（弟弟）。看来，很多习惯的养成不需要大人刻意去教，给孩子一个同伴，他们自然就会养成分享的好习惯。

故事二：

瞳瞳上幼儿园后，没有了姐姐陪伴玩耍的帆帆，在家里开始了从未有过的焦虑。只要瞳瞳上学去了，帆帆就各种不开心。于是，每天下午接姐姐放学的时间，爸爸或者妈妈就带帆帆一起去，久而久之，接姐姐放学成了帆帆一天中最开心的时光。每天下午，帆帆和爸爸或妈妈一起到幼儿园接姐姐，再和姐姐并肩回家，感觉像分开了很久一样。瞳瞳也会耐心地和弟弟分享学校里的趣事："弟弟，今天我们在学校画了小手，把我的这只手放在纸上，另一只手拿着笔画就可以了。"瞳瞳让妈妈拿来白纸，把帆帆的手放在纸上，开心地画了起来。瞳瞳在学校学了歌曲和跳舞，回家后也会带着弟弟玩。这样，还未到入学年龄的帆帆，就对幼儿园很向往了。

故事三：

新学期开学，帆帆入园啦。每天早上，爸爸或妈妈都会左手一个、右手一个，牵着瞳瞳和帆帆的手，把他们送进校园。刚入学时，面对同伴的哭喊声，帆帆表现得很平静，因为在帆帆的心里，这个幼儿园里有姐姐在。

不久后，幼儿园开展了大手拉小手的活动，鼓励孩子们自己从学校大门口穿过大大的广场，走过长长的丹山路，来到幼儿园，进到自己班。活动开始的第二天，瞳瞳就和爸爸约定，要自己走到教室去。帆帆看姐姐不让爸爸送，自己也不让爸爸送了，背着小书包，跟在姐姐身后，一步一步向幼儿园的方向走去。到达幼儿园一楼，瞳瞳把弟弟送到了小一班的教室，说了一声"再见"，随后转身上二楼，去了自己班。不放心的爸爸在五米远的地方悄悄观望，直到看到两个孩子进到班里才放心离开。几天的观察下来，爸爸发现瞳瞳每次都很关心身后的弟弟，还拉着帆帆的手，爸爸也就放下心来，不再悄悄跟着了。

每次户外活动时间，瞳瞳和帆帆都会见面，帆帆大喊一声"姐姐"，两个人相视一笑，张开双臂奔向对方，来个拥抱，再握一握手，温馨又美好。在瞳瞳的带领下，帆帆成了幼儿园独立从学校大门口走向教室的最小的宝宝！

每天早上，校园里的丹山路上，多了一对有说有笑、一蹦一跳、一前一后、手拉手一起走的姐姐和弟弟，少了一位边走边哄、左手牵姐姐、右手牵弟弟送孩子入园的爸爸。拉着弟弟的手，瞳瞳学会了担当，每天早上先把弟弟送进班级，自己再走，还不忘来一句"弟弟，你听话，下午放学我来接你一起回家"。牵着姐姐手的帆帆，从没有入园焦虑，每天和姐姐一起上学成了他最开心的事。

（本文发表于《教师月刊》2017 年 11 月）

谁来和我做朋友

张艳萍

　　铭铭最近有点情绪，在班里经常患得患失的。原因是妈妈生了小妹妹后，在月子中心休养身体，暂时不在家。小家伙很想妈妈。尽管妈妈经常和他视频，可是妈妈和小妹妹都不在家，还没有完全和铭铭建立很好的连接和融合。铭铭有时会兴奋地给老师们和小伙伴说："我妈妈生了，生了个小妹妹。过几天我给你们拍照、给你们视频让你们都看看她，好不好？"话语中感受到了他对妈妈和小妹妹的喜欢和想念。但时不时又频频出现情绪低落、动不动就生气的现象。有时小伙伴想和他玩，但不知怎么铭铭就生气了。没几天他就变得闷闷不乐了。今天拍毕业照，小组合作找好朋友一起留念，此时的铭铭很被动，不愿和别人拉手，也不愿让别人拉他的手。最终在老师的种种引导下，才完成了小组拍摄。

　　回到班里，老师临时生成一节课程——《谁来和我做朋友》，在这个活动中，孩子们纷纷说着铭铭的优点，大家有的说："铭铭，你上课注意力很集中，回答问题时声音也很大。"有的说："铭铭睡觉时很安静，很快就睡着了。""铭铭很爱帮助别人，有时不是他值日，他也主动帮助收凳子，送餐具。"还有的说："铭铭看到班里掉的小纸片会主动捡起来。"……不一会儿，铭铭从嘟着小嘴儿慢慢有了更自信更舒展的表情。当老师问到谁愿意做铭铭的好朋友时，班里所有的孩子都高高举起手，大声说："我愿意。"此时的铭铭乐开了花，一副很幸福的样子。

幼儿园集体生活中，当某一孩子不被大家接受时，或出现不友好行为时，结合具体情境，引导幼儿换位思考，学习理解别人。引导他们想想："假如你是那个小朋友，你有什么感受？"让幼儿学习理解别人的想法和感受。

经常和幼儿一起谈谈他的好朋友，说说喜欢这个朋友的原因，引导他多发现同伴的优点、长处。日常生活中，老师及家长要密切关注孩子的情绪，及时给予他帮助，引导其调整。

家庭、幼儿园和社会应共同努力，为幼儿创设温暖、有爱的家庭和集体生活氛围，建立良好的亲子关系、师生关系和同伴关系，让幼儿在积极健康的人际关系中获得安全感和信任感，发展自信和自尊，在良好的社会环境及文化的熏陶中学会遵守规则，形成基本的认同感和归属感。

[本文发表于《漫画月刊（小小艺术家）》2018 年第 5 期]

"老师，我咬人了！"

苗晓洁

幼儿姓名：小花（化名）

幼儿年龄：3 岁

观察地点：102 教室

观察教师：苗晓洁

周四上午的户外活动中，丸子和小花都想玩一个玩具，但是丸子还没玩够，没有从玩具上下来。小花张嘴向丸子咬了过去。这一口深深地咬在丸子的太阳穴下侧，丸子大哭。高老师急忙抱着丸子前往校医室。

小花跟在身后问："老师，你干什么去？"

"丸子受伤了，我要带她去医务室。"高老师说。

"我跟你一块去。"小花说。

回到教室，小花对我说的第一句话是："我咬人了。"

我问她咬谁了？小花说："是她，你看。"小花指着丸子告诉我。

我拉着小花的手，告诉她："小花，我想和你聊件事情。"

小花的眼神是紧张的、恐惧的，她带着哭腔说："我不要聊事情，我不要，我不要上学了。"

我张开双臂："来，小花，抱一抱。"说着，便把她抱在怀里。"老师很喜欢小花，也会保护小花的。"我看着小花说道。

小花的情绪缓和下来，我请她看着我。"我知道，今天你用小嘴巴伤害到小朋友了，小朋友受伤了，也很痛。对吗？"

小花点点头，说道："我咬人了，我跟她说过对不起了。"

我表扬了小花："小花真有礼貌，伤害了别人，能主动说对不起。那你能不能答应老师一件事情呢？"我接着说，"我们以后不再用小嘴巴去伤害小朋友，如果遇到你解决不了的问题，可以来找老师，老师一定会保护并且帮助你的，好吗？"

小花点点头："好。"我放下小花："去玩吧，有问题来找老师哟。"

那天下午，小花再也没有出现咬人、伤害人的行为。

［本文发表于《漫画月刊（小小艺术家）》2018 年第 3 期）］

"老师，他打我！"

张　萌

"老师，他打我！"Ella 大声告诉我，说 Leo 打他，详细询问后的结果是这样的：Leo 站队时肩膀不小心碰着 Ella，虽然道歉了，但还是被告老师了。

Ella 得到老师安抚后，得意地回到座位上，向 Leo 做了一个表情，大概是一个鬼脸。于是，"老师，××打我！""老师，××打我！"……就这样，一天下来，出现好多次这样"鸡毛蒜皮"的小纠纷，而孩子们好像很享受这种"告状"的过程，纷纷效仿。

这不是个好现象，我决定和孩子们聊一聊。

我问孩子们什么是"打人"，有的说，只要是小朋友用手碰到自己就是；有的说，碰着自己不道歉就是打人，如果道个歉就不是了。嗯，看来，孩子们对这个问题，有了自己初步的认知，我就着这个话题聊下去："那被打了要不要告诉老师呢？"对于这个问题，孩子们的理解比较模糊。我就引导他们，如果在幼儿园小朋友故意欺负你，第一时间要保护好自己，而后及时告诉老师。如果不小心碰一下，就可以不用告知老师，接收到对方的道歉后，可以回应一句"没关系"，这样说不定不小心碰着你的同伴也会谢谢你，你的好朋友会越来越多，哪一天，你如果不小心碰着别的同伴，也会得到这样的回应，这种感觉就叫作"理解"。经过一番情景再现的聊天，孩子们频频点头，若有所思。之后，班上"告状"的行为减少了许多。

观察中不难发现，孩子们也在相互摩擦中学习，遇到问题自己尝试着解决，不再像以前那样，别人一碰到自己，就认定是"打人"，也基本上更可以清楚地分辨"故意"和"无意"的行为了。孩子们的社会交往能力就这样在不断地进步，作为老师，我真为孩子们高兴，给孩子们点赞。

[本文发表于《漫画月刊（小小艺术家）》2018 年第 12 期]

人小心不小的菲菲

张艳萍

菲菲是我们小一班年纪偏小的孩子，在还不满三岁时就已经入园，那时的她走路、跑步还需要老师多关注，因为担心比她年龄大一点的孩子会撞到她。入园后的第二个学期，她已经能自己穿脱衣服，安全地端饭、收发餐具，大胆地在小朋友面前介绍自己，语出惊人地说出很多词语……时不时带给大家惊喜。

场景一：

户外活动，小朋友们都在很投入地玩轮胎，菲菲看见依依流鼻涕了。她告诉我："老师，依依流鼻涕了。"我下意识地摸了摸口袋，发现并没有装纸。

菲菲说："老师，我去班里给依依拿纸。"

没过两分钟，菲菲拿着两张纸跑过来，递给了依依。

好温暖的画面，我被感动了。这两个孩子都是未满三岁入园的小朋友。

场景二：

吃完鸡蛋，菲菲看到地上有鸡蛋皮和碎末，她抬头望着我，好像在问老师该怎么办。

我会意地说："菲菲，你会扫地吗？可以用扫帚把它们扫进垃圾斗里。"

菲菲听完，便拿起扫帚和垃圾斗，一点点地将垃圾往垃圾斗里扫。刚开始扫得并不是很得法，垃圾依然扬扬得意地躺在地上。保育老师走过来想要帮她，可是菲菲执意要自己扫。扫着扫着，地上的垃圾被扫进了垃圾斗里。

孩子的能力是无穷的，信任孩子，鼓励孩子做自己能做到的事，就是对孩子最好的教育。看似刚满三岁的菲菲，小小的，萌萌的，却真的是人小心不小！

［本文发表于《漫画月刊（小小艺术家）》2019 年第 9 期］

班级妙招：期末档案袋里装什么？

李 瑞

寒假即将到来，对于班主任来说，这个阶段也是最忙碌的阶段。除了期末考试，学生档案袋的整理也是班级管理的重要工作事项。期末档案袋是学生自我学习诊断的重要资料，是教师观察记录学生成长的参考内容，是学校育人评价方式的具体呈现。那么档案袋里都装哪些物品呢？作为班主任，我想给大家分享一下自己的思考实践。

一、把师爱装进档案袋里，让假期变得温暖而诗意

每个学期开始，我会给班级每个学生准备一份不一样的小礼物；每学期临近期末，我也会给班级每一位学生准备一份"私人定制"的惊喜礼物，让每个学生都能感受到老师不一样的关爱，为本学期画上一个完美的句号，这样小而美的仪式感，让学生以愉悦的心情开启美好的假期。

在学生的档案袋里，我会把这学期班级活动中和每个学生的单独合影照片打印出来装进去；也会给每一个孩子"表白"，通过一封信的形式把平时的成长记录细节表达出来；定制一份带有学生名字的小奖品作为新年礼物送给学生。老师对学生的真情用心，学生是能够真切感受到的。这样一

份充满爱的礼物，会成为整个假期中学生的念想和回味，这样的小创意班主任都能做得到。班主任"以学生心为心"，发自内心地去爱学生，学生就会感受到老师的爱。学生需要关爱和鼓励，就像植物需要水，师爱是学生成长的营养剂。

这学期我收集了许多牛皮纸盒，随着电影《送你一朵小红花》的热播，我把它们裁剪好，把小礼盒一个一个折起来，给班级所有学生手工制作了"一朵小红花"，然后把"小红花"贴在小礼盒最醒目的位置，就这样，一个带有"小红花"的礼盒套装就完工了。这个"李班"牌手工礼盒，作为一份荣誉奖励给每一个学生，它见证了学生在这个学期中的努力和付出。

这学期过半的时候，我与班级工作组老师商量要给全体学生每人定制一枚班徽，令我们惊喜的是李瑞祺同学的家长在孩子过生日时，给班级每个学生和老师定制了一枚带有自己名字的班徽，这是一份呈现班级美好愿景的小礼物。我觉得这个小礼物非常珍贵，它不仅仅是一个礼物，更是班集体的标志。"智足七班"，我们终于有自己的班徽名号了。自一年级在家委会和全体学生的合力下确定了个性化班名、班徽后，班名"智足七班"与班徽在全体学生心中便有了一种班集体的荣誉感，有助于形成团结向上的班集体，增强全体学生的团队精神。

一份礼物，一份惊喜，一片心意，班主任把师爱悄悄地装进学生心间，给学生的假期生活涂上温暖的色彩。

二、把成长装进档案袋里，让假期变得自信而欢喜

奖状，看似一张薄薄的纸，但它记录着每个学生成长的足迹。记得自己上学时，每学期期末都会发一张奖状，拿回家以后，会让爸爸帮忙贴在家里最显眼的地方，后来那一面墙自然就成了"家庭荣誉墙"。现在的学生家里有"荣誉墙"，同时多了一面父母微信朋友圈的"荣誉墙"，这面"荣

誉墙"是很多父母为自己孩子记录成长的独特空间。一张小小的奖状，既是对孩子一学期学习成绩的肯定，也是对孩子各项综合素养的评定，虽然它不是衡量孩子优秀与否的唯一标准，但对于孩子和父母而言，这是孩子走过的路里最闪亮的纪念。

每学期学生的特色作业也是班级风采展示的亮点。一幅幅美术作品，一个个科学小制作，一张张书写作品，都是学生学习习惯、学习能力、学习品质的呈现。本学期最令孩子们兴奋的是自己手绘的一张张关于成语故事的小册子，它是孩子们每天课前三分钟展示时用到的"道具"，孩子们借用它来分享自己的成语故事。一个学期下来，有的孩子已经制作了三四本小画册，他们没想到自己这么厉害，自己看到小画册时都惊呆了。

期末试卷反馈着学生的学业成绩，也是档案袋的常规资料。每次期末发试卷时，学生们也是几家欢喜几家愁，如意便满心欢喜，不如意则开始自责，不是后悔上课没认真听，就是埋怨自己平日里作业没好好写。总是会暗暗告诉自己要从头再来，下定决心一定要改正这些不好的习惯，再也不能让坏习惯偷走自己的分数了。

期末成绩出来之后，老师都会进行试卷讲评和试卷分析，这也是在引导学生如何正确看待分数，老师、家长需要和孩子一起来打败分数的不如意，千万不可以用"不如意的分数"打败孩子，因为考试是孩子成就自己的一种方式。认清自己的不足，找到解决问题的办法，向身边优秀的同学学习经验，这是家长正确的"分数观"，毕竟学习是一件细水长流的事情，花了多少工夫和精力，就会收到相应的回馈和收获。其实，学生学习的过程中都会有小波折，年级不同会有不一样的挑战，克服学业路上的障碍关键在于自己一步步坚定迈开脚步，不断稳步前进。

龙应台曾在《亲爱的安德烈》里给她儿子写了一段话，要让孩子明白，"读书用功，不是因为我要你跟别人比成绩，而是因为，我希望你将来会拥有选择的权利"。

三、把约定装进档案袋里，让假期变得充实而新奇

假期是学生发展成长的另一个空间。假期中，少了每天做完作业老师批改反馈的交流，多了一些自己对假期的自主规划。学生走出了校园里的小课堂，走进了生活的大课堂，爱玩是学生的天性，如何有意义地玩？这就需要班主任给予学生假期生活具体的指导。假期也是学生学业成绩、学习习惯、学习能力逆袭的好时机。

安全教育工作是班主任期末放假前必须进行的教育事项，需要考虑"疫情防范、心理健康、安全用电用气、交通法规、文明上网、防溺水、饮食安全"等各方面的安全教育，不仅仅强调安全的重要性，更要从"如何确保安全"的角度规范具体活动行为和安全技能的掌握。除了常规的班会课教育引导之外，可以利用《致家长的一封信》的形式把安全教育的图文内容放进档案袋，作为家庭亲子沟通互动的一项，将安全工作在家庭中落实。

"腊八祭灶，小年来到；二十三，糖瓜粘；二十四，扫房子；二十五，冻豆腐；二十六，去买肉；二十七，宰公鸡；二十八，把面发；二十九，蒸馒头；三十晚上熬一宿。"这样的民俗童谣会让我们的脑海中充满童年时期美好新年的经历和对新年的美好期待。

班级的"童心传承中国年"假期主题课程，以"年俗、诗词、家庭课"为关键词展开设计，从传承中华民族传统文化、礼仪，把年味、中国味道带回家，让假期变成热爱劳动、享受亲情、感受家庭温暖的美好时光。课程的设计增加了家庭成员之间的了解，营造了浓厚的亲情氛围，把年的味道藏在家里，与家人共享年的温暖。

"21天打卡行动"是丰富假期生活的有效措施。班主任可以根据学生情况，从阅读、健身、写作、背诵等事项引领学生丰富假期生活，也可以鼓励学生通过微信朋友圈、微信群、钉钉群、视频号定期定时发布自己的假

期动态，并以自我评价表作为检视的工具，相信这样的方式能够让学生度过一个充实而新奇的假期。

一个小小的假期档案袋，呈现了班主任班级管理的方法经验与教育主张，彰显了学校教育管理的细节与教育评价的体系。对学生的成长意义而言，班主任需要从开学第一天就扎扎实实做好假期档案袋的整理规划，学生校园生活的点点滴滴都值得被看见、被记录，这是学生成长的"故事"。从某种意义上说，这也是班主任的教育情怀。

点滴成长，温情而叙，挥洒丝缕情怀，用心温暖教育。

（本文发表于"中小学管理"公众号 2021 年 1 月 29 日）

成为学生的朋友，你做到了吗？

石　鹤

"一切为了孩子，为了孩子一切，为了一切孩子。"我把它当作我从教的最高准则，在平凡的工作岗位上做着平凡的事情。

我选择了教师这一职业，我爱学生，学生也爱我。因为有了爱，地更阔，天更蓝；因为有了爱，花更艳，草更芳。而心中的那份爱，将激励着我在人生的道路上艰苦跋涉，用热血和汗水去浇灌一茬茬幼苗、一簇簇花蕾，用爱心去托起明天的太阳！

郑宇航刚升入一年级的小学生。我是他的英语老师。我们俩的故事要从开学时一张被我没收的画开始。

刚开学，特别是一年级的小朋友，离开爸爸妈妈，情绪难免会有波动，我也经常处理这帮小家伙的一些纠纷。

一天，班里的孩子跑到我办公室说郑宇航跟一个孩子打起来了。我赶紧过去，到了之后，两人已经不打了，都哭着鼻子，特别是郑宇航，眼睛本来就很大，一哭就跟多委屈似的。

我留意到郑宇航手里拿着一张被撕烂的画，哭得非常委屈。我把俩人叫到办公室了解情况。原来，郑宇航画了一幅他和他的家人的画，结果被另一位同学不小心撕破了。对方道了歉之后，这孩子还是一直哭。

刚开始，我以为是因为刚入学，小朋友的情绪不稳定，再加上跟同学又闹了矛盾，所以一时间情绪失控，也属于正常。可好久之后，这孩子还在哭。

我就把他抱过来，等他稍微平复了，问他："你非常珍惜这幅画，对吗？""嗯。"孩子点头。我有点好奇，这孩子从开学至今没有哭过，在大部分孩子想家想得哭的时候，这孩子也没有表露过任何想家的情绪。

其实，这是不太正常的。但这孩子家在郑州，不远，想着是不是离家近，所以也没有太多的想家的感觉。

我接着问："孩子，你知道吗？住宿生周四是可以回家住的，到时候谁接你呢？""我不回去，没人来接。"

我接着问："你画这幅画是因为你想爸爸妈妈了，对吗？"孩子点头。孩子告诉我，爸爸做生意，非常忙，一般是不会来学校接他或者看他的。

他默默地哭，我静静地抱着他，给他打开一包酸奶，让他喝，听着轻音乐，什么也不再问了。就这样，一会儿，孩子不哭了。

哭和委屈是我对这孩子的第一印象。就这样，我跟郑宇航的第一次"交手"用一包酸奶和几首轻音乐，以及我的怀抱解决了。这孩子从此成了我的小跟班。

在学校开锄日当天，我们班级工作组特别留意了一下这孩子，因为几乎所有亲子活动，这孩子的父母都没来过。

我们再三确认过之后，还是没有家人来参加孩子学校的开锄日，家庭原因让这孩子也变得极其敏感。

郑宇航一大早就来问我，石老师，我爸爸会来吗？我说："等等看吧，今天郑州大堵车。""哦，知道了。"毕竟还是小孩子，没想那么多，就跑开玩去了。

那天，班里所有孩子的爸爸妈妈都来了，只有郑宇航的爸爸没有来。

我们班级工作组特别关注这孩子，交代我，今天一天唯一的事情就是陪着这孩子，让他跟其他孩子一样，玩得开心。

我走到他身边，轻轻牵起他的小手："郑宇航，今天你跟石老师做搭档，来管理班级里面的东西好吗？""好！"郑宇航开心地回答。

刚开始，郑宇航非常开心，非常热情，觉得自己作为石老师的小助手来管理班级，很光荣。不去想爸爸有没有来这个问题。

可过了一会儿，看到其他同学坐到爸爸的肩头，看到其他同学牵着妈妈的手唱歌，郑宇航心里又不是滋味了，问我："石老师，爸爸怎么还没来？"

我实在不忍心告诉孩子，我说："孩子，从学校到农场这么远，再加上堵车，爸爸是没有那么快的。""哦，好吧。"

为了转移孩子的注意力，我跟孩子开起玩笑，问他："你说石老师好看还是李老师好看？""李老师好看。"哈哈哈哈，大家笑起来，也纷纷开起玩笑，孩子也跟着开心起来，把爸爸的事情暂时又忘了。

我们俩采果子，摘花生，他在路边采了朵鲜花送给我，跑到我身边，拉着我要用我的手机，我还以为他要给爸爸打电话，谁知道，他打开我的相机，要我跟他合影。照完之后，他很开心。这次我们玩得那么开心，行程很满，活动很丰富。

郑宇航是个非常依赖人、非常知足的孩子。一路上，他都跟着我，我也牵着他，跟他开玩笑，给他讲这是什么，那是什么，虽然有很多东西我也答不上来，也不太清楚。一路上，孩子开心得像小鸟一样蹦蹦跳跳。

回到学校之后，家长们和孩子都进了教室，家长坐在孩子旁边，唯独郑宇航不在自己的位置上。我在教室外面找到了他，问他为什么在这里，孩子告诉我："石老师，我都找过了，教室里，教室外，走廊上，厕所里，都找过了，没有我爸爸。爸爸没来。"

很显然，孩子非常失望，却没有哭。我心疼这孩子，抱抱他，什么也没说，带他来到我办公室，给了他两块巧克力，给他倒了杯水，让他坐到我旁边听轻音乐。直到放学，家长们和孩子们都离开了教室。

我跟郑宇航的故事还在继续，我想说的是，能让学生信赖你，不用做什么特别的事情，就能让学生视你为朋友，学生在生活中遇到麻烦首先想到的是你，会立即向你求救。

让孩子知道：只要他们愿意，能把一切向我倾诉，而我也会尽量去帮他解决生活上的一些困难和难题。我也曾是个孩子，因此作为教师应该理解孩子的喜怒哀乐。

或许，随着时间的流逝，我讲课的每个细节会被孩子淡忘，但我的热情、勇气和慈爱会永远保留在每个学生的心中。

这是我的理想，也是我作为一名老师的福气。

（本文发表于"大夏书系"公众号 2017 年 11 月 24 日）

让孩子做"星星管理员""水池管理员"，实现幼儿自主管理不再难

苗晓洁

新学期已经过了一大半，班级中的孩子也陆陆续续过了 5 岁生日，在幼儿园生活中，这群孩子的活跃、快乐和热情无时无刻不在展示着他们更大的需求。这个时期是孩子思维发展和习惯养成的最佳时刻。寒来暑往，一些问题也随之而来。

一、由"星星管理员"开始

继十月粮食周活动以来，班级中以自助餐形式的就餐改革让每个孩子对光盘这件事情不再有压力。为了让他们继续保持这样的好习惯，激发他们更优雅地进餐，班级中一面墙被设计为"星星光盘墙"。在大人眼中，这只是一面记录墙，但在孩子心中，这是荣誉的象征。他们非常在乎上面的每一颗星星，因为除了得到这星星，孩子们还得到了成就感，这可以使他们增加自信心从而更加积极。

星星记录越来越成功，可每顿餐后的分发工作让老师倍感忙碌。十一月初的一次午餐后，有了这样的争执：

"你不能乱拿这个星星。"

"这个星星只有老师才能发！老师，你快看，他要拿星星！"

"老师，我也吃完了，先给我发。"

"他还没有吃完就要星星了。"

几个孩子围着星星，堵着墙，争执不断，吸引了所有人的目光。我想一如既往地走上前——分发，可又有一个问题出现在我的心里：为什么孩子们一有问题就要找老师，不能自己解决呢？

有些孩子会通过找老师这种方式来追求自我表现，以示别人不好而自己好，从而希望成人能对他给予肯定。又或者是为了宣泄紧张的情绪，再或者他们真的需要寻求帮助。可不论怎样，我们要培养的绝不是只会依赖老师的孩子。

于是，为了让孩子的独立性更好地发展，增强解决问题的能力，"星星管理员"诞生了。我询问哪一位是最先完成当天光盘的孩子，大家告诉我是 Peter。

"Peter，今天你就是'星星管理员'了，负责管理所有的星星。"我一边将星星盒交给 Peter 一边说。接着，在大家疑惑之时，我将"星星管理员"的规则公布了出来：首先，请把你选择的食物吃完；其次，就餐时桌面、地面尽量保持干净；最后，就餐时做到轻声、有序。最先完成者为当日的"星星管理员"，后续完成的小朋友，可以让"星星管理员"查看后获得星星。

孩子们的目光立刻亮了起来，这个新鲜且让人眼红的岗位让孩子们开始注重自己就餐时的细节，寻找老师帮助的声音也少了。

第一个上岗的 Peter 在岗期间和好伙伴 James 因为一颗星星发生了一件趣事。当 James 得知 Peter 是第一位"星星管理员"时，骄傲地端着盘子走向 Peter。可这位严谨的管理员直接拒绝给他星星，原因很简单：没有光盘。第二次、第三次统统失败了。在 James 抓耳挠腮之时，管理员也给予了贴心的指导，并告诉好友自己的办法，让其在下一顿就餐时练习使用。

当天中午，James 用了来自管理员的方法，边走边说："Peter，我来给你送一面镜子。"说着将自己的光盘递给了管理员。Peter "检查"后连连点头："真干净，给你星星！"

兴奋不已的 James 拿到星星，并暗下决心自己也要当"星星管理员"，在这之后的每一顿就餐，他都尤为认真。

直至现在，每一天都有新的"星星管理员"上岗。

我发现，这个岗位并不仅仅是发放星星那么简单，他们还学会了用更全面的视角看待用餐，更加独立地解决问题。比如，饭菜吃完了，可馒头还攥在手里没有吃，这算光盘吗？端着光盘来检查，可桌面上的汤还是原封不动，这算光盘吗？等等。不仅仅是在岗的小朋友得到了锻炼，被"管理"的孩子也开始自我检查，自我反思，自我改进。

每当看到"星星管理员"行动的时刻，我都深切地体会到了教育的价值，孩子们需要被发现、被托起。用积极而有趣的办法，可以帮助他们拥有积极的心态，从而培养他们的习惯。

二、还可以开设哪些岗位？ "水池管理员"诞生啦！

"星星管理员"成了激励孩子养成良好就餐习惯的"活方法"，可每个孩子都是美丽的不同，为了让不同孩子得到不同方面的锻炼，也满足他们想要展示自我的向往，我在想，还可以开设哪些岗位？

进入秋冬季，孩子们的衣物明显增厚，一些小朋友在洗手时总会忽略将袖子卷起来，从而打湿袖子；还会有孩子调皮地向洗手池上为镜子泼水，欣赏自己的"杰作"；洗手不排队的情况也慢慢多起来，引来其他孩子的投诉……

就这样，班级中第二个抢手岗位诞生了——"水池管理员"。

如何选拔"水池管理员"？这个标准不同于"星星管理员"。正当我犹豫时，一个清澈的声音响起："老师，我能管理好洗手的小朋友，让我来！"

是 Wendy，她有需要。

需要在幼儿时期真的太重要了。需要是个性积极性的源泉，是人活动的动力。需要越强烈，由此引起的行动就越有力。

既然如此，一定要尽可能地给予满足。

Wendy 上岗，从她的站姿就让人敬畏。她在入厕口站得笔直，灵活的眼睛不放过任何一个进入洗手间的孩子。这不，Bubble 只顾着和同伴说话，没有将袖子卷起来，整个身体都已经踏入了洗手间，又被 Wendy 拉了回来："哎！你不能进，你的袖子还没有卷起来。"Bubble 回过神，低头一看，的确如此，腼腆一笑，迅速将袖子卷起来。

自"水池管理员"产生后，水池的水花不再跑错地方了，每个孩子心中积极向上的浪花被激起。

三、班级岗位，为我们带来了什么？

其实，孩子在任职管理中具有社会意义的动机逐渐占主要地位，他们注意"工作"的成果和质量，这种内在动机的自我激发，让他们对坚持习惯有了别样的兴趣。也在不知不觉中，将艾瑞德国际学校"干净、有序"的校风融入自己的习惯中。

每一次任职使得孩子内心驱动力发挥起来，让班级中的一日生活更加有序、顺利，班级里争执的声音消失了，积极上岗的声音多了。每个孩子都做起了自己的主人，在提醒他人的同时学会了自我管理，养成了良好的习惯，有了独立意识。也正是这一点一滴的力量，让每个孩子的习惯养成变得更加轻松和愉悦。

每一个岗位都是因孩子而起，也正是这一个个小台子，让一个个孩子动了起来。设立班级岗位，让好习惯"上位"，我们要做的就是给孩子们搭台子、竖梯子、铺路子，让孩子在习惯养成的路上自然生长。

　　（本文发表于"日敦社幼师学院"公众号 2021 年 3 月 14 日）

家校『桥』

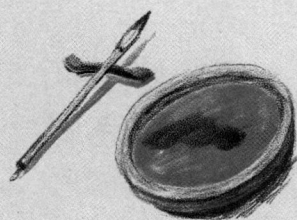

每一位家长都是重要的链接，是艾瑞德国际学校的家长观。艾瑞德国际学校重视家校沟通，重视家校合作。新生家长课堂、家委会、家长志愿者、微型家长会、家长沙龙都是家校之间的桥梁。

　　在家校合作过程中，家庭和学校的责任有着不同的定位和侧重，二者之间不能彼此替代和越界。我们站在家长的立场话教育，解决家教难题，厘清教育难题，促进家长的自我发展又提高家庭教育的水平。学校定期邀请家长参与学校教育教学活动，用自然生长教育理念构建优秀的家庭文化，引领家长整合家校资源形成教育合力，让家庭成为教育的最好现场。

家长是班级的教育合伙人

龚　涛

苏霍姆林斯基认为，最完备的教育是学校与家庭的结合，教育的效果取决于学校和家庭教育影响的一致性。

学校教育和家庭教育是相辅相成、紧密联系的，只有有机结合在一起，形成教育合力，才能充分发挥优势，学生才能获得更加优质的发展环境。对于班主任而言，与每一位家长形成亲密的合作伙伴关系，初心都是为了支持学生的成长和发展。

如何对家长进行引领，使双方成为站在统一教育战线的合伙人？首先，班主任要基于对家庭教育的深刻理解，拥有渴望寻找更多教育力量的初心；其次，班主任要用对教育的专业认识和热爱教育、热爱学生的教育情怀，感召家长，让他们主动参与；再次，本着"山不过来、我就过去"的原则，主动邀请家长参与到班级管理和教育教学活动中。

如何让家长群体成为优质的教育资源？我们学校的班主任从"课程开发"的角度，充分发挥家庭教育功能，进行了有效的探索和实践。

班级家委会有效保障了班级民主管理的实施和重大活动的策划。每学期，班级的第一次家校共同体见面会，一个重要的议程就是家委会成员的竞聘。班主任在班级微信群上传"家委会自荐表"，动员全体家长以"支持者、贡献者、服务者"的心态积极参与班级管理和建设。班主任根据家长报名情况，安排进行班级竞选演讲，全体家长举手表决，竞选者会毫不吝啬地宣讲成为家委会成员后会给班级带来什么样的教育资源和贡献，表达自己对班级事务的热心参与和贡献力量的决心。

家委会确立以后，成员成为班级的"代言人"。举行班级活动时，时常看到家长搬着桌子、举着凳子、爬着梯子，为活动布置优美的环境。你来涂画展板，我来端水拖地，你来为学生租衣服，我来为学生化化妆……每次看到这样的镜头，我都会感慨：一个优秀的班集体是由教师、学生、家长共同创造出来的。

主题丰富、形式多样的"家长讲堂"成为打开学生视野的一扇窗。在我们学校，每双周周五下午第一节课是班级开设家长讲堂的时间，来自各行各业的家长群体有着不同的职业特点、人生阅历、童年趣事，这些都成了家长讲堂的主题。有医生爸爸带来的卫生保健课，有大学教授带来的手工实验课，有银行经理带来的理财课，有留学经历的宝爸萌妈带来的国外见闻课……还有的班级已经探索了针对男孩、女孩不同性别的主题教育课，课堂内容丰富多彩，课堂形式异彩纷呈。

家长讲堂的开设有效地增进了家校沟通的亲密度，家长走进班级也感受到了教师的辛苦付出。同时，他们的身份转变为教师，感受到了学生积极学习的热情，也找到了付出的成就感。

创意家庭联谊会，让班级所有家庭成为交流教育经验的互助组。每一学期，班主任都会发出倡议，开展涉及所有家庭的联谊会，所有家长带上孩子一起聚会。每一次联谊会的组织与策划都由家长代表负责，约好时间，选好场地，立好主题，定好流程，安排好各项物资，提前做好各项筹备工作。这是班级搭建的家庭情感融合、达成教育共识的一个交流平台，每次的联谊会突出仪式感、教育感，每个家庭在活动过程中快乐参与、收获幸福。

拓展游戏、聚餐、育儿经验交流、集体游学、读书分享等都可以成为家庭联谊会的主题，这种形式有别于在教室组织的活动，可以更深层次地增强家长之间的情感系数，促进学生友谊的形成。家庭与家庭之间相互影响，结盟为分享家庭教育经验的互助组，也就形成了有效的教育影响力。

设置"家长义工团"，使之成为支持班级建设的有效力量。根据班级学期计划，需要家长助理时可以设置"家长义工岗"，岗位的设置根据班级家长群体的特点而定。"课程建设组"可以由学生的特长兴趣来确定家长讲堂的开设，"安全保障组"可以负责学校、班级大型活动的组织管理，"心灵关爱组"可以为学习或情感有困难的学生提供沟通服务，"品牌推广组"负责班级成果的发布、编辑《班级报》、管理微信群等，"后勤服务组"负责班级活动的物资采购及环境创设，保障班级活动顺利开展。

"家长义工团"要进行文化建设，做到有激励动员、口号行动、评价引领，需要班主任带着家长共同行动、共同做事，带着家长成为学习共同体。

如何让家长成为班级的教育合伙人？我认为，可以从"课程开发"的角度创新许多形式。班级和家长建立合伙人的教育关系，其目的是站在同一个平台上从不同角度对孩子实施教育，建立一种家校合伙人的共进互利关系，让班级和家长资源有效对接，共同完成对孩子的教育过程，一起助力孩子健康成长。

（本文发表于《中国教师报》2018 年 7 月 18 日）

"5+2 ≥ 7"的家校共育故事

刘丽丽

曾经在教育界有过这样一个公式：5+2=0。通俗地说就是，孩子在学校5天的教育初见成效，但如果2天的家庭教育没有跟上，孩子的教育只会始终在原地打转。

不少家长反映，孩子在学校一个样，回到家里又是另外一个样。孩子在学校会自己吃饭，自己叠被子，自己收拾书桌，主动打扫班级卫生，可是一回到家，啥事情都不愿意做。

苏霍姆林斯基说："教育的效果取决于学校和家庭的一致性，如果没有这种一致性，那么学校的教学和教育过程就会像纸做的房子一样倒塌下来。"教育孩子不能只靠每周5天的学校教育，还需要家庭和社会的密切配合。只有学校、家庭和社会形成合力，才会使5+2=0变成5+2=7甚至5+2>7！

我们常常说，家长是孩子的第一任启蒙老师。"启蒙"代表着孩子认识这个世界的必然性和重要性。启蒙阶段培养孩子的各种感官认知、记忆力、思维力、想象力等。学校生活是孩子家庭生活的延续、展开和提升，家庭教育则是学校教育的前提、内容和主题。因此，"5"中有"2"，"2"中有"5"，二者相互依存、相互促进，这样才能达到双赢的效果。

我们所在的艾瑞德国际学校一直践行这样的理念——"每一位老师都

是珍贵的存在，以温柔待之；每一个学生都是美丽的不同，以慈善怀之；每一位家长都是重要的链接，以友好处之。"校长李建华说："家长是学校教育的合伙人。家校合作最终就是让家长与教师共同帮助孩子成长。"

在校长的引领下，家校共育的教育故事被广为传播。

班级"一亩田"

学校的 300 亩农场是孩子们的第二课堂，新生入学后，每个班级会分到属于自己的班级"一亩田"，这一亩田将伴随着他们整个小学生涯。农场就是课堂，课堂就有教育，孩子、家长共同参与这门特殊的课。开犁日那天，孩子们和家长都穿着舒适、整洁的衣服参加，学校"干净、有序"的校风也展现得淋漓尽致。家长走进班级"一亩田"，分工合作，栽树，种花，立门，忙得不亦乐乎。孩子们帮助家长"打下手"，或者在田地里奔跑、跳跃、嬉戏。"爸爸，我要和我的小树比高低，看谁长得快！""妈妈，快看，我的小树上有嫩芽了。""妈妈，我会好好爱护我的小树，你只要有时间就带我来看它吧？""妈妈，我刚刚数了一下，我们一共栽了 32 棵木槿树，它们代表我们班 32 个同学。"……

班级"一亩田"承载着我们共同的牵挂，更重要的是，它让学校和家长链接到一起，让家长有更强、更积极的愿望投入孩子的教育之中。

一次心灵的沟通

学校有一个豪华气派又温馨的书店，分上下两层，里面藏书两万多册，满足了孩子们的读书需求。每天经过读书广场门口时，总会看到来来往往喜爱读书的孩子。这里不仅是读书的地方，也是心灵沟通的最佳场所。

二年级开学后一个月，我联系了八位家长来到学校读书广场进行交流。

我们选择在二楼聊天，大家盘腿而坐，围成一个圈，这让我们彼此更加亲近，没有距离感、约束感。大家就像朋友一样聊孩子在家的情况，孙天乐妈妈笑着说："我家乐乐在家什么都不说，性格太内向，我很担心他在学校有什么话也不敢跟老师说，刘老师上课要多关注他。"陈怡宁妈妈说："我家怡宁也是性格太内向，不敢跟老师说话，麻烦刘老师上课多多提问她。"赵思杰妈妈说："我家孩子太闹腾，没有规则感，不稳当。"李文志妈妈说："李文志回到家写作业时，我会严格按照老师的要求执行，做试卷时我会看着时间，说一个小时就一个小时，我会告诉他在规定时间内做不完就不要再写了，自己承担后果。这样他就不会磨叽。"刁毓轩爸爸说："轩轩到家写作业时让我们很头疼，不怕跟刘老师说，和她在学校的表现完全不一样，写着玩着，很愁人。"崔明硕妈妈哈哈一笑："我们家这个更闹腾，在家和在学校完全不一样，写作业拖拖拉拉，有时候我都会拿着手机对着他，告诉他录视频发给老师，那样他马上就老实了。我想建议老师每个星期去我家家访一次。"听到崔明硕妈妈的话，大家笑得合不拢嘴。

我详细记录了他们反映的情况，并一一做了解答，把每个孩子在学校的表现都仔仔细细地告诉家长，结合孩子在家和在学校的不同情况，我们商讨出对策：一是把班级的奖励机制搬到家中，针对孩子在家的表现给予加分或减分，每周统一在班会课上进行表扬和鼓励；二是针对孩子在家的表现，通过微信语音或其他方式进行表扬，家长和老师随时沟通，孩子也会把在学校养成的好习惯带回家中，从而坚持下去；三是每学期举行一次家庭联谊活动，让孩子们在这个大家庭中幸福快乐地生活、学习。

大家自始至终说得最多的一句话就是，密切配合老师，支持老师的所有决策。彼此心无芥蒂，敞开心扉交流、沟通，就会构筑起家校沟通坚固有力的桥梁。

在郑州艾瑞德国际学校，我真正实现了家校合作共赢的愿望。我感觉到，我不是一个人带着孩子们孤军奋战，身后其实有一群强有力的"铁杆粉丝"，有了他们的支持，我们才能踏实地走下去。

难忘的六一儿童节

一年级，孩子们刚刚从幼儿园升入小学，需要适应环境、适应老师、适应新伙伴，更重要的是适应由"幼儿"到"小学生"这一角色的转换。为了让孩子们爱上小学生活，家委会商量要让孩子们过一个有意义的难忘的六一儿童节，让他们的小学生活有一个美好的开始。妈妈们统一购买了衣服，准备盛装出席，给孩子们一个大大的惊喜。六一儿童节那天，妈妈们着一袭白色长裙出现在面前，孩子们欢呼着："妈妈好漂亮啊，我爱你！"妈妈们和孩子们手拉手走过红毯，成了学校亮丽的风景线。周乐瞳妈妈满含热泪说："瞬间觉得孩子们长大了，以后要腾出更多的时间陪伴孩子，参与孩子的点滴成长，感受孩子的变化，记住孩子的每一点进步，与学校共同肩负起教育孩子的重任。"

家长的参与无形之中给了孩子莫大的鼓励与支持，让孩子明白，父母时刻关注、关爱着他们，他们不是在孤独学习，还有家人的陪伴。

小学阶段是孩子最重要的学习阶段，在学习中，孩子的心理变化尤为重要。多一些陪伴会让我们更加了解孩子，家长的参与会让我们的教育更加顺畅。

家政作业

学校每周的"家政作业"是让家长监督孩子完成相关作业，并在班级群里打卡。布置的家政作业都围绕德智体美劳的教育目的展开，比如打扫卫生、做饭、收拾衣柜、给爸爸妈妈洗脚、体育锻炼等。每一项家政作业为期一个月。任奕涵家长激动地发来信息："老师应该多布置一些这样的作业，让孩子们明白他们也是家庭的一分子，家务也是学习。我们支持学校的做法，愿意带着孩子一起学习。"

家政作业的布置，让家长更加直观地了解到孩子在学校的学习效果，看到孩子实际存在的问题，积极配合老师教育孩子。体育家政作业受到了家长的一致好评，在朋友圈中，我们看到了家长和孩子们一起锻炼身体的画面，周乐瞳带着爸爸妈妈一起跳绳的画面吸引了无数粉丝，妈妈打来电话说："朋友们看到我发的朋友圈，好奇得不得了，你们这是什么学校，竟然还留跳绳、仰卧起坐、高抬腿跳这样的家庭作业。我告诉他们，现在的孩子体质太差，缺乏锻炼，身体素质跟不上怎么谈学习，怎么谈其他事情呢？我们常说身体是革命的本钱，却忽视了锻炼，只喊口号不行动。我们学校很重视家庭教育，家长在小学阶段多多陪伴孩子，能让孩子的身心得到健康的发展。"学校带动学生，学生带动家长，家长赞同学校，这些真实的话语中表达了家长对学校的配合与支持。

如果说孩子的成长环境是波涛汹涌的江河，那么孩子就是逆流而上的小船。教师是岸上的纤夫，家长是小船的舵手，把小船拉向目的地是纤夫和舵手的共同责任。学校不断优化班级家委会、校级家委会，开展智慧父母课堂，让家长走进课堂，还召开家长座谈会、家庭教育沙龙活动等，足以看出学校重视家校共育的程度。

教师与家长在孩子成长过程中的目标是一致的，如果有一方思想跟不上或者偏颇，就会导致教育停滞不前，甚至陷入尴尬的局面。学校举行不同形式的活动让家长体验，是为了让家长与老师在实践与反思中达成共识，增强凝聚力，让家校合作得更融洽。

学生每周在学校学习5天，回到家之后应在家长的配合、支持、鼓励，甚至共同学习下温故而知新，让孩子更快、更踏实地走好当下每一步，一起遇见更好的自己。

让我们一起沿着教育5+2≥7的实践之路，享受教育带来的幸福感吧。

（本文发表于《中国教师报》2019年8月22日）

想要家长和你同向用力？试试三类"新工具"

韩董馨

老师坐在对面沙发，情绪平静、缓和。"亲爱的，我只想知道，我自己要怎么做，才能更好？"她问。我心里为她暗暗叫好，当老师和家长之间有一些误会，老师的心态很重要，不低落，不负面，主动伸出一双手，是对自己内心成长的关照，更是超越了对错，对家长不易的体恤。我们聊完了事情的前后，发现其实解决的方法很简单，只要学会接话就好了。"学会接话"看似容易，但其实早已超越了"接话"本身。

很多时候，家长与我们鲜少讨论教育的大是大非，而更多是在交流孩子日常生活的滴滴点点。这种交流，就好像两个人同坐一条小船，徜徉在一片澄明的湖里，只有两个人划桨时往同一个方向使力，这条小船才不至于原地打转，才会不断前行，从而看到一路好风景。怎么能让家长愿意和你一船观景，同向用力呢？不如和他们讲故事吧！家长和老师因孩子早就成了"一条船"上的人，一程几年，想要"相看两不厌"，就要"故事来相伴"。

做个会和家长讲故事的人，我们应当有一个丰富的工具箱。工具箱里装着什么呢？我在和老师们共同成长的几年里留意到，在和家长交流时应该使用以下几样工具。

第一个工具叫"非正式能力"。与专业能力或者通识能力不同，非正式能力不是"对于专业认知在特定领域的具体化"，也不是"广泛意义上的思维和工具使用能力"，它就是一种为人处世的态度和素养。当有了这样一个工具时，我们就知道何时要"明理"，何时该"用情"。

当我们把孩子成长中的关键时刻，以故事的形式用合适的语气和适当的语言讲给家长听时，他们能感受到一种扑面而来的生命活力。故事是生动的，家长能从这种生动中体会到，故事的内核在于老师在真诚地关注我的孩子的成长；老师正用心地帮助我的孩子，并真切地喜欢他。而"非正式能力"，能帮助老师让家长感受到这些故事背后的立意。当你安静地侧耳倾听、敏锐地捕捉，讲话时面带微笑，热情大方地提供帮助，恰到好处地给出意见，不卑不亢地表达观点时，你的故事已经成功了一半。

第二个工具叫"生活本身"。老师要学会寻找自己生活经验中与家长类似或能产生共鸣的部分，因为这部分生活经历会迅速拉近你和家长之间的距离，并且能极大地丰富故事的内涵和效果。

比如当家长告诉你他创业非常不容易，对孩子就是要严格要求，让他能吃苦时，你可以告诉他，自己一路走来也有过"吃苦"经历，能够体谅但也建议有方法、不过度。

在"生活"里，而不是仅局限在"事情"里，会让老师推己及人地感受家长的立场，明白家长的诉求和苦恼皆有原因。时间是生活的格式化，故事是时间的人格化，让故事投入生活的怀抱，听故事的人才会给你一个拥抱。

第三个工具叫"教育判断"。这里的教育判断有两层含义：一是当下对这个独特的孩子需要用到什么样独特的教育方法的判断；二是对眼前这个独特的家长需要用到什么样独特的沟通方式的判断。

不同孩子有不同的教育策略，这是一个老师教育经验和教育智慧的体现，同样，不同的家长也有不同的沟通习惯和方式。我们必须认可，教师职业本身就承担了与家长沟通的工作，这不是额外负担，而是必备技能。

所以，有效判断、精准沟通，把握住家长的特点，能够让沟通有"四两拨千斤"的作用。背上工具箱，去和家长讲故事吧，无论是用写作的形式、面对面沟通的形式还是拍摄视频的形式，讲孩子芝麻绿豆大点的小事，讲孩子可笑又可爱的窘事，讲孩子和同伴间鸡毛蒜皮的趣事，讲孩子成长路上的要事……

讲着讲着，我们会发现道理都在故事里，价值都在故事里，很多误会都消融在故事里……那是因为高级的讲故事者有自己的美学追求，正如黑格尔所说，美就是用感性表达理念和理性，而故事就是用点状的鲜活表达立体的爱与温度。

（本文发表于"星教师"公众号 2020 年 12 月 18 日）

为"艾"赋能

2011 年春天，艾瑞德国际学校在河南郑州画下了"自然生长"的教育蓝图，经过教师们十年如一日的努力，艾瑞德已经成为家长渴望选择的优质教育学校。"走自然生长教育之路，办有温度有故事学校"的理念深入人心，深得人心，这已经成为艾瑞德国际学校所有教师的教育信仰。

2021 年，恰逢中国共产党建党百年，艾瑞德国际学校建校十年。十年匆匆，在时代的波澜壮阔中，我们努力营造教育的小气象。艾瑞德国际学校作为一朵浪花与这个时代共舞，逐渐成了郑州闻名、中原知名、全国有名的一所学校。

学校一贯注重青年教师的专业成长，提倡"不忘本来，吸收外来，面向未来"，采取"请进来，走出去"的方式支持教师专业发展。近几年来一共有 50 多位教育专家、知名学者走进学校"名师大讲堂"。著名教育家顾明远先生，国家督学、江苏省教科所原所长成尚荣先生，著名教育家魏书生先生，教育部"长江学者"李政涛博士，著名特级教师华应龙、贲友林、管建刚等亲临学校指导学科教学工作。教师们积极学习，并不断反思自己的教育教学，逐渐形成了自己的教学风格，让学生在课堂上自主地思考，全身心地体验参与，获得真实的成长与进步。

在艾瑞德，"每一位教师都是珍贵的存在"，学校对教师培训的重视和支持，可以用几组数据来说明：一年时间里，有150名教师参与53次外出学习，行程约90 000公里，相当于绕行地球两周，跨越27个省市、3个国家。这是艾瑞德人与众不同的"特立独行"。每年暑期学校还会安排全体教师进行分批轮训，我们去了南师大，北师大、华师大也在计划当中，3年用100万的资金来为教师们培训铺路。艾瑞德教师不断扩大教育教学认知的半径，打破自我成长的思想壁垒，努力跳出自己的"舒适圈"。

以花的念想培土，以孩子的念想教书，我们始终坚持在艾瑞德这片热土上创造温度与故事，躬耕自然生长教育的诗和远方。教师们在先进的教育教学理念指导下，在自然生长课堂的不断探究中，将讲台变成儿童绽放的"舞台"，开启了从教学技术到教学艺术的追求。

从2017年开始，学校每年斥资万元为教师们征订教育教学专业的期刊、报纸，每个月还给教师们发放高质量的书籍，为教师专业发展提供成长路径。

从2017年开始，李建华校长率先提出全体教师平均每人每年发表一篇文章的教育期待。在这份期待中，教师们不断积累素材，形成文字，最终将日常经验变成了教育教学中的可借鉴的经典。

随着学校教师论文犹如雨后春笋般的发表，学校又提出教师成长的"五件套"，即研、读、写、讲、种，培养有温度、有高度、有故事、有本事的艾瑞德教师。每一位教师都在"做"中书写着教育故事，写儿童、写学校、写教育，写的都是我们教育的人间烟火。慢慢地，教师们在各媒体发表着自己的文章，仅2020年，就在《人民教育》《中国教育报》《中国教师报》《江苏教育》《河南教育》等省级以上刊物发表文章20余篇。

艾瑞德学校的青年教师居多，成长空间巨大。学校努力为教师们搭建成长的机会和平台。当教师们的一篇篇文章被发表，钻研教育教学的热情也不断提高。向内求发展，向外重拓展。截至目前，全校已经有170多位教师开通个人微信公众号，坚持每日或每周公众号打卡，记录自己在课堂上、校园中发生的点点滴滴的故事，写了15 000多篇教育随笔，计1500多万字。金陵中学河西分校原校长丁强说："艾瑞德国际学校的老师们用稚嫩而清新的文字，记录着倾心教育的故事，一笔一笔简单而深刻地刻画着心中的教育画卷。"

走过春风化雨的十年，艾瑞德国际学校仍在跋山涉水，我们铭记着当初出发时的筚路蓝缕，它永远是今日赶路的精神皈依。我们用汗水筑梦，筑学生的生长梦，用青春写诗，写人生的奋斗诗。我们给艾瑞德的每一条路、每一栋楼留下一串串温暖的故事，给艾瑞德的每一位学生、每一个家庭播下一粒粒希望的种子，每一位教师朝着"有温度、有高度、有故事、有本事"的方向奔跑，每一位学生向着"眼中有光、脸上有笑、心中有爱、脚下有力"的目标奋进。全体教师在"读一读、想一想、写一写"的成长过程中，尝试着把珍珠串成项链，把工作中的经历梳理成再出发的经验。让师生被温柔以待，让教育被慈善以怀，让学生因我们而快乐，我们因教育而幸福。

"善者因之"既是学校长期以来的教师管理愿景，也是我们成长中的坐标系。如成尚荣先生在给本套丛书写的序言中所言："在艾瑞德，'立德树人'有个重要的文化出发点，它也是校本化的哲学基础，即善者因之。在艾瑞德，'立德树人'有自己的切入口和突破口，而这切入口、突破口正是文化的生长点、教师教育哲学的关怀点与提升点，是艾瑞德十年办学经验的凝练，也是艾瑞德的文化制高点。"

这本书是教师成长的工具书、案头书，书中的文章都是对"办有温度有故事学校"的思考和记录，是全体教师坚持写作的成果见证，也是全体教师热爱学校这片热土的情感表达。每位教师写的"小变量"，聚焦了学校校园生活的大气象，这些朴实而真挚的文字，是学校青年教师留下的成长烙印。

在本书即将付梓之际，特别向为本书出版付出努力的挚友、老师致以最真诚的感谢。感谢成尚荣先生拨冗为本书题写序言；感谢李冲锋博士对全体教师写作的"燃梦"；感谢孙银峰董事长对本书的倾心关怀；感谢李建华校长为本书的顺利出版所做的努力；感谢孙超老师前期做的文章搜集、编排工作；感谢书中所集结文章的作者：李建华、龚涛、王彦月、刘浩然、韩董馨、陈琳、杨海威、杜静、赵宗新、薛静娴、金长、刘海涛、石鹤、李莉娟、李瑞、刘丽丽、刘美玲、钱珂、张文丹、李晓岚、苗晓洁、张艳萍、张萌；感谢艾瑞德国际学校全体教师共识于学校的文化理念，携手而为之、努力而为之。

我们庆祝建校十年的美好，也期待下一个十年的到来。相信"善者因之"将引领艾瑞德国际学校在发展中看见更多壮丽的风景。

龚涛

2021 年 3 月 20 日